Procedimento e Processo Administrativos

Procedimento e Processo Administrativos

2017 · 10ª Edição · Reimpressão

José Casalta Nabais

PROCEDIMENTO E PROCESSO ADMINISTRATIVOS
AUTOR
José Casalta Nabais
1ª Edição: Outubro, 2003
EDITOR
EDIÇÕES ALMEDINA, S.A.
Rua Fernandes Tomás, nºs 76, 78, 80
3000-167 Coimbra
Tel.: 239 851 904 · Fax: 239 851 901
www.almedina.net · editora@almedina.net
DESIGN DE CAPA
FBA.
PRÉ-IMPRESSÃO
EDIÇÕES ALMEDINA, S.A.
IMPRESSÃO E ACABAMENTO
PAPELMUNDE

Julho, 2017
DEPÓSITO LEGAL
400414/15

Apesar do cuidado e rigor colocados na elaboração da presente obra, devem os diplomas legais dela constantes ser sempre objecto de confirmação com as publicações oficiais.
Toda a legislação contida na presente obra encontra-se actualizada de acordo com os diplomas publicados em Diário da República, independentemente de terem já iniciado a sua vigência ou não.
Os textos legislativos apresentam a grafia com que foram publicados em Diário da República. Por determinação da RCM 8/2011, de 25-01, a partir de 1 de Janeiro de 2012 tornou-se obrigatória a aplicação do Acordo Ortográfico à publicação do Diário da República, razão pela qual coexistem ambas as grafias.
Toda a reprodução desta obra, por fotocópia ou outro qualquer processo, sem prévia autorização escrita do Editor, é ilícita e passível de procedimento judicial contra o infractor.

 | GRUPO**ALMEDINA**

BIBLIOTECA NACIONAL DE PORTUGAL – CATALOGAÇÃO NA PUBLICAÇÃO
PORTUGAL. Leis, decretos, etc.
    Procedimento e processo administrativos / [org.] José
Casalta Nabais. – 10ª ed. – (Textos da lei)
    ISBN 978-972-40-6332-4

    I – NABAIS, José Casalta, 1952

    CDU 342

Constituição da República Portuguesa

ARTIGO 20º
Acesso ao direito e tutela jurisdicional efectiva

1 – A todos é assegurado o acesso ao direito e aos tribunais para defesa dos seus direitos e interesses legalmente protegidos, não podendo a justiça ser denegada por insuficiência de meios económicos.

2 – Todos têm direito, nos termos da lei, à informação e consulta jurídicas, ao patrocínio judiciário e a fazer-se acompanhar por advogado perante qualquer autoridade.

3 – A lei define e assegura a adequada protecção do segredo de justiça.

4 – Todos têm direito a que uma causa em que intervenham seja objecto de decisão em prazo razoável e mediante processo equitativo.

5 – Para defesa dos direitos, liberdades e garantias pessoais, a lei assegura aos cidadãos procedimentos judiciais caracterizados pela celeridade e prioridade, de modo a obter tutela efectiva e em tempo útil contra ameaças ou violações desses direitos.

(...)

ARTIGO 22º
Responsabilidade das entidades públicas

O Estado e as demais entidades públicas são civilmente responsáveis, em forma solidária com os titulares dos seus órgãos, funcionários ou agentes, por acções ou omissões praticadas no exercício das suas funções e por causa desse exercício, de que resulte violação dos direitos, liberdades e garantias ou prejuízo para outrem.

(...)

ARTIGO 52º
Direito de petição e direito de acção popular

1 – Todos os cidadãos têm o direito de apresentar, individual ou colectivamente, aos órgãos de soberania ou a quaisquer autoridades petições, representações, reclamações ou queixas para defesa dos seus direitos, da Constituição, das leis ou do interesse geral e bem assim o direito de serem informados, em prazo razoável, sobre o resultado da respectiva apreciação.

2 – A lei fixa as condições em que as petições apresentadas colectivamente à Assembleia da República são apreciadas pelo Plenário.

3 – É conferido a todos, pessoalmente ou através de associações de defesa dos interesses em causa, o direito de acção popular nos casos e termos previstos na lei, incluindo o direito de requerer para o lesado ou lesados a correspondente indemnização, nomeadamente para:

a) Promover a prevenção, a cessação ou a perseguição judicial das infracções contra a saúde pública, os direitos dos consumidores, a qualidade de vida e a preservação do ambiente e do património cultural;

b) Assegurar a defesa dos bens do Estado, das regiões autónomas e das autarquias locais.

(...)

ARTIGO 209º
Categorias de tribunais

1 – Além do Tribunal Constitucional, existem as seguintes categorias de tribunais:

a) O Supremo Tribunal de Justiça e os tribunais judiciais de primeira e de segunda instância;

b) O Supremo Tribunal Administrativo e os demais tribunais administrativos e fiscais;

c) O Tribunal de Contas.

2 – Podem existir tribunais marítimos, tribunais arbitrais e julgados de paz.

3 – A lei determina os casos e as formas em que os tribunais previstos nos números anteriores se podem constituir, separada ou conjuntamente, em tribunais de conflitos.

4 – Sem prejuízo do disposto quanto aos tribunais militares, é proibida a existência de tribunais com competência exclusiva para o julgamento de certas categorias de crimes.

(...)

ARTIGO 212º
Tribunais administrativos e fiscais

1 – O Supremo Tribunal Administrativo é o órgão superior da hierarquia dos tribunais administrativos e fiscais, sem prejuízo da competência própria do Tribunal Constitucional.

2 – O Presidente do Supremo Ttribunal Administrativo é eleito de entre e pelos respectivos juízes.

3 – Compete aos tribunais administrativos e fiscais o julgamento das acções e recursos contenciosos que tenham por objecto dirimir os litígios emergentes das relações jurídicas administrativas e fiscais.

(...)

TÍTULO IX
Administração Pública

ARTIGO 266º
Princípios fundamentais

1 – A Administração Pública visa a prossecução do interesse público no respeito pelos direitos e interesses legalmente protegidos dos cidadãos.

2 – Os órgãos e agentes administrativos estão subordinados à Constituição e à lei e devem actuar, no exercício das suas funções, com respeito pelos princípios da igualdade, da proporcionalidade, da justiça, da imparcialidade e da boa-fé.

ARTIGO 267º
Estrutura da Administração

1 – A Administração Pública será estruturada de modo a evitar a burocratização, a aproximar os serviços das populações e a assegurar a participação dos interessados na sua gestão efectiva, designadamente por intermédio de associações públicas, organizações de moradores e outras formas de representação democrática.

2 – Para efeito do disposto no número anterior, a lei estabelecerá adequadas formas de descentralização e desconcentração administrativas, sem prejuízo da necessária eficácia e unidade de acção da Administração e dos poderes de direcção, superintendência e tutela dos órgãos competentes.

3 – A lei pode criar entidades administrativas independentes.

4 – As associações públicas só podem ser constituídas para a satisfação de necessidades específicas, não podem exercer funções próprias das associações sindicais e têm organização interna baseada no respeito dos direitos dos seus membros e na formação democrática dos seus órgãos.

5 – O processamento da actividade administrativa será objecto de lei especial, que assegurará a racionalização dos meios a utilizar pelos serviços e a participação dos cidadãos na formação das decisões ou deliberações que lhes disserem respeito.

6 – As entidades privadas que exerçam poderes públicos podem ser sujeitas, nos termos da lei, a fiscalização administrativa.

ARTIGO 268º
Direitos e garantias dos administrados

1 – Os cidadãos têm o direito de ser informados pela Administração, sempre que o requeiram, sobre o andamento dos processos em que sejam directamente interessados, bem como o de conhecer as resoluções definitivas que sobre eles forem tomadas.

2 – Os cidadãos têm também o direito de acesso aos arquivos e registos administrativos, sem prejuízo do disposto na lei em matérias relativas à segurança interna e externa, à investigação criminal e à intimidade das pessoas.

3 – Os actos administrativos estão sujeitos a notificação aos interessados, na forma prevista na lei, e carecem de fundamentação expressa e acessível quando afectem direitos ou interesses legalmente protegidos.

4 – É garantido aos administrados tutela jurisdicional efectiva dos seus direitos ou interesses legalmente protegidos, incluindo, nomeadamente, o reconhecimento desses direitos ou interesses, a impugnação de quaisquer actos administrativos que os lesem, independentemente da sua forma, a determinação da prática de actos administrativos legalmente devidos e a adopção de medidas cautelares adequadas.

5 – Os cidadãos têm igualmente direito de impugnar as normas administrativas com eficácia externa lesivas dos seus direitos ou interesses legalmente protegidos.

6 – Para efeitos dos nºs 1 e 2, a lei fixará um prazo máximo de resposta por parte da Administração.

(...)

ARTIGO 271º
Responsabilidade dos funcionários e agentes

1 – Os funcionários e agentes do Estado e das demais entidades públicas são responsáveis civil, criminal e disciplinarmente pelas acções ou omissões praticadas no exercício das suas funções e por causa desse exercício de que resulte violação dos direitos ou interesses legalmente protegidos dos cidadãos, não dependendo a acção ou procedimento, em qualquer fase, de autorização hierárquica.

2 – É excluída a responsabilidade do funcionário ou agente que actue no cumprimento de ordens ou instruções emanadas de legítimo superior hierárquico e em matéria de serviço, se previamente delas tiver reclamado ou tiver exigido a sua transmissão ou confirmação por escrito.

3 – Cessa o dever de obediência sempre que o cumprimento das ordens ou instruções implique a prática de qualquer crime.

4 – A lei regula os termos em que o Estado e as demais entidades públicas têm direito de regresso contra os titulares dos seus órgãos, funcionários e agentes.

Procedimento Administrativo

Decreto-Lei nº 4/2015, de 7 de Janeiro

1 – O Código do Procedimento Administrativo foi aprovado pelo Decreto-Lei nº 442/91, de 15 de novembro, tendo sido revisto pelo Decreto-Lei nº 6/96, de 31 de janeiro. Desde 1996, nunca mais foi objeto de revisão.

No entanto, essa revisão foi-se tornando necessária à medida que o tempo passava. Por um lado, alguns preceitos do Código revelavam uma desconformidade com alterações entretanto trazidas ao texto constitucional e ao direito ordinário. Por outro lado, novas exigências que neste intervalo de tempo foram colocadas à Administração Pública e, mais do que isso, ao exercício da função administrativa, e a alteração do quadro em que esta última era exercida, por força da lei e do direito da União Europeia, impunham que essas exigências tivessem correspondência no texto do Código.

Além disso, a experiência acumulada ao longo de mais de 20 anos de aplicação do Código e a vasta doutrina e jurisprudência entretanto formadas em torno de matérias nele reguladas forneciam contributos para o enriquecimento do Código que, na sua revisão, não podiam ser ignorados.

Por fim, o direito comparado sugeria algumas soluções que nesta matéria podiam ser úteis à ordem jurídica portuguesa.

Foi por todas estas razões que se procedeu à elaboração do presente diploma.

2 – Para o efeito, foi constituída uma comissão de especialistas, que preparou um anteprojeto de revisão. Esse anteprojeto foi submetido a discussão pública, que se revelou extremamente rica, com ampla participação de interessados dos mais diversos setores, desde a Administração Pública às universidades, passando por advogados e magistrados. A mesma comissão incorporou depois, no projeto final, muitas sugestões que resultaram desse debate.

Contudo, o projeto final revelou uma profunda transformação do Código do Procedimento Administrativo em vigor.

Assim, o Governo, constatando tal transformação, e apesar de reconhecer que o projeto não efetuou um corte radical com o Código do Procedimento Administrativo aprovado pelo Decreto-Lei nº 442/91, de 15 de novembro, entendeu que as soluções propostas para institutos tão importantes no direito administrativo, como sejam o regulamento e o ato administrativo, eram de tal forma inovatórias que se estava perante um novo Código.

A estas soluções inovatórias acrescem outras propostas que irão transformar profundamente o modo de funcionamento da Administração Pública nas suas relações com os cidadãos, como é o caso do novo regime das conferências procedimentais, pelo que, em face de tudo isto, se justifica que o projeto de revisão do anterior Código do Procedimento Administrativo seja agora assumido pelo Governo como constituindo um novo Código.

Por isso, estando o Governo a transformar a relação entre cidadãos e Administração num exercício de responsabilidades, à semelhança do sucedido com o Código de Processo Civil, que incute uma matriz muito diferente da instalada até hoje, das quais se realçam o dever de boa gestão, a realização das conferências procedimentais e a responsabilidade pelo incumprimento de prazos, bem como os códigos de conduta, justifica-se plenamente que esta transformação seja assumida através de um novo Código do Procedimento Administrativo.

O novo Código do Procedimento Administrativo é o resultado de todos os contributos da discussão atrás referida. Na sua elaboração foram, entretanto, também levados em conta os contributos da doutrina e da jurisprudência portuguesas, assim como do direito comparado, designadamente, da Alemanha, da Itália e da Espanha, e do direito da União Europeia.

3 – Na parte I do novo Código, sentiu-se a necessidade de introduzir alterações, tanto no domínio das definições, como no do âmbito de aplicação do Código. Não compete a um texto legislativo dar definições, a não ser com o objetivo de facilitar a interpretação e a aplicação das normas e dos institutos que ele contém. Assim se procedeu, desde logo, no artigo 1º Este artigo, tal, aliás, como na redação prevista no artigo 1º do anterior Código, reveste uma natureza vestibular, procurando esclarecer de que matérias se ocupa o Código. Contribui, assim, também para a definição do seu âmbito objetivo de aplicação, que a leitura do subsequente articulado permitirá compreender de modo mais preciso.

4 – Também relativamente ao anterior Código, o artigo 2º sofreu modificações. Tal como na redação anterior, ele ocupa-se do âmbito de aplicação do Código, dando particular relevo aos destinatários das suas normas. Nesta matéria, de formulação difícil, procurou introduzir-se maior clareza e precisão, alterando a sequência dos preceitos e também o seu conteúdo.

Assim, começa-se, no n.º 1, por deixar claro que as disposições do Código respeitantes aos princípios gerais, ao procedimento e à atividade administrativa não são apenas aplicáveis à Administração Pública, mas à conduta de quaisquer entidades, independentemente da sua natureza, que exerçam a função administrativa.

Clarifica-se, depois, no n.º 2, que, pelo contrário, o regime da parte II é exclusivamente aplicável ao funcionamento dos órgãos da Administração Pública. E, no n.º 3, que a Administração Pública se encontra submetida aos princípios gerais da atividade administrativa e às disposições do presente Código que concretizam preceitos constitucionais no âmbito das suas atuações de caráter meramente técnico ou de gestão privada.

Enunciam-se, em seguida, no n.º 4, as entidades que, para este efeito, integram a Administração Pública, acrescentando-se, na nova alínea *c*), ao elenco que já constava da redação do anterior n.º 2 do mesmo artigo, as entidades administrativas independentes. Trata-se apenas de uma precisão, que desfaz eventuais dúvidas sobre a pertença destas entidades à Administração Pública, em sentido subjetivo.

Por fim, no n.º 5, estende-se o regime do Código, supletivamente, aos procedimentos administrativos especiais, no que respeita às garantias reconhecidas no Código aos particulares. Procurou-se uma redação que torne mais flexível o cotejo entre as garantias já vigentes naqueles procedimentos e o regime garantístico resultante do Código, de modo a permitir que a comparação seja feita quanto ao resultado global a que se chega em cada procedimento.

5 – No capítulo II da parte I do novo Código, dedicada aos «princípios gerais da atividade administrativa», registam-se inovações significativas relativamente ao disposto nesta matéria pelo anterior Código.

Começou por incluir-se no novo Código o princípio da boa administração, indo ao encontro ao que era sugerido pelo direito comparado, com essa ou outra designação, e a sugestões da doutrina. Integraram-se nesse princípio os princípios constitucionais da eficiência, da aproximação dos serviços das populações e da desburocratização (artigo 5.º).

Também foram incluídos no Código os novos princípios da responsabilidade (artigo 16.º), da administração aberta (artigo 17.º), da segurança de dados (artigo 18.º), da cooperação leal da Administração Pública com a União Europeia (artigo 19.º), bem como princípios relativos à administração eletrónica (artigo 14.º). Duas notas especiais: a inovação respeitante à cooperação entre a Administração Pública portuguesa e a União Europeia, à semelhança do que dispõem as leis alemã e espanhola, dá cobertura à crescente participação da Administração Pública portuguesa no processo de decisão da União Europeia, bem como à participação de instituições e organismos da União Europeia em procedimentos administrativos nacionais; por sua vez, o que aí se dispõe sobre a administração eletrónica, e que depois será desenvolvido ao longo do Código, sempre que isso se impuser, pretende ir ao encontro da importância que os meios eletrónicos hoje assumem, tanto nas relações interadministrativas, como nas relações da Administração Pública com os particulares.

Concedeu-se maior densidade aos princípios da igualdade (artigo 6º), da proporcionalidade (artigo 7º), da imparcialidade (artigo 9º), da boa-fé (artigo 10º) e da colaboração com os particulares (artigo 11º). Merecem especial referência a expressa inclusão, no princípio da proporcionalidade, da proibição de excesso, e a nova ligação entre a justiça e a razoabilidade (artigo 8º).

Quer com a inclusão dos referidos novos princípios, quer com a reformulação de princípios que já constavam do anterior Código, houve a intenção de robustecer os valores fundamentais que devem reger toda a atividade administrativa num Estado de Direito democrático.

6 – A parte II do novo Código deixou de intitular-se «Dos sujeitos», para passar a ter por epígrafe «Dos órgãos da Administração Pública». Na verdade, é só destes que ela trata e fá-lo sob uma perspetiva ainda não procedimental, mas tão-só centrada na composição dos órgãos, nas regras internas do seu funcionamento, na origem e desconcentração dos seus poderes e nos conflitos sobre a respetiva repartição.

Em contrapartida, foi introduzido na parte III um capítulo dedicado à «Relação jurídica procedimental», no qual, a partir de uma visão mais moderna do direito administrativo, se procede à identificação dos sujeitos da relação jurídica procedimental, reconhecendo o paralelismo entre particulares e Administração, como simultâneos titulares de situações jurídicas subjetivas que disciplinam as situações da vida em que ambos intervêm no âmbito do procedimento administrativo.

7 – São muito significativas as transformações introduzidas na parte III do novo Código, respeitante ao procedimento administrativo.

Para começar, optou-se por disciplinar, em títulos separados, o regime comum do procedimento e os regimes especiais aplicáveis ao procedimento do regulamento e do ato.

No capítulo I do título I da parte III, dedicado às «Disposições gerais» relativas ao regime geral do procedimento administrativo, merecem referência especial a prescrição da língua portuguesa como língua do procedimento, a consagração de um novo princípio da adequação procedimental, a previsão de acordos endoprocedimentais e a introdução de preceitos de âmbito genérico respeitantes à instrução por meios eletrónicos, às comunicações por telefax ou meios eletrónicos e ao balcão único eletrónico.

No artigo 55º, intitulado «Responsável pela direção do procedimento», procura-se reequacionar a distribuição das tarefas de direção do procedimento (e não apenas da instrução) e de decisão. A mera faculdade de delegação da competência de direção do procedimento, por parte do órgão competente para decidir, tal como se encontrava estabelecida no nº 2 do artigo 86º do anterior Código, converte-se agora num dever de delegação, embora rodeado de prudentes cláusulas de salvaguarda (nº 2 do artigo 55º). A separação entre a responsabilidade de promover a tramitação do procedimento e a tarefa decisória aproxima o sistema de uma solução hoje perfilhada em largas partes do globo e apresenta-se como mais idónea para assegurar a imparcialidade do decisor.

Merece realce a previsão da possibilidade da celebração de acordos endoprocedimentais (artigo 57º). Através destes, os sujeitos da relação jurídica procedimental podem convencionar termos do procedimento que caibam no âmbito da discricionariedade procedimental ou o próprio conteúdo da decisão a tomar a final, dentro dos limites em que esta possibilidade é legalmente admitida.

No nº 2 do artigo 57º, além de se deixar absolutamente claro o caráter jurídico dos vínculos resultantes da contratação de acordos endoprocedimentais, configura-se uma possível projeção participativa procedimental da contradição de pretensões de particulares nas relações jurídico-administrativas multipolares ou poligonais.

8 – O novo capítulo II do título I da parte III tem por epígrafe «Da relação jurídica procedimental». Divide-se em três secções: secção I: «Dos sujeitos do procedimento»; secção II: «Dos interessados no procedimento»; secção III: «Das garantias de imparcialidade». A matéria das Secções I e II é tratada sob uma perspetiva procedimental, que coloca em paralelo a Administração, os particulares e as pessoas de direito privado em defesa de interesses difusos, como simultâneos titulares de situações jurídicas subjetivas que disciplinam as situações da vida em que todos intervêm e que são objeto das relações jurídicas procedimentais.

Na secção I, procede-se, em primeiro lugar, à qualificação dos sujeitos da relação jurídica procedimental. No tocante aos sujeitos públicos, parte-se do elenco de órgãos constantes do artigo 2º e apuram-se, de entre esse panorama global, aqueles que sejam detentores de competência para a tomada de decisões e ou para a prática de atos preparatórios no âmbito do procedimento administrativo.

No nº 2 do artigo 65º, manteve-se, para a parte que se posiciona perante os sujeitos públicos da relação jurídica procedimental, a tradicional designação de «interessados» (interessados na relação jurídica procedimental).

Foi uma opção consciente. Com efeito, não basta para identificar os sujeitos de situações jurídicas procedimentais que o particular seja titular ou portador institucional de interesse envolvido na *materia decidendi*. Como a doutrina tem notado, a essa posição substantiva terá de se somar uma intervenção formal, por iniciativa própria ou por convocação da Administração. Por outro lado, à democratização do procedimento importa que os particulares e a Administração nele apareçam face a face, enquanto titulares de situações subjetivas ativas e passivas recíprocas. Isso não significa uma igualização, porque, ao passo que os particulares detêm direitos, a Administração exerce um poder público. Mas os particulares não são reduzidos a objeto daquele poder, nem meramente afetados, positiva ou negativamente, pelo modo como sobre eles se refletem as consequências da respetiva concretização. Pelo contrário, a par de efeitos materiais, existem efeitos jurídicos, bem como pretensões de estofo jurídico quanto ao modo do respetivo exercício.

Na alínea *d*) do nº 1 do artigo 65º e no nº 4 do artigo 68º, são, entretanto, reconhecidas como uma das modalidades das relações jurídicas procedimentais as relações procedimentais entre órgãos da Administração Pública, respetivamente, nos papéis de exercerem poderes públicos e de figurarem como titulares ou defensores de situações jurídicas conformadas através do exercício de tais poderes. Assim sendo, e não sendo apropriado incluir estes órgãos no conceito de *sujeitos privados*, pareceu, apesar de tudo, preferível enquadrá-los no conceito de interessados na relação jurídica procedimental.

9 – O artigo 66º é dedicado à figura do auxílio administrativo. No seu nº 1, estabelecem-se pressupostos que, embora sob uma formulação simplificada, se inspiram no nº 1 do artigo 5º da lei alemã do procedimento administrativo. O artigo 92º do anterior Código é eliminado porque, na realidade, ele respeita ao auxílio administrativo, mas apenas no âmbito demasiado restrito da realização de diligências de prova.

No nº 2 do mesmo artigo 66º, estabelecem-se as garantias de sigilo, por remissão para o regime de acesso aos documentos administrativos.

No nº 3 ainda do mesmo artigo, prevê-se a situação de recusa do auxílio administrativo solicitado ou de dilação excessiva na sua prestação. Sem uma solução para o efeito, o auxílio administrativo não passaria de uma intenção piedosa. Mais uma vez, em lugar de conceber um regime *ex novo*, remeteu-se para a competência decisória que o Código define no domínio dos conflitos de jurisdição e de competência.

Por seu turno, o artigo 53º do anterior Código surge agora como artigo 68º, com alterações. No nº 1, a referência às associações é reelaborada. Por um lado, deixa-se cair a exigência de que não possuam caráter político ou sindical, porque o Tribunal Constitucional se pronunciou no sentido da inconstitucionalidade da recusa da legitimidade às associações sindicais para iniciarem procedimentos ou neles intervirem, tanto em defesa de interesses coletivos como em defesa coletiva de interesses individuais dos seus representados. Por outro lado, explicita-se agora a admissibilidade de as associações procederem, tanto à defesa de interesses coletivos, como à defesa coletiva de interesses individuais, desde que no âmbito do respetivo escopo institucional.

No nº 2, harmoniza-se o âmbito material dos interesses difusos com as qualificações levadas a cabo na alínea *a*) do nº 2 do artigo 53º da Constituição, e no nº 2 do artigo 9º do Código de Processo nos Tribunais Administrativos.

No nº 3, define-se, também em termos mais precisos, a legitimidade para a participação popular procedimental supletiva.

10 – As «Garantias de imparcialidade» surgem agora integradas na nova secção III (artigos 69º a 76º) deste capítulo II.

Trata-se de uma recolocação (e não refundição) dos artigos 44º a 51º do anterior Código. A principal novidade reside no aditamento de um nº 4 ao artigo 76º (anterior artigo 51º), na matéria tratada tradicionalmente como «suspeição». A ideia subjacente àquele preceito é a de que, independentemente de se estar fora de casos de presunção legal inilidível de parcialidade, será de todo o modo preciso, à luz das circunstâncias de cada caso, assegurar a credibilidade da decisão administrativa. Cabe ao legislador, não apenas neutralizar e reprimir situações mais ou menos declaradas de parcialidade subjetiva, mas também assegurar um clima na preparação e tomada das decisões que não favoreça a dúvida sobre a respetiva seriedade. Por isso, em vez de «suspeição», passa a falar-se da «razoabilidade de dúvida séria sobre a imparcialidade da atuação do órgão». O juízo não respeita tanto às condições subjetivas do agente, mas, mais, aos requisitos objetivos de confiança por parte da opinião pública.

11 – O capítulo III («Da conferência procedimental») do título I da mesma parte III abrange os artigos 77º a 81º A expressão conferência procedimental afigura-se preferível à de conferência de serviços, de inspiração italiana. Na verdade, quem conferencia são órgãos e não «serviços» à maneira italiana. Por outro lado, a conferência, quando tenha lugar, torna-se numa fase do procedimento administrativo, que tem características próprias e assume grande relevo.

Caracterizam-se, desde logo, no nº 1 do artigo 77º, dois tipos distintos de conferências procedimentais: conferências para o exercício de competências em comum e conferências para o exercício conjugado de competências. Tal caracterização é completada no n.º 3 do mesmo artigo 77.º: no caso das primeiras, uma conferência deliberativa assume-se como contexto para o exercício conjunto, através de um só ato, das competências dos órgãos participantes; nas conferências de coordenação, os diversos órgãos exercem de *per si* as suas competências, embora o façam de modo conjugado no contexto proporcionado pela conferência. Se se trata de conferência deliberativa, é produzido um único ato complexo, cujo conteúdo engloba os efeitos típicos dos vários atos que substitui. Se, pelo contrário, estivermos perante uma conferência de coordenação, cada um dos órgãos participantes emite formalmente no seu contexto o ato correspondente à sua competência.

Estabelece-se, no n.º 1 do artigo 78.º, que, sem prejuízo da realização de conferências de coordenação por acordo entre os órgãos envolvidos, a possibilidade da realização de conferências procedimentais no âmbito de cada tipo de procedimento depende de previsão específica em lei ou regulamento, ou em contrato interadministrativo a celebrar entre entidades públicas autónomas.

Sem prejuízo da disciplina própria constante do ato instituidor, os artigos 79.º a 81.º consagram um regime diretamente aplicável às conferências procedimentais, estabelecendo regras sobre os poderes, deveres e ónus dos órgãos participantes e, no artigo 80.º, sobre a audiência dos interessados e a eventual realização de audiência pública. Merece referência especial o facto de, no n.º 2 do artigo 79.º, se estabelecer que a convocação daquela conferência, quando ela for requerida por um ou mais interessados, constitui o órgão competente no dever de a convocar.

12 – Provêm da parte III do anterior Código, ainda que com algumas adaptações, os capítulos III a VII do título I desta parte III, respeitantes, respetivamente, ao direito à informação (artigos 82.º a 85.º), aos prazos (artigos 86.º a 88.º, com um artigo praticamente novo sobre a contagem dos prazos), às medidas provisórias (artigos 89.º e 90.º, com diversas modificações), aos pareceres (artigos 91.º e 92.º) e à extinção do procedimento (artigos 93.º a 95.º).

13 – No título II desta parte III contém-se a regulação específica do procedimento dos regulamentos. E também nesta matéria se inova bastante.

Merecem especial referência os novos requisitos da publicitação do procedimento do regulamento (artigo 98.º). E é totalmente inovador o artigo 99.º, ao impor que, da nota justificativa do projeto de regulamento, conste uma ponderação dos custos e benefícios das medidas projetadas.

14 – Quanto ao regime aplicável ao procedimento dos atos administrativos, e constante do título III da mesma parte III, há que destacar as inovações

introduzidas no que respeita ao regime aplicável ao conteúdo, forma e perfeição da notificação dos atos administrativos e à forma de apresentação dos requerimentos; a simplificação do regime da instrução do procedimento; e as importantes alterações no regime dos prazos para a decisão do procedimento e consequências da sua inobservância.

15 – O regime substantivo dos regulamentos administrativos encontrava-se ausente do anterior Código. Pretendeu-se, por isso, preencher uma lacuna no nosso direito administrativo, numa área tão importante para a atividade administrativa.

Assim, o novo capítulo I da parte IV, dedicado ao regulamento administrativo, para além de consagrar disposições que merecem o consenso nas nossas doutrina e jurisprudência, como sejam o conceito de regulamento, a exigência de habilitação legal para a emissão de regulamentos e a disciplina das relações entre regulamentos, inova no tratamento da invalidade e do regime da invalidade do regulamento, consagrando, como regra geral, que a invalidade do regulamento, quando não referida à forma ou ao procedimento, é invocável a todo o tempo e por qualquer interessado (artigo 144º), e também nas consequências atribuídas à omissão de regulamento de cuja aprovação esteja dependente a aplicação de lei.

Um especial destaque merece ser, entretanto, dado à matéria da revogação dos regulamentos administrativos. Procurando dar resposta às questões colocadas pela doutrina em torno do regime da anterior versão do artigo 119º, passa a prever-se expressamente que os regulamentos de execução não podem ser objeto de revogação sem que a matéria seja objeto de nova regulamentação, dispondo-se, ainda, que a inobservância desta regra implicará a vigência das normas regulamentares do diploma revogado das quais dependa a aplicabilidade da lei exequenda (artigo 146º).

16 – No capítulo II da parte IV, respeitante ao ato administrativo, o novo Código visa adequar o conceito de ato administrativo ao regime substantivo e procedimental que lhe é aplicável, introduzindo a referência à sua aptidão para produzir efeitos externos, e pretende reconhecer o âmbito atual da figura, eliminando a referência ao elemento orgânico da respetiva autoria (artigo 148º).

Em matéria de cláusulas acessórias, esclarecem-se as condições de validade da sua aposição e reconhece-se uma nova cláusula, a «reserva», típica das decisões de direito público (artigo 149º).

Em matéria de eficácia do ato administrativo, o novo Código limita-se à clarificação normativa de situações que suscitaram dúvidas, seja sobre a produção diferida ou condicionada dos efeitos (artigos 155º e 157º), seja sobre a diferença entre publicidade e publicação (artigo 158º), seja, sobretudo, sobre a garantia da inoponibilidade aos respetivos destinatários de atos constitutivos de deveres ou outras situações jurídicas passivas sem prévia notificação (artigo 160º).

17 – No que respeita à invalidade do ato administrativo, introduzem-se modificações mais profundas.

Por um lado, por razões de certeza e segurança, determina-se que a nulidade pressupõe a respetiva cominação legal expressa, eliminando-se a categoria das «nulidades por natureza», definidas através de conceitos indeterminados, que suscitariam dúvidas de interpretação. Em consequência, com base na doutrina e na prática jurisprudencial, alargam-se os casos de nulidade expressamente previstos até agora no anterior Código, designadamente, aos atos praticados com desvio de poder para fins de interesse privado, aos atos certificativos de factos inverídicos ou inexistentes e aos atos que criem obrigações pecuniárias sem base legal (artigo 161º). Aproveita-se ainda para clarificar e flexibilizar o regime da nulidade, acentuando-se a possibilidade de atribuição de efeitos putativos aos atos nulos em condições mais amplas do que na versão inicial do Código, e admitindo-se a sua reforma e conversão (artigos 162º e 164º).

Por outro lado, pormenoriza-se o regime da anulabilidade, determinando-se as circunstâncias e as condições em que é admissível o afastamento do efeito anulatório (artigo 163º), regulando-se expressamente os efeitos da anulação (artigo 172º), até agora constantes apenas do Código de Processo nos Tribunais Administrativos, e esclarecendo-se os efeitos da ratificação, reforma e conversão (artigo 164º).

18 – Sobre a revisão dos atos administrativos, o novo Código, passa agora a concretizar e aprofundar a distinção entre a revogação propriamente dita e a revogação anulatória, passando a designar esta, na esteira da generalidade da doutrina dos países europeus, como «anulação administrativa» (artigo 165º). No seguimento da distinção, estabelecem-se os condicionalismos aplicáveis a cada uma das figuras, em função da sua finalidade e razão de ser, regulando-se com algum pormenor várias situações e resolvendo-se alguns problemas que têm sido suscitados (artigos 167º e 168º), dando-se expressão às propostas de alteração aos artigos 140º e 141º do anterior Código, que, ao longo dos últimos 20 anos, têm sido formuladas na doutrina e que, no essencial, são inspiradas pela lei alemã do procedimento.

Houve, designadamente, a preocupação de evitar soluções puramente logicistas, operando-se distinções de regime em função do conteúdo dos atos (favorável ou desfavorável), dos seus efeitos (instantâneos ou duradouros) e das posições jurídicas dos destinatários e de terceiros (direitos, interesses legalmente protegidos ou posições precárias), permitindo-se a ponderação de interesses e valores pela Administração nos casos concretos (tendo em conta a boa ou má-fé, a proteção da confiança legítima e a relevância dos interesses públicos e privados envolvidos). Neste contexto, conferiu-se especial importância à garantia de um equilíbrio entre a estabilidade do ato administrativo e a sua adequação às mudanças da realidade e à evolução dos conhecimentos, no quadro da realização dinâmica dos interesses públicos, com respeito pelos direitos e interesses legalmente protegidos dos particulares – um equilíbrio indispensável na atual sociedade de risco e de incerteza (artigo 167º). Por outro lado, em sintonia com a parte final do nº 3 do artigo 18º da Constituição, e, agora, com a alínea *d*) do nº 2 do artigo 161º do novo Código, a afetação, pela revogação, do conteúdo essencial de um direito concede ao titular desse direito, se estiver de boa-fé, direito a indemnização nos termos da indemnização por sacrifício.

É de salientar a diferenciação entre a anulação administrativa e a anulação judicial dos atos administrativos, fixando-se prazos que podem não coincidir para ambos os efeitos e permitindo-se, em certas circunstâncias e condições, a anulação administrativa de atos tornados contenciosamente inimpugnáveis, com efeitos retroativos ou apenas para o futuro, no pressuposto de que o mero decurso do prazo de impugnação judicial não torna válido o ato anulável. Merece destaque, ainda, a harmonização, nesta matéria, entre o direito interno e outros ordenamentos jurídicos, em especial quando a atuação administrativa envolva a aplicação do direito da União Europeia (artigo 168º).

19 – No que respeita ao regime da execução dos atos administrativos, a grande novidade é a consagração do princípio de que a execução coerciva dos atos administrativos só pode ser realizada pela Administração nos casos expressamente previstos na lei ou em situações de urgente necessidade pública, devidamente fundamentada (artigo 176º). Trata-se de opção sustentada ao longo dos últimos 30 anos por uma parte muito significativa da doutrina. No essencial, o regime do nº 2 do artigo 176º procura refletir, entretanto, o regime tradicionalmente vigente no direito francês sobre a matéria, embora com salvaguarda do regime aplicável à execução coerciva de obrigações pecuniárias.

Desta opção resulta a desnecessidade de se prever no Código os meios de execução. O conteúdo do regime dos artigos 155º a 157º do anterior Código é, no entanto, quase integralmente aproveitado no novo articulado.

No artigo 177º, propõe-se a explicitação do que presentemente apenas resulta implícito: que os procedimentos de execução têm início com a emissão de uma decisão autónoma de proceder à execução; a exigência que a esta decisão é associada de determinar o conteúdo e os termos da execução; a clarificação da função de interpelação ao cumprimento, que é associada à notificação da decisão de proceder à execução, a qual pode ser feita conjuntamente com a notificação do ato exequendo.

No artigo 182º, procura-se aperfeiçoar e densificar o regime das garantias dos executados perante atos administrativos e operações materiais de execução ilegais.

Por último, com o novo artigo 183º pretende-se preencher uma lacuna desde há muito identificada no nosso ordenamento jurídico no que respeita à determinação do modo de execução dos atos administrativos por via jurisdicional, quando não seja admitida a execução coerciva pela via administrativa.

20 – Também na secção VI do capítulo II da parte IV, que regula a reclamação e os recursos administrativos, foram introduzidas diversas alterações importantes.

Para começar, estabelece-se que, em regra, as reclamações e os recursos têm caráter facultativo (nº 2 do artigo 185º). Depois, elimina-se, neste domínio, a figura do indeferimento tácito, em sintonia com o que fica disposto no artigo 130º, para o procedimento declarativo de primeiro grau.

Além disso, introduz-se, no âmbito das impugnações administrativas, a regulação, até agora omissa, relativa ao incumprimento do dever de decidir, fixando-se o prazo para reagir contra a omissão ilegal de atos administrativos e prevendo-se, além do mais, a possibilidade de suprir a omissão, quer por parte da autoridade recorrida, quer por parte da autoridade para a qual se recorre (nº 5 do artigo 195º e nº 4 do artigo 197º).

Também se modificam as formalidades do recurso hierárquico, simplificando-se a respetiva tramitação (artigo 195º). E, por outro lado, determina-se que o órgão competente para conhecer do recurso não fica obrigado à proposta de pronúncia do autor do ato ou da omissão, e deve respeitar, na fundamentação da decisão que venha a tomar, quando não opte por aquela proposta, os requisitos gerais da fundamentação do ato administrativo (nº 2 do artigo 197º).

Por fim, os recursos anteriormente designados como «recursos hierárquicos impróprios» e o recurso tutelar passam a estar englobados na categoria dos «recursos administrativos especiais» (artigo 199º).

21 – Entendeu-se, entretanto, dever reunir num último capítulo, o capítulo III da parte IV, um pequeno conjunto de preceitos sobre os contratos da Administração Pública. Atendendo à existência do Código dos Contratos Públicos, que estabelece, com pormenor, o regime dos procedimentos administrativos de formação das principais espécies de contratos públicos

e o regime substantivo comum dos contratos administrativos, optou-se por apenas se sintetizar, mediante remissão, o sistema das fontes disciplinadoras dos aspetos estruturais dos regimes que são aplicáveis, tanto no plano procedimental, como no plano substantivo, aos contratos celebrados pela Administração Pública.

Tendo em atenção que o regime de contratação pública do Código dos Contratos Públicos se não aplica à formação de todos os contratos administrativos, estatuiu-se que, na ausência de lei própria, se aplica à formação destes o regime geral do procedimento administrativo (n.º 3 do artigo 201.º).

Deixa-se clara a aplicabilidade da regra do n.º 3 do artigo 2.º, prevendo-se a incidência, sobre os órgãos da Administração Pública, no âmbito dos contratos sujeitos a um regime de direito privado, das disposições do Código do Procedimento Administrativo que concretizem preceitos constitucionais e dos princípios gerais da atividade administrativa.

22 – Com a publicação do novo Código do Procedimento Administrativo, o Governo está consciente de que dota a Administração Pública de um diploma fundamental para que ela possa responder de modo eficiente aos desafios que hoje lhe são colocados.

Foram ouvidos os órgãos de governo próprio das Regiões Autónomas, a Comissão Nacional de Proteção de Dados, a Associação Nacional de Municípios Portugueses, o Conselho Superior da Magistratura, o Conselho Superior do Ministério Público, o Conselho Superior dos Tribunais Administrativos e Fiscais, a Ordem dos Advogados e a Associação Sindical dos Juízes Portugueses.

Foi promovida a audição da Associação Nacional de Freguesias, do Conselho Distrital do Porto da Ordem dos Advogados, do Conselho Distrital de Coimbra da Ordem dos Advogados, do Conselho Distrital de Lisboa da Ordem dos Advogados, do Conselho Distrital de Évora da Ordem dos Advogados, do Conselho Distrital de Faro da Ordem dos Advogados, do Conselho Distrital dos Açores da Ordem dos Advogados, do Conselho Distrital da Madeira da Ordem dos Advogados, da Câmara dos Solicitadores, do Conselho dos Oficiais de Justiça, do Sindicato dos Magistrados do Ministério Público, do Sindicato dos Funcionários Judiciais, do Sindicato dos Oficiais de Justiça, da Associação dos Oficiais de Justiça e do Movimento Justiça e Democracia.

Assim:

No uso da autorização legislativa concedida pela Lei n.º 42/2014, de 11 de julho, e nos termos das alíneas *a*) e *b*) do n.º 1 do artigo 198.º da Constituição, o Governo decreta o seguinte:

ARTIGO 1º
Objeto

O presente decreto-lei aprova o novo Código do Procedimento Administrativo.

ARTIGO 2º
Aprovação

É aprovado, em anexo ao presente decreto-lei, que dele faz parte integrante, o novo Código do Procedimento Administrativo, doravante designado por Código.

ARTIGO 3º
Impugnações administrativas necessárias

1 – As impugnações administrativas existentes à data da entrada em vigor do presente decreto-lei só são necessárias quando previstas em lei que utilize uma das seguintes expressões:

a) A impugnação administrativa em causa é «necessária»;
b) Do ato em causa «existe sempre» reclamação ou recurso;
c) A utilização de impugnação administrativa «suspende» ou «tem efeito suspensivo» dos efeitos do ato impugnado.

2 – O prazo mínimo para a utilização de impugnações administrativas necessárias é de 10 dias, passando a ser esse o prazo a observar quando seja previsto prazo inferior na legislação existente à data da entrada em vigor do presente decreto-lei.

3 – As impugnações administrativas necessárias previstas na legislação existente à data da entrada em vigor do presente decreto-lei têm sempre efeitos suspensivos da eficácia do ato impugnado.

4 – São revogadas as disposições incompatíveis com o disposto nos nºs 2 e 3.

ARTIGO 4º
Conferências procedimentais

1 – Sem prejuízo do disposto nos nºs 1 e 2 do artigo 78º do Código, o regime das conferências procedimentais constante dos seus nºs 1, 2 e 5 do artigo 77º, dos nºs 3 a 8 do artigo 79º, do artigo 80º e dos nºs 1 a 4 e 7 a 8 do artigo 81º, é imediatamente aplicável, nos termos dos números seguintes, ao procedimento previsto no Sistema de Indústria Responsável, aprovado em anexo ao Decreto-Lei nº 169/2012, de 1 de agosto, doravante designado por SIR.

2 – No âmbito do SIR, compete à entidade coordenadora, nos termos, prazos e condições previstos no artigo 22º desse regime, promover a convocação das entidades públicas que devam pronunciar-se sobre o pedido de autorização prévia para a instalação de estabelecimento industrial para a conferência mencionada no nº 5 do artigo 77º do Código:

a) Por sua iniciativa;
b) A pedido do interessado, desde que tal seja formulado aquando do início do procedimento de autorização prévia, nos termos do disposto no nº 1 do artigo 21º do SIR.

3 – Convocada a conferência procedimental, à mesma é aplicável o regime referido no nº 1, com exclusão das disposições do procedimento aí mencionado que disciplinem a tramitação da obtenção, por parte de entidades públicas, de aprovações e autorizações de localização ou de instalação.

4 – Decorrido o prazo mencionado no nº 2 sem que tenha sido convocada a conferência, a faculdade da sua convocação deixa de poder ser exercida, salvo se o interessado provar que requereu a convocação da mesma no respetivo procedimento.

5 – Verificada a situação prevista na parte inicial do número anterior, o procedimento administrativo referido no nº 1 segue os termos previstos no respetivo regime.

ARTIGO 5º
Boas práticas administrativas

1 – No prazo de um ano, a contar da data da entrada em vigor do presente decreto-lei, o Governo aprova, por Resolução do Conselho de Ministros, um «Guia de boas práticas administrativas».

2 – O guia referido no número anterior tem caráter orientador e enuncia padrões de conduta a assumir pela Administração Pública.

ARTIGO 6º
Norma transitória

O nº 2 do artigo 149º do Decreto-Lei nº 442/91, de 15 de novembro, alterado pelo Decreto-Lei nº 6/96, de 31 de janeiro, mantém-se em vigor até à data da entrada em vigor do diploma referido no nº 2 do artigo 8º

ARTIGO 7º
Norma revogatória

É revogado o Decreto-Lei nº 442/91, de 15 de novembro, alterado pelo Decreto-Lei nº 6/96, de 31 de janeiro.

ARTIGO 8º
Aplicação no tempo e produção de efeitos

1 – O disposto nas partes I e II, no capítulo III do título I da parte III e na parte IV do Código aplica-se aos procedimentos administrativos em curso à data da sua entrada em vigor, sendo as restantes disposições do Código aplicáveis apenas aos procedimentos administrativos que se iniciem após a entrada em vigor do presente decreto-lei.

2 – O nº 1 do artigo 176º do Código aplica-se a partir da data da entrada em vigor do diploma que define os casos, as formas e os termos em que os atos administrativos podem ser impostos coercivamente pela Administração, a aprovar no prazo de 60 dias a contar da data da entrada em vigor do presente decreto-lei.

ARTIGO 9º
Entrada em vigor

O presente decreto-lei entra em vigor 90 dias após a sua publicação.

Código do Procedimento Administrativo

PARTE I
DISPOSIÇÕES GERAIS

CAPÍTULO I
Disposições preliminares

ARTIGO 1º
Definições

1 – Entende-se por procedimento administrativo a sucessão ordenada de atos e formalidades relativos à formação, manifestação e execução da vontade dos órgãos da Administração Pública.

2 – Entende-se por processo administrativo o conjunto de documentos devidamente ordenados em que se traduzem os atos e formalidades que integram o procedimento administrativo.

ARTIGO 2º
Âmbito de aplicação

1 – As disposições do presente Código respeitantes aos princípios gerais, ao procedimento e à atividade administrativa são aplicáveis à conduta de quaisquer entidades, independentemente da sua natureza, adotada no exercício de poderes públicos ou regulada de modo específico por disposições de direito administrativo.

2 – A parte II do presente Código é aplicável ao funcionamento dos órgãos da Administração Pública.

3 – Os princípios gerais da atividade administrativa e as disposições do presente Código que concretizam preceitos constitucionais são aplicáveis a toda e qualquer atuação da Administração Pública, ainda que meramente técnica ou de gestão privada.

4 – Para efeitos do disposto no presente Código, integram a Administração Pública:

a) Os órgãos do Estado e das regiões autónomas que exercem funções administrativas a título principal;

b) As autarquias locais e suas associações e federações de direito público;

c) As entidades administrativas independentes;

d) Os institutos públicos e as associações públicas.

5 – As disposições do presente Código, designadamente as garantias nele reconhecidas aos particulares, aplicam-se subsidiariamente aos procedimentos administrativos especiais.

CAPÍTULO II
Princípios gerais da atividade administrativa

ARTIGO 3º
Princípio da legalidade

1 – Os órgãos da Administração Pública devem atuar em obediência à lei e ao direito, dentro dos limites dos poderes que lhes forem conferidos e em conformidade com os respetivos fins.

2 – Os atos administrativos praticados em estado de necessidade, com preterição das regras estabelecidas no presente Código, são válidos, desde que os seus resultados não pudessem ter sido alcançados de outro modo, mas os lesados têm o direito de ser indemnizados nos termos gerais da responsabilidade da Administração.

ARTIGO 4º
Princípio da prossecução do interesse público
e da proteção dos direitos e interesses dos cidadãos

Compete aos órgãos da Administração Pública prosseguir o interesse público, no respeito pelos direitos e interesses legalmente protegidos dos cidadãos.

ARTIGO 5º
Princípio da boa administração

1 – A Administração Pública deve pautar-se por critérios de eficiência, economicidade e celeridade.

2 – Para efeitos do disposto no número anterior, a Administração Pública deve ser organizada de modo a aproximar os serviços das populações e de forma não burocratizada.

ARTIGO 6º
Princípio da igualdade

Nas suas relações com os particulares, a Administração Pública deve reger-se pelo princípio da igualdade, não podendo privilegiar, beneficiar, prejudicar, privar de qualquer direito ou isentar de qualquer dever ninguém em razão de ascendência, sexo, raça, língua, território de origem, religião, convicções políticas ou ideológicas, instrução, situação económica, condição social ou orientação sexual.

ARTIGO 7º
Princípio da proporcionalidade

1 – Na prossecução do interesse público, a Administração Pública deve adotar os comportamentos adequados aos fins prosseguidos.

2 – As decisões da Administração que colidam com direitos subjetivos ou interesses legalmente protegidos dos particulares só podem afetar essas posições na medida do necessário e em termos proporcionais aos objetivos a realizar.

ARTIGO 8º
Princípios da justiça e da razoabilidade

A Administração Pública deve tratar de forma justa todos aqueles que com ela entrem em relação, e rejeitar as soluções manifestamente desrazoáveis ou incompatíveis com a ideia de Direito, nomeadamente em matéria de interpretação das normas jurídicas e das valorações próprias do exercício da função administrativa.

ARTIGO 9º
Princípio da imparcialidade

A Administração Pública deve tratar de forma imparcial aqueles que com ela entrem em relação, designadamente, considerando com objetividade todos e apenas os interesses relevantes no contexto decisório e adotando as soluções organizatórias e procedimentais indispensáveis à preservação da isenção administrativa e à confiança nessa isenção.

ARTIGO 10º
Princípio da boa-fé

1 – No exercício da atividade administrativa e em todas as suas formas e fases, a Administração Pública e os particulares devem agir e relacionar-se segundo as regras da boa-fé.

2 – No cumprimento do disposto no número anterior, devem ponderar-se os valores fundamentais do Direito relevantes em face das situações consideradas, e, em especial, a confiança suscitada na contraparte pela atuação em causa e o objetivo a alcançar com a atuação empreendida.

ARTIGO 11º
Princípio da colaboração com os particulares

1 – Os órgãos da Administração Pública devem atuar em estreita colaboração com os particulares, cumprindo-lhes, designadamente, prestar aos particulares as informações e os esclarecimentos de que careçam, apoiar e estimular as suas iniciativas e receber as suas sugestões e informações.

2 – A Administração Pública é responsável pelas informações prestadas por escrito aos particulares, ainda que não obrigatórias.

ARTIGO 12º
Princípio da participação

Os órgãos da Administração Pública devem assegurar a participação dos particulares, bem como das associações que tenham por objeto a defesa dos seus interesses, na formação das decisões que lhes digam respeito, designadamente através da respetiva audiência nos termos do presente Código.

ARTIGO 13º
Princípio da decisão

1 – Os órgãos da Administração Pública têm o dever de se pronunciar sobre todos os assuntos da sua competência que lhes sejam apresentados e, nomeadamente, sobre os assuntos que aos interessados digam diretamente respeito, bem como sobre quaisquer petições, representações, reclamações ou queixas formuladas em defesa da Constituição, das leis ou do interesse público.

2 – Não existe o dever de decisão quando, há menos de dois anos, contados da data da apresentação do requerimento, o órgão competente tenha praticado um ato administrativo sobre o mesmo pedido, formulado pelo mesmo particular com os mesmos fundamentos.

3 – Os órgãos da Administração Pública podem decidir sobre coisa diferente ou mais ampla do que a pedida, quando o interesse público assim o exija.

ARTIGO 14º
Princípios aplicáveis à administração eletrónica

1 – Os órgãos e serviços da Administração Pública devem utilizar meios eletrónicos no desempenho da sua atividade, de modo a promover a eficiência e a transparência administrativas e a proximidade com os interessados.

2 – Os meios eletrónicos utilizados devem garantir a disponibilidade, o acesso, a integridade, a autenticidade, a confidencialidade, a conservação e a segurança da informação.

3 – A utilização de meios eletrónicos, dentro dos limites estabelecidos na Constituição e na lei, está sujeita às garantias previstas no presente Código e aos princípios gerais da atividade administrativa.

4 – Os serviços administrativos devem disponibilizar meios eletrónicos de relacionamento com a Administração Pública e divulgá-los de forma adequada, de modo a que os interessados os possam utilizar no exercício dos seus direitos e interesses legalmente protegidos, designadamente para formular as suas pretensões, obter e prestar informações, realizar consultas, apresentar alegações, efetuar pagamentos e impugnar atos administrativos.

5 – Os interessados têm direito à igualdade no acesso aos serviços da Administração, não podendo, em caso algum, o uso de meios eletrónicos implicar restrições ou discriminações não previstas para os que se relacionem com a Administração por meios não eletrónicos.

6 – O disposto no número anterior não prejudica a adoção de medidas de diferenciação positiva para a utilização, pelos interessados, de meios eletrónicos no relacionamento com a Administração Pública.

ARTIGO 15º
Princípio da gratuitidade

1 – O procedimento administrativo é tendencialmente gratuito, na medida em que leis especiais não imponham o pagamento de taxas por despesas, encargos ou outros custos suportados pela Administração.

2 – Em caso de insuficiência económica, a Administração isenta, total ou parcialmente, o interessado do pagamento das taxas ou das despesas referidas no número anterior.

3 – A insuficiência económica deve ser provada nos termos da lei sobre apoio judiciário, com as devidas adaptações.

ARTIGO 16º
Princípio da responsabilidade

A Administração Pública responde, nos termos da lei, pelos danos causados no exercício da sua atividade.

ARTIGO 17º
Princípio da administração aberta

1 – Todas as pessoas têm o direito de acesso aos arquivos e registos administrativos, mesmo quando nenhum procedimento que lhes diga diretamente respeito esteja em curso, sem prejuízo do disposto na lei em matérias relativas à segurança interna e externa, à investigação criminal, ao sigilo fiscal e à privacidade das pessoas.

2 – O acesso aos arquivos e registos administrativos é regulado por lei.

ARTIGO 18º
Princípio da proteção dos dados pessoais

Os particulares têm direito à proteção dos seus dados pessoais e à segurança e integridade dos suportes, sistemas e aplicações utilizados para o efeito, nos termos da lei.

ARTIGO 19º
Princípio da cooperação leal com a União Europeia

1 – Sempre que o direito da União Europeia imponha à Administração Pública a obrigação de prestar informações, apresentar propostas ou de, por alguma outra forma, colaborar com a Administração Pública de outros Estados-membros, essa obrigação deve ser cumprida no prazo para tal estabelecido.

2 – Na ausência de prazo específico, a obrigação referida no número anterior é cumprida no quadro da cooperação leal que deve existir entre a Administração Pública e a União Europeia.

PARTE II
DOS ÓRGÃOS DA ADMINISTRAÇÃO PÚBLICA

CAPÍTULO I
Natureza e regime dos órgãos

ARTIGO 20º
Órgãos

1 – São órgãos da Administração Pública os centros institucionalizados titulares de poderes e deveres para efeitos da prática de atos jurídicos imputáveis à pessoa coletiva.

2 – Os órgãos são, nos termos das normas que os instituem ou preveem a sua instituição, singulares ou colegiais e permanentes ou temporários.

3 – Os órgãos colegiais podem adotar o seu regimento no quadro das normas legais e estatutárias aplicáveis.

CAPÍTULO II
Dos órgãos colegiais

ARTIGO 21º
Presidente e secretário

1 – Sempre que a lei não disponha de forma diferente, cada órgão colegial da Administração Pública tem um presidente e um secretário, a eleger pelos membros que o compõem.

2 – Cabe ao presidente do órgão colegial, além de outras funções que lhe sejam atribuídas, abrir e encerrar as reuniões, dirigir os trabalhos e assegurar o cumprimento das leis e a regularidade das deliberações.

3 – O presidente pode, ainda, suspender ou encerrar antecipadamente as reuniões, quando circunstâncias excecionais o justifiquem, mediante decisão fundamentada, a incluir na ata da reunião, podendo a decisão ser revogada em recurso imediatamente interposto e votado favoravelmente, de forma não tumultuosa, por maioria de dois terços dos membros com direito a voto.

4 – O presidente, ou quem o substituir, pode reagir judicialmente contra deliberações tomadas pelo órgão a que preside quando as considere ilegais, impugnando atos administrativos ou normas regulamentares ou pedindo a declaração de ilegalidade por omissão de normas, bem como requerer as providências cautelares adequadas.

ARTIGO 22º
Suplência do presidente e do secretário

1 – Salvo disposição legal, estatutária ou regimental em contrário, intervêm como suplentes do presidente e do secretário de qualquer órgão colegial, quando ocorra a sua ausência ou impedimento, respetivamente, o vogal mais antigo e o vogal mais moderno.

2 – No caso de os vogais possuírem a mesma antiguidade reportada ao momento da assunção do cargo, intervêm como suplentes, respetivamente, o vogal de mais idade e o vogal mais jovem.

3 – Em caso de conflito entre o presidente e o órgão quanto aos pressupostos de intervenção de um seu suplente, prevalece a vontade colegial quando não caiba a outro órgão a competência para o dirimir.

ARTIGO 23º
Reuniões ordinárias

1 – Na falta de determinação legal, estatutária ou regimental ou de deliberação do órgão, cabe ao presidente a fixação dos dias e horas das reuniões ordinárias.

2 – Quaisquer alterações ao dia e hora fixados para as reuniões devem ser comunicadas a todos os membros do órgão, de forma a garantir o seu conhecimento seguro e oportuno.

ARTIGO 24º
Reuniões extraordinárias

1 – As reuniões extraordinárias têm lugar mediante convocação do presidente, salvo disposição especial.

2 – O presidente é obrigado a proceder à convocação sempre que pelo menos um terço dos vogais lho solicitem por escrito, indicando o assunto que desejam ver tratado.

3 – A convocatória da reunião deve ser feita para um dos 15 dias seguintes à apresentação do pedido, mas sempre com uma antecedência mínima de 48 horas sobre a data da reunião extraordinária.

4 – Da convocatória devem constar, de forma expressa e especificada, os assuntos a tratar na reunião.

5 – Se o presidente não proceder à convocação requerida nos termos do nº 2, podem os requerentes efetuá-la diretamente, com invocação dessa circunstância, expedindo a convocatória para os endereços eletrónicos de todos os membros do órgão, quando aqueles se encontrem registados nos termos estatutários ou regimentais, ou publicitando-a mediante publicação num jornal de circulação nacional ou local e nos locais de estilo usados para a notificação edital.

6 – A convocatória efetuada de acordo com o disposto no número anterior deve ser feita com a antecedência mínima de 48 horas.

ARTIGO 25º
Ordem do dia

1 – A ordem do dia de cada reunião é estabelecida pelo presidente, e, salvo disposição especial em contrário, deve incluir os assuntos que para esse fim lhe forem indicados por qualquer vogal, desde que sejam da competência do órgão e o pedido seja apresentado por escrito com uma antecedência mínima de cinco dias sobre a data da reunião.

2 – A ordem do dia deve ser entregue a todos os membros com a antecedência de, pelo menos, 48 horas sobre a data da reunião.

3 – No caso previsto no nº 5 do artigo anterior, a competência conferida no nº 1 ao presidente é devolvida aos vogais que convoquem a reunião.

ARTIGO 26º
Objeto das deliberações

1 – Só podem ser tomadas deliberações cujo objeto se inclua na ordem do dia da reunião.

2 – Excetuam-se do disposto no número anterior os casos em que, numa reunião ordinária, pelo menos dois terços dos membros do órgão reconheçam a urgência de deliberação imediata sobre assunto não incluído na ordem do dia.

ARTIGO 27º
Reuniões públicas

1 – As reuniões dos órgãos da Administração Pública não são públicas, salvo disposição legal em contrário.

2 – Quando as reuniões hajam de ser públicas, deve ser dada publicidade aos dias, horas e locais da sua realização, de forma a garantir o conhecimento dos interessados com uma antecedência de, pelo menos, 48 horas sobre a data da reunião.

3 – Quando a lei o determinar ou o órgão tiver deliberado nesse sentido, podem os assistentes às reuniões públicas intervir para comunicar ou pedir informações, ou expressar opiniões, sobre assuntos relevantes da competência daquele.

ARTIGO 28º
Inobservância das disposições sobre convocação de reuniões

A ilegalidade resultante da inobservância das disposições contidas nos artigos 23º e 24º e dos prazos estabelecidos no artigo 25º só se considera sanada quando todos os membros do órgão compareçam à reunião e nenhum suscite logo de início oposição à sua realização.

ARTIGO 29º
Quórum

1 – Os órgãos colegiais só podem, em regra, deliberar quando esteja presente a maioria do número legal dos seus membros com direito a voto.

2 – Quando se não verifique na primeira convocação o *quórum* previsto no número anterior, deve ser convocada nova reunião com um intervalo mínimo de 24 horas.

3 – Sempre que se não disponha de forma diferente, os órgãos colegiais reunidos em segunda convocatória podem deliberar desde que esteja presente um terço dos seus membros com direito a voto.

4 – Nos órgãos colegiais compostos por três membros, é de dois o *quórum* necessário para deliberar, mesmo em segunda convocatória.

ARTIGO 30º
Proibição da abstenção

No silêncio da lei, é proibida a abstenção aos membros dos órgãos consultivos e aos dos órgãos deliberativos, quando no exercício de funções consultivas.

ARTIGO 31º
Formas de votação

1 – As deliberações são antecedidas de discussão das respetivas propostas sempre que qualquer membro do órgão colegial nisso mostre interesse e,

salvo disposição legal em contrário, são tomadas por votação nominal, devendo votar primeiramente os vogais e, por fim, o presidente.

2 – As deliberações que envolvam um juízo de valor sobre comportamentos ou qualidades de pessoas são tomadas por escrutínio secreto, devendo o presidente, em caso de dúvida fundada, determinar que seja essa a forma para a votação.

3 – Quando exigida, a fundamentação das deliberações tomadas por escrutínio secreto é feita pelo presidente do órgão colegial após a votação, tendo presente a discussão que a tiver precedido.

4 – Não podem estar presentes no momento da discussão nem da votação os membros do órgão que se encontrem ou se considerem impedidos.

ARTIGO 32º
Maioria exigível nas deliberações

1 – As deliberações são tomadas por maioria absoluta de votos dos membros presentes à reunião, salvo nos casos em que, por disposição legal ou estatutária, se exija maioria qualificada ou seja suficiente maioria relativa.

2 – Quando seja exigível maioria absoluta e esta não se forme, nem se verifique empate, procede-se imediatamente a nova votação e, se aquela situação se mantiver, adia-se a deliberação para a reunião seguinte, na qual a maioria relativa é suficiente.

ARTIGO 33º
Empate na votação

1 – Em caso de empate na votação, o presidente tem voto de qualidade, ou, sendo caso disso, de desempate, salvo se a votação se tiver efetuado por escrutínio secreto.

2 – Havendo empate em votação por escrutínio secreto, procede-se imediatamente a nova votação e, se o empate se mantiver, adia-se a deliberação para a reunião seguinte.

3 – Se, na primeira votação da reunião seguinte, se mantiver o empate, procede-se a votação nominal, na qual a maioria relativa é suficiente.

ARTIGO 34º
Ata da reunião

1 – De cada reunião é lavrada ata, que contém um resumo de tudo o que nela tenha ocorrido e seja relevante para o conhecimento e a apreciação da

legalidade das deliberações tomadas, designadamente a data e o local da reunião, a ordem do dia, os membros presentes, os assuntos apreciados, as deliberações tomadas, a forma e o resultado das respetivas votações e as decisões do presidente.

2 – As atas são lavradas pelo secretário e submetidas à aprovação dos membros no final da respetiva reunião ou no início da reunião seguinte, sendo assinadas, após a aprovação, pelo presidente e pelo secretário.

3 – Não participam na aprovação da ata os membros que não tenham estado presentes na reunião a que ela respeita.

4 – Nos casos em que o órgão assim o delibere, a ata é aprovada, logo na reunião a que diga respeito, em minuta sintética, devendo ser depois transcrita com maior concretização e novamente submetida a aprovação.

5 – O conjunto das atas é autuado e paginado de modo a facilitar a sucessiva inclusão das novas atas e a impedir o seu extravio.

6 – As deliberações dos órgãos colegiais só se tornam eficazes depois de aprovadas as respetivas atas ou depois de assinadas as minutas e a eficácia das deliberações constantes da minuta cessa se a ata da mesma reunião não as reproduzir.

ARTIGO 35º
Registo na ata do voto de vencido

1 – Os membros do órgão colegial podem fazer constar da ata o seu voto de vencido, enunciando as razões que o justifiquem.

2 – Aqueles que ficarem vencidos na deliberação tomada e fizerem registo da respetiva declaração de voto na ata ficam isentos da responsabilidade que daquela eventualmente resulte.

3 – Quando se trate de pareceres a dar a outros órgãos administrativos, as deliberações são sempre acompanhadas das declarações de voto apresentadas.

CAPÍTULO III
Da competência

ARTIGO 36º
Irrenunciabilidade e inalienabilidade

1 – A competência é definida por lei ou por regulamento e é irrenunciável e inalienável, sem prejuízo do disposto quanto à delegação de poderes, à suplência e à substituição.

2 – É nulo todo o ato ou contrato que tenha por objeto a renúncia à titularidade ou ao exercício da competência conferida aos órgãos administrativos, sem prejuízo da delegação de poderes e figuras afins legalmente previstas.

ARTIGO 37º
Fixação da competência

1 – A competência fixa-se no momento em que se inicia o procedimento, sendo irrelevantes as modificações de facto que ocorram posteriormente.

2 – São igualmente irrelevantes as modificações de direito, exceto se o órgão a que o procedimento estava afeto for extinto ou deixar de ser competente ou se lhe for atribuída a competência de que inicialmente carecesse.

3 – Quando o órgão competente passar a ser outro, deve o processo ser-lhe remetido oficiosamente.

ARTIGO 38º
Questões prejudiciais

1 – Se a decisão final depender da decisão de uma questão que tenha de constituir objeto de procedimento próprio ou específico ou que seja da competência de outro órgão administrativo ou dos tribunais, deve o órgão competente para a decisão final suspender o procedimento administrativo, com explicitação dos fundamentos, até que tenha havido pronúncia sobre a questão prejudicial, salvo se da não resolução imediata do assunto resultarem graves prejuízos para interesses públicos ou privados.

2 – A suspensão cessa:

a) Quando a decisão da questão prejudicial depender da apresentação de pedido pelo interessado e este não o apresentar perante o órgão administrativo ou o tribunal competente nos 30 dias seguintes à notificação da suspensão;

b) Quando o procedimento ou o processo instaurado para conhecimento da questão prejudicial estiver parado, por culpa do interessado, por mais de 30 dias;

c) Quando, por circunstâncias supervenientes, a falta de resolução imediata do assunto causar graves prejuízos para interesses públicos ou privados.

3 – Se não for declarada a suspensão ou esta cessar, o órgão administrativo conhece das questões prejudiciais, mas a respetiva decisão não produz quaisquer efeitos fora do procedimento em que for proferida.

ARTIGO 39º
Conflitos de competência territorial

Em caso de dúvidas sérias de entendimento ou de aplicação das normas de competência territorial, deve ser utilizado, como critério interpretativo, o da localização mais adequada do órgão decisor para a eficiente resolução do assunto.

ARTIGO 40º
Controlo da competência

1 – Antes de qualquer decisão, o órgão da Administração Pública deve certificar-se de que é competente para conhecer da questão.

2 – A incompetência deve ser suscitada oficiosamente pelo órgão e pode ser arguida pelos interessados.

ARTIGO 41º
Apresentação de requerimento a órgão incompetente

1 – Quando seja apresentado requerimento, petição, reclamação ou recurso a órgão incompetente, o documento recebido é enviado oficiosamente ao órgão titular da competência, disso se notificando o particular.

2 – Nos casos previstos nos números anteriores, vale a data da apresentação inicial do requerimento para efeitos da sua tempestividade.

ARTIGO 42º
Suplência

1 – Nos casos de ausência, falta ou impedimento do titular do órgão ou do agente, cabe ao suplente designado na lei, nos estatutos ou no regimento, agir no exercício da competência desse órgão ou agente.

2 – Na falta de designação, a suplência cabe ao inferior hierárquico imediato e, em caso de igualdade de posições, ao mais antigo.

3 – O exercício de funções em suplência abrange os poderes delegados ou subdelegados no órgão ou no agente.

ARTIGO 43º
Substituição de órgãos

Nos casos em que a lei habilita um órgão a suceder, temporária ou pontualmente, no exercício da competência que normalmente pertence a outro órgão, o órgão substituto exerce como competência própria e exclusiva os poderes do órgão substituído, suspendendo-se a aplicação da norma atributiva da competência deste último.

CAPÍTULO IV
Da delegação de poderes

ARTIGO 44º
Delegação de poderes

1 – Os órgãos administrativos normalmente competentes para decidir em determinada matéria podem, sempre que para tal estejam habilitados por lei, permitir, através de um ato de delegação de poderes, que outro órgão ou agente da mesma pessoa coletiva ou outro órgão de diferente pessoa coletiva pratique atos administrativos sobre a mesma matéria.

2 – Para efeitos do disposto no número anterior, considera-se agente aquele que, a qualquer título, exerça funções públicas ao serviço da pessoa coletiva, em regime de subordinação jurídica.

3 – Mediante um ato de delegação de poderes, os órgãos competentes para decidir em determinada matéria podem sempre permitir que o seu imediato inferior hierárquico, adjunto ou substituto pratiquem atos de administração ordinária nessa matéria.

4 – O disposto no número anterior vale igualmente para a delegação de poderes dos órgãos colegiais nos respetivos presidentes, salvo havendo lei de habilitação específica que estabeleça uma particular repartição de competências entre os diversos órgãos.

5 – Os atos praticados ao abrigo de delegação ou subdelegação de poderes valem como se tivessem sido praticados pelo delegante ou subdelegante.

ARTIGO 45º
Poderes indelegáveis

Não podem ser objeto de delegação, designadamente:

a) A globalidade dos poderes do delegante;
b) Os poderes suscetíveis de serem exercidos sobre o próprio delegado;
c) Poderes a exercer pelo delegado fora do âmbito da respetiva competência territorial.

ARTIGO 46º
Subdelegação de poderes

1 – Salvo disposição legal em contrário, o delegante pode autorizar o delegado a subdelegar.

2 – O subdelegado pode subdelegar as competências que lhe tenham sido subdelegadas, salvo disposição legal em contrário ou reserva expressa do delegante ou subdelegante.

ARTIGO 47º
Requisitos do ato de delegação

1 – No ato de delegação ou subdelegação, deve o órgão delegante ou subdelegante especificar os poderes que são delegados ou subdelegados ou os atos que o delegado ou subdelegado pode praticar, bem como mencionar a norma atributiva do poder delegado e aquela que habilita o órgão a delegar.

2 – Os atos de delegação ou subdelegação de poderes estão sujeitos a publicação, nos termos do artigo 159º

ARTIGO 48º
Menção da qualidade de delegado ou subdelegado

1 – O órgão delegado ou subdelegado deve mencionar essa qualidade no uso da delegação ou subdelegação.

2 – A falta de menção da delegação ou subdelegação no ato praticado ao seu abrigo, ou a menção incorreta da sua existência e do seu conteúdo, não afeta a validade do ato, mas os interessados não podem ser prejudicados no exercício dos seus direitos pelo desconhecimento da existência da delegação ou subdelegação.

ARTIGO 49º
Poderes do delegante ou subdelegante

1 – O órgão delegante ou subdelegante pode emitir diretivas ou instruções vinculativas para o delegado ou subdelegado sobre o modo como devem ser exercidos os poderes delegados ou subdelegados.

2 – O órgão delegante ou subdelegante tem o poder de avocar, bem como o de anular, revogar ou substituir o ato praticado pelo delegado ou subdelegado ao abrigo da delegação ou subdelegação.

ARTIGO 50º
Extinção da delegação ou subdelegação

A delegação e a subdelegação de poderes extinguem-se:

a) Por anulação ou revogação do ato de delegação ou subdelegação;

b) Por caducidade, resultante de se terem esgotado os seus efeitos ou da mudança dos titulares dos órgãos delegante ou delegado, subdelegante ou subdelegado.

CAPÍTULO V
Dos conflitos de atribuições e de competência

ARTIGO 51º
Competência para a resolução de conflitos

1 – Os conflitos de atribuições são resolvidos:

a) Pelos tribunais administrativos, mediante processo de conflito entre órgãos administrativos, quando envolvam órgãos de pessoas coletivas diferentes ou no caso de conflitos entre autoridades administrativas independentes;

b) Pelo Primeiro-Ministro, quando envolvam órgãos de ministérios diferentes;

c) Pelo ministro, quando envolvam pessoas coletivas dotadas de autonomia, sujeitas ao seu poder de superintendência;

d) Pelo Presidente do Governo Regional, quando envolvam órgãos de secretarias regionais diferentes;

e) Pelo secretário regional, quando envolvam pessoas coletivas dotadas de autonomia sujeitas, ao seu poder de superintendência.

2 – Os conflitos de competência são resolvidos pelo órgão de menor categoria hierárquica que exerça poderes de supervisão sobre os órgãos envolvidos.

ARTIGO 52º
Resolução administrativa dos conflitos

1 – A resolução dos conflitos de atribuições entre ministérios ou entre secretarias regionais diferentes, bem como dos conflitos de competência, pode ser solicitada por qualquer interessado, mediante requerimento fundamentado dirigido à entidade competente para a decisão do procedimento, e deve ser oficiosamente suscitada pelos órgãos em conflito logo que dele tenham conhecimento.

2 – O órgão competente para a resolução deve ouvir os órgãos em conflito, se estes ainda se não tiverem pronunciado, e proferir a decisão no prazo de 30 dias.

PARTE III
DO PROCEDIMENTO ADMINISTRATIVO

TÍTULO I
Regime comum

CAPÍTULO I
Disposições gerais

ARTIGO 53º
Iniciativa

O procedimento administrativo inicia-se oficiosamente ou a solicitação dos interessados.

ARTIGO 54º
Língua do procedimento

A língua do procedimento é a língua portuguesa.

ARTIGO 55º
Responsável pela direção do procedimento

1 – A direção do procedimento cabe ao órgão competente para a decisão final, sem prejuízo do disposto nos números seguintes.

2 – O órgão competente para a decisão final delega em inferior hierárquico seu, o poder de direção do procedimento, salvo disposição legal, regulamentar ou estatutária em contrário ou quando a isso obviarem as condições de serviço ou outras razões ponderosas, invocadas fundamentadamente no procedimento concreto ou em diretiva interna respeitante a certos procedimentos.

3 – O responsável pela direção do procedimento pode encarregar inferior hierárquico seu da realização de diligências instrutórias específicas.
4 – No órgão colegial, a delegação prevista no nº 2 é conferida a membro do órgão ou a agente dele dependente.
5 – A identidade do responsável pela direção do procedimento é notificada aos participantes e comunicada a quaisquer outras pessoas que, demonstrando interesse legítimo, requeiram essa informação.

ARTIGO 56º
Princípio da adequação procedimental

Na ausência de normas jurídicas injuntivas, o responsável pela direção do procedimento goza de discricionariedade na respetiva estruturação, que, no respeito pelos princípios gerais da atividade administrativa, deve ser orientada pelos interesses públicos da participação, da eficiência, da economicidade e da celeridade na preparação da decisão.

ARTIGO 57º
Acordos endoprocedimentais

1 – No âmbito da discricionariedade procedimental, o órgão competente para a decisão final e os interessados podem, por escrito, acordar termos do procedimento.
2 – Os acordos referidos no número anterior têm efeito vinculativo e o seu objeto pode, designadamente, consistir na organização de audiências orais para exercício do contraditório entre os interessados que pretendam uma certa decisão e aqueles que se lhe oponham.
3 – Durante o procedimento, o órgão competente para a decisão final e os interessados também podem celebrar contrato para determinar, no todo ou em parte, o conteúdo discricionário do ato administrativo a praticar no termo do procedimento.

ARTIGO 58º
Princípio do inquisitório

O responsável pela direção do procedimento e os outros órgãos que participem na instrução podem, mesmo que o procedimento seja instaurado por iniciativa dos interessados, proceder a quaisquer diligências que se revelem adequadas e necessárias à preparação de uma decisão legal e justa, ainda que respeitantes a matérias não mencionadas nos requerimentos ou nas respostas dos interessados.

ARTIGO 59º
Dever de celeridade

O responsável pela direção do procedimento e os outros órgãos intervenientes na respetiva tramitação devem providenciar por um andamento rápido e eficaz, quer recusando e evitando tudo o que for impertinente e dilatório, quer ordenando e promovendo tudo o que seja necessário a um seguimento diligente e à tomada de uma decisão dentro de prazo razoável.

ARTIGO 60º
Cooperação e boa-fé procedimental

1 – Na sua participação no procedimento, os órgãos da Administração Pública e os interessados devem cooperar entre si, com vista à fixação rigorosa dos pressupostos de decisão e à obtenção de decisões legais e justas.

2 – Os interessados devem concorrer para a economia de meios na realização de diligências instrutórias e para a tomada da decisão num prazo razoável, abstendo-se de requerer diligências inúteis e de recorrer a expedientes dilatórios.

ARTIGO 61º
Utilização de meios eletrónicos

1 – Salvo disposição legal em contrário, na instrução dos procedimentos devem ser preferencialmente utilizados meios eletrónicos, tendo em vista:

a) Facilitar o exercício de direitos e o cumprimento de deveres através de sistemas que, de forma segura, fácil, célere e compreensível, sejam acessíveis a todos os interessados;

b) Tornar mais simples e rápido o acesso dos interessados ao procedimento e à informação;

c) Simplificar e reduzir a duração dos procedimentos, promovendo a rapidez das decisões, com as devidas garantias legais.

2 – Quando na instrução do procedimento se utilizem meios eletrónicos, as aplicações e sistemas informáticos utilizados devem indicar o responsável pela direção do procedimento e o órgão competente para a decisão, assim como garantir o controlo dos prazos, a tramitação ordenada e a simplificação e a publicidade do procedimento.

3 – Para efeitos do disposto do número anterior, os interessados têm direito:

a) A conhecer por meios eletrónicos o estado da tramitação dos procedimentos que lhes digam diretamente respeito;

b) A obter os instrumentos necessários à comunicação por via eletrónica com os serviços da Administração, designadamente nome de utilizador e palavra-passe para acesso a plataformas eletrónicas simples e, quando legalmente previsto, conta de correio eletrónico e assinatura digital certificada.

ARTIGO 62º
Balcão único eletrónico

1 – Sempre que um procedimento administrativo se possa iniciar e desenvolver através de um balcão eletrónico, este deve designadamente proporcionar:

a) Informação clara e acessível a qualquer interessado sobre os documentos necessários para a apresentação e instrução dos correspondentes pedidos e condições para a obtenção dos efeitos jurídicos pretendidos com o pedido;

b) Meios de consulta eletrónica do estado dos pedidos;

c) Meios de pagamento por via eletrónica das taxas devidas, quando seja caso disso;

d) Informação completa sobre a disciplina jurídica dos procedimentos administrativos que se podem realizar através do balcão eletrónico em causa;

e) Endereço e contacto da entidade administrativa com competência para a direção do procedimento administrativo em causa;

f) Informação sobre os meios de reação judiciais e extrajudiciais de resolução de eventuais litígios.

2 – Os balcões eletrónicos devem poder intermediar nos procedimentos a serem desenvolvidos entre os interessados e as autoridades administrativas competentes, recebendo os atos de uns e outros, mediante a entrega do correspondente recibo, e transmitindo-o imediatamente.

3 – O tempo que medeia entre a receção pelo balcão eletrónico dos documentos apresentados e a sua entrega ao destinatário é descontado nos prazos procedimentais em caso de justo impedimento, designadamente quando ocorra, de modo comprovado, uma interrupção técnica do funcionamento dos meios eletrónicos indispensáveis à transmissão, que não seja imputável ao órgão competente.

4 – Salvo o disposto em lei especial, os balcões eletrónicos asseguram a emissão automatizada de atos meramente certificativos e a notificação de decisões que incidam sobre os requerimentos formulados através daquele suporte eletrónico.

5 – Sem prejuízo do exercício imediato dos direitos ou interesses legalmente protegidos do interessado no procedimento, não são devidas taxas

quando, sempre que tal esteja legalmente previsto, os respetivos valores ou fórmulas de cálculo não sejam introduzidos nas plataformas eletrónicas no âmbito das quais correm os procedimentos a que dizem respeito.

6 – As taxas referidas no número anterior são, porém, devidas sempre que:

a) A falta de introdução dos respetivos valores ou fórmulas de cálculo nas plataformas a que se refere o número anterior não seja imputável à entidade destinatária das taxas; e

b) No prazo de cinco dias contados do início do procedimento, sejam inseridos os respetivos valores ou fórmulas de cálculo nas plataformas e notificado o interessado para proceder ao seu pagamento.

ARTIGO 63º
Comunicações por telefax, telefone ou meios eletrónicos

1 – Salvo disposição legal em contrário, as comunicações da Administração com os interessados ao longo do procedimento só podem processar-se através de telefax, telefone ou correio eletrónico mediante seu prévio consentimento, prestado por escrito, devendo o interessado, na sua primeira intervenção no procedimento ou posteriormente, indicar, para o efeito, o seu número de telefax, telefone ou a identificação da caixa postal eletrónica de que é titular, nos termos previstos no serviço público de caixa postal eletrónica.

2 – Presume-se que o interessado consentiu na utilização de telefax, de telefone ou de meios eletrónicos de comunicação quando, apesar de não ter procedido à indicação constante do número anterior, tenha estabelecido contacto regular através daqueles meios.

3 – As comunicações da Administração com pessoas coletivas podem processar-se através de telefax, de telefone ou de meios eletrónicos, sem necessidade de consentimento, quando sejam efetuadas para plataformas informáticas com acesso restrito ou para os endereços de correio eletrónico ou número de telefax ou de telefone indicados em qualquer documento por elas apresentado no procedimento administrativo.

ARTIGO 64º
Documentação das diligências
e integridade do processo administrativo

1 – Das diligências realizadas oralmente são lavrados autos e termos, que devem conter a menção dos elementos essenciais e da data e lugar da realização da diligência a que respeitam.

2 – O processo administrativo em suporte de papel é autuado e paginado de modo a facilitar a inclusão dos documentos que nele são sucessivamente incorporados e a impedir o seu extravio.

3 – O órgão responsável pela direção do procedimento deve rubricar todas as folhas do processo administrativo e os interessados e seus mandatários têm o direito de rubricar quaisquer folhas do mesmo.

4 – O disposto nos números anteriores não é aplicável ao processo administrativo em suporte eletrónico, que é definido por diploma próprio.

CAPÍTULO II
Da relação jurídica procedimental

SECÇÃO I
Dos sujeitos do procedimento

ARTIGO 65º
Sujeitos da relação jurídica procedimental

1 – São sujeitos da relação jurídica procedimental:

a) Os órgãos das entidades referidas no nº 1 do artigo 2º, quando competentes para a tomada de decisões ou para a prática de atos preparatórios;

b) Os particulares legitimados nos termos do nº 1 do artigo 68º;

c) Pessoas singulares e coletivas de direito privado, em defesa de interesses difusos, segundo o disposto nos nºs 2 e 3 do artigo 68º;

d) Os órgãos que exerçam funções administrativas, nas condições previstas no nº 4 do artigo 68º

2 – Para efeitos do disposto no presente Código, consideram-se interessados no procedimento os sujeitos da relação jurídica procedimental referidos nas alíneas *b)*, *c)* e *d)* do número anterior que como tal nele se constituam, ao abrigo de um dos títulos de legitimação previstos no artigo 68º

ARTIGO 66º
Auxílio administrativo

1 – Para além dos casos em que a lei imponha a intervenção de outros órgãos no procedimento, o órgão competente para a decisão final deve, por iniciativa própria, por proposta do responsável pela direção do procedimento ou a requerimento de um sujeito privado da relação jurídica proce-

dimental, solicitar o auxílio de quaisquer outros órgãos da Administração Pública, indicando um prazo útil, quando:

a) O melhor conhecimento da matéria relevante exija uma investigação para a qual o órgão a quem é dirigida a solicitação disponha de competência exclusiva ou de conhecimentos aprofundados aos quais o órgão solicitante não tenha acesso;

b) Só o órgão a quem é dirigida a solicitação tenha em seu poder documentos ou dados cujo conhecimento seja necessário à preparação da decisão;

c) A instrução requeira a intervenção de pessoal ou o emprego de meios técnicos de que o órgão competente para a decisão final não disponha.

2 – À comunicação de documentos ou dados solicitados nos termos do número anterior aplicam-se as restrições fixadas na legislação sobre o acesso aos documentos administrativos.

3 – Em caso de recusa de auxílio administrativo requerido nos termos do nº 1, ou de dilação na sua prestação, a questão é resolvida, consoante o caso, pela autoridade competente para a resolução de conflitos de atribuições ou de competência entre os órgãos solicitante e solicitado ou, não a havendo, por órgão que exerça poderes de direção, superintendência ou tutela sobre o órgão solicitado.

SECÇÃO II
Dos interessados no procedimento

ARTIGO 67º
Capacidade procedimental dos particulares

1 – Os particulares têm o direito de intervir pessoalmente no procedimento administrativo ou de nele se fazer representar ou assistir através de mandatário.

2 – A capacidade de intervenção no procedimento, salvo disposição especial, tem por base e por medida a capacidade de exercício de direitos segundo a lei civil, a qual é também aplicável ao suprimento da incapacidade.

ARTIGO 68º
Legitimidade procedimental

1 – Têm legitimidade para iniciar o procedimento ou para nele se constituírem como interessados os titulares de direitos, interesses legalmente protegidos, deveres, encargos, ónus ou sujeições no âmbito das decisões que

nele forem ou possam ser tomadas, bem como as associações, para defender interesses coletivos ou proceder à defesa coletiva de interesses individuais dos seus associados que caibam no âmbito dos respetivos fins.

2 – Têm, também, legitimidade para a proteção de interesses difusos perante ações ou omissões da Administração passíveis de causar prejuízos relevantes não individualizados em bens fundamentais como a saúde pública, a habitação, a educação, o ambiente, o ordenamento do território, o urbanismo, a qualidade de vida, o consumo de bens e serviços e o património cultural:

a) Os cidadãos no gozo dos seus direitos civis e políticos e os demais eleitores recenseados no território português;
b) As associações e fundações representativas de tais interesses;
c) As autarquias locais, em relação à proteção de tais interesses nas áreas das respetivas circunscrições.

3 – Têm, ainda, legitimidade para assegurar a defesa de bens do Estado, das regiões autónomas e de autarquias locais afetados por ação ou omissão da Administração, os residentes na circunscrição em que se localize ou tenha localizado o bem defendido.

4 – Têm igualmente legitimidade os órgãos que exerçam funções administrativas quando as pessoas coletivas nas quais eles se integram sejam titulares de direitos ou interesses legalmente protegidos, poderes, deveres ou sujeições que possam ser conformados pelas decisões que nesse âmbito forem ou possam ser tomadas, ou quando lhes caiba defender interesses difusos que possam ser beneficiados ou afetados por tais decisões.

SECÇÃO III
Das garantias de imparcialidade

ARTIGO 69º
Casos de impedimento

1 – Salvo o disposto no nº 2, os titulares de órgãos da Administração Pública e os respetivos agentes, bem como quaisquer outras entidades que, independentemente da sua natureza, se encontrem no exercício de poderes públicos, não podem intervir em procedimento administrativo ou em ato ou contrato de direito público ou privado da Administração Pública, nos seguintes casos:

a) Quando nele tenham interesse, por si, como representantes ou como gestores de negócios de outra pessoa;

b) Quando, por si ou como representantes ou gestores de negócios de outra pessoa, nele tenham interesse o seu cônjuge ou pessoa com quem viva em condições análogas às dos cônjuges, algum parente ou afim em linha reta ou até ao segundo grau da linha colateral, bem como qualquer pessoa com quem vivam em economia comum ou com a qual tenham uma relação de adoção, tutela ou apadrinhamento civil;

c) Quando, por si ou como representantes ou gestores de negócios de outra pessoa, tenham interesse em questão semelhante à que deva ser decidida, ou quando tal situação se verifique em relação a pessoa abrangida pela alínea anterior;

d) Quanto tenham intervindo no procedimento como perito ou mandatário ou hajam dado parecer sobre questão a resolver;

e) Quando tenha intervindo no procedimento como perito ou mandatário o seu cônjuge ou pessoa com quem viva em condições análogas às dos cônjuges, parente ou afim em linha reta ou até ao segundo grau da linha colateral, bem como qualquer pessoa com quem vivam em economia comum ou com a qual tenham uma relação de adoção, tutela ou apadrinhamento civil;

f) Quando se trate de recurso de decisão proferida por si, ou com a sua intervenção, ou proferida por qualquer das pessoas referidas na alínea *b)* ou com intervenção destas.

2 – Excluem-se do disposto no número anterior:

a) As intervenções que se traduzam em atos de mero expediente, designadamente atos certificativos;

b) A emissão de parecer, na qualidade de membro do órgão colegial competente para a decisão final, quando tal formalidade seja requerida pelas normas aplicáveis;

c) A pronúncia do autor do ato recorrido, nos termos do nº 2 do artigo 195º

3 – Sob pena das sanções cominadas pelos nºs 1 e 3 do artigo 76º, não pode haver lugar, no âmbito do procedimento administrativo, à prestação de serviços de consultoria, ou outros, a favor do responsável pela respetiva direção ou de quaisquer sujeitos públicos da relação jurídica procedimental, por parte de entidades relativamente às quais se verifique qualquer das situações previstas no nº 1, ou que hajam prestado serviços, há menos de três anos, a qualquer dos sujeitos privados participantes na relação jurídica procedimental.

4 – As entidades prestadoras de serviços no âmbito de um procedimento devem juntar uma declaração de que se não encontram abrangidas pela previsão do número anterior.

5 – Sempre que a situação de incompatibilidade prevista no n.º 3 ocorrer já após o início do procedimento, deve a entidade prestadora de serviços comunicar desde logo o facto ao responsável pela direção do procedimento e cessar toda a sua atividade relacionada com o mesmo.

ARTIGO 70º
Arguição e declaração do impedimento

1 – Quando se verifique causa de impedimento em relação a qualquer titular de órgão ou agente da Administração Pública, deve o mesmo comunicar desde logo o facto ao respetivo superior hierárquico ou ao presidente do órgão colegial, consoante os casos.

2 – Quando a causa de impedimento incidir sobre outras entidades que, sem a natureza daquelas a quem se refere o n.º 1, se encontrem no exercício de poderes públicos, devem as mesmas comunicar desde logo o facto a quem tenha o poder de proceder à respetiva substituição.

3 – Até ser proferida a decisão definitiva ou praticado o ato, qualquer interessado pode requerer a declaração do impedimento, especificando as circunstâncias de facto que constituam a sua causa.

4 – Compete ao superior hierárquico ou ao presidente do órgão colegial conhecer da existência do impedimento e declará-lo, ouvindo, se considerar necessário, o titular do órgão ou agente.

5 – Tratando-se do impedimento do presidente do órgão colegial, a decisão do incidente compete ao próprio órgão, sem intervenção do presidente.

6 – O disposto nos n.ºs 3 a 5 aplica-se, com as necessárias adaptações, às situações referidas no n.º 2.

ARTIGO 71º
Efeitos da arguição do impedimento

1 – O titular do órgão ou agente ou outra qualquer entidade no exercício de poderes públicos devem suspender a sua atividade no procedimento, logo que façam a comunicação a que se refere o n.º 1 do artigo anterior ou tenham conhecimento do requerimento a que se refere o n.º 3 do mesmo preceito, até à decisão do incidente, salvo determinação em contrário de quem tenha o poder de proceder à respetiva substituição.

2 – Os impedidos nos termos do artigo 69º devem tomar todas as medidas que forem inadiáveis em caso de urgência ou de perigo, as quais carecem, todavia, de ratificação pela entidade que os substituir.

ARTIGO 72º
Efeitos da declaração do impedimento

1 – Declarado o impedimento, é o impedido imediatamente substituído no procedimento pelo respetivo suplente, salvo se houver avocação pelo órgão competente para o efeito.

2 – Tratando-se de órgão colegial, se não houver ou não puder ser designado suplente, o órgão funciona sem o membro impedido.

ARTIGO 73º
Fundamento da escusa e suspeição

1 – Os titulares de órgãos da Administração Pública e respetivos agentes, bem como quaisquer outras entidades que, independentemente da sua natureza, se encontrem no exercício de poderes públicos devem pedir dispensa de intervir no procedimento ou em ato ou contrato de direito público ou privado da Administração Pública quando ocorra circunstância pela qual se possa com razoabilidade duvidar seriamente da imparcialidade da sua conduta ou decisão e, designadamente:

a) Quando, por si ou como representante ou gestor de negócios de outra pessoa, nele tenha interesse parente ou afim em linha reta ou até ao terceiro grau da linha colateral, ou tutelado ou curatelado dele, do seu cônjuge ou de pessoa com quem viva em condições análogas às dos cônjuges;

b) Quando o titular do órgão ou agente, o seu cônjuge ou pessoa com quem viva em condições análogas às dos cônjuges, ou algum parente ou afim na linha reta, for credor ou devedor de pessoa singular ou coletiva com interesse direto no procedimento, ato ou contrato;

c) Quando tenha havido lugar ao recebimento de dádivas, antes ou depois de instaurado o procedimento, pelo titular do órgão ou agente, seu cônjuge ou pessoa com quem viva em condições análogas às dos cônjuges, parente ou afim na linha reta;

d) Se houver inimizade grave ou grande intimidade entre o titular do órgão ou agente, ou o seu cônjuge ou pessoa com quem viva em condições análogas às dos cônjuges, e a pessoa com interesse direto no procedimento, ato ou contrato;

e) Quando penda em juízo ação em que sejam parte o titular do órgão ou agente, o seu cônjuge ou pessoa com quem viva em condições análogas às dos cônjuges, parente em linha reta ou pessoa com quem viva em economia comum, de um lado, e, do outro, o interessado, o seu cônjuge ou pessoa com quem viva em condições análogas às dos cônjuges, parente em linha reta ou pessoa com quem viva em economia comum.

2 – Com fundamento semelhante, pode qualquer interessado na relação jurídica procedimental deduzir suspeição quanto a titulares de órgãos da Administração Pública, respetivos agentes ou outras entidades no exercício de poderes públicos que intervenham no procedimento, ato ou contrato.

ARTIGO 74º
Formulação do pedido

1 – Nos casos previstos no artigo anterior, o pedido deve ser dirigido à entidade competente para dele conhecer, indicando com precisão os factos que o justifiquem.

2 – O pedido do titular do órgão ou agente só é formulado por escrito quando assim for determinado pela entidade a quem for dirigido.

3 – Quando o pedido seja formulado por interessado na relação jurídica procedimental, é sempre ouvido o titular do órgão ou o agente visado.

4 – Os pedidos devem ser formulados logo que haja conhecimento da circunstância que determina a escusa ou a suspeição.

ARTIGO 75º
Decisão sobre a escusa ou suspeição

1 – A competência para decidir da escusa ou suspeição é deferida nos termos referidos nos nºs 4 a 6 do artigo 70º

2 – A decisão deve ser proferida no prazo de oito dias.

3 – Sendo reconhecida procedência ao pedido, é observado o disposto nos artigos 71º e 72º

ARTIGO 76º
Sanções

1 – São anuláveis nos termos gerais os atos ou contratos em que tenham intervindo titulares de órgãos ou agentes impedidos ou em cuja preparação tenha ocorrido prestação de serviços à Administração Pública em violação do disposto nos nºs 3 a 5 do artigo 69º

2 – A omissão do dever de comunicação a que alude o nº 1 do artigo 70º constitui falta grave para efeitos disciplinares.

3 – A prestação de serviços em violação do disposto nos nºs 3 a 5 do artigo 69º constitui o prestador no dever de indemnizar a Administração Pública e terceiros de boa-fé pelos danos resultantes da anulação do ato ou contrato.

4 – A falta ou decisão negativa sobre a dedução da suspeição não prejudica a invocação da anulabilidade dos atos praticados ou dos contratos

celebrados, quando do conjunto das circunstâncias do caso concreto resulte a razoabilidade de dúvida séria sobre a imparcialidade da atuação do órgão, revelada na direção do procedimento, na prática de atos preparatórios relevantes para o sentido da decisão ou na própria tomada da decisão.

CAPÍTULO III
Da conferência procedimental

ARTIGO 77º
Conceito e modalidades

1 – As conferências procedimentais destinam-se ao exercício em comum ou conjugado das competências de diversos órgãos da Administração Pública, no sentido de promover a eficiência, a economicidade e a celeridade da atividade administrativa.

2 – As conferências procedimentais podem dizer respeito a um único procedimento ou a vários procedimentos conexos, e dirigir-se à tomada de uma única decisão ou de várias decisões conjugadas.

3 – As conferências procedimentais relativas a vários procedimentos conexos ou a um único procedimento complexo, em que há lugar à tomada de diferentes decisões por diferentes órgãos, podem assumir uma das seguintes modalidades:

a) Conferência deliberativa, destinada ao exercício conjunto das competências decisórias dos órgãos participantes através de um único ato de conteúdo complexo, que substitui a prática, por cada um deles, de atos administrativos autónomos;

b) Conferência de coordenação, destinada ao exercício individualizado, mas simultâneo, das competências dos órgãos participantes, através da prática, por cada um deles, de atos administrativos autónomos.

4 – Quando não exista incompatibilidade entre a forma contratual e a matéria a conformar, as conferências deliberativa e de coordenação podem terminar pela celebração de um contrato entre os órgãos participantes e o interessado, em substituição do ato ou dos atos cuja preparação se visava.

5 – As conferências procedimentais relativas a um único procedimento podem envolver apenas o órgão competente para a decisão final ou para uma decisão intercalar e órgãos titulares de competências consultivas, sendo, nesse caso, aplicável o disposto no nº 7 do artigo 79º

ARTIGO 78º
Instituição das conferências procedimentais

1 – Sem prejuízo da realização de conferências de coordenação por acordo entre os órgãos envolvidos, a possibilidade da realização de conferências procedimentais no âmbito de cada tipo de procedimento depende de previsão específica em lei ou regulamento, ou em contrato interadministrativo a celebrar entre entidades públicas autónomas.

2 – No âmbito da administração direta e indireta do Estado, a instituição da possibilidade da realização de conferências procedimentais pode ser feita por portaria dos ministros competentes para a direção e tutela dos organismos envolvidos ou para a resolução dos conflitos de atribuições ou competências entre os órgãos em causa.

3 – O ato que institui a possibilidade da realização de conferências procedimentais no âmbito de cada tipo de procedimento:

a) Determina o órgão competente para convocar e presidir às conferências;

b) Vincula os demais órgãos participantes à observância dos deveres que lhes são impostos no presente capítulo;

c) Habilita os órgãos participantes a delegar em membros seus, no caso de órgãos colegiais, ou em agentes deles dependentes os poderes necessários ao funcionamento das conferências procedimentais, segundo o disposto no presente capítulo;

d) Confere aos órgãos participantes em conferência deliberativa a competência conjunta para deliberarem através de um único ato de conteúdo complexo, a que corresponderia a prática isolada de atos administrativos por cada um deles.

ARTIGO 79º
Realização da conferência procedimental

1 – Cada conferência procedimental é convocada relativamente a uma situação concreta, por iniciativa própria do órgão competente nos termos do ato instituidor previsto no artigo anterior, ou quando requerida por um ou mais interessados.

2 – O requerimento dos interessados constitui o órgão competente no dever de convocar a conferência no prazo de 15 dias.

3 – A convocatória da primeira reunião da conferência deve ser feita com a antecedência mínima de cinco dias em relação à data da reunião, podendo os órgãos participantes, em caso de impossibilidade fundamentada, propor um adiamento não superior a 10 dias.

4 – Sem prejuízo do disposto nos números seguintes, as reuniões da conferência podem ter lugar presencialmente ou por videoconferência.

5 – Cada um dos órgãos convocados tem o dever de participar na conferência, delegando, para o efeito, num dos seus membros, no caso de órgãos colegiais, ou em agentes dele dependentes os poderes necessários para nela assumir, de modo definitivo, a posição do órgão sobre a matéria da deliberação a adotar, ou para tomar ele próprio a decisão correspondente à competência do órgão, no âmbito das conferências de coordenação.

6 – A ausência de um órgão regularmente convocado não obsta ao funcionamento da conferência, considerando-se que os órgãos que tenham faltado à conferência procedimental deliberativa nada têm a opor ao deferimento do pedido, salvo se invocarem justo impedimento no prazo de oito dias.

7 – Quando na conferência procedimental participem órgãos titulares de competência consultiva, estes exprimem o sentido da sua decisão de forma oral, juntando o parecer escrito no prazo de oito dias, para ser anexado à ata.

8 – O interessado pode ser convocado para estar presente nas reuniões, sem direito de voto, quando tal se revele necessário a uma boa decisão.

ARTIGO 80º
Audiência dos interessados e audiência pública

1 – Na conferência procedimental, o direito de audiência dos interessados é exercido oralmente, em sessão na qual estejam presentes todos os órgãos participantes, e, no caso da conferência de coordenação, em simultâneo quanto às várias decisões a adotar, podendo os interessados apresentar alegações escritas, as quais devem constar como anexo da ata da sessão.

2 – Para o efeito do disposto do número anterior, os interessados são convocados nos termos do disposto no artigo 122º

3 – Nos procedimentos em que seja obrigatória a audiência pública, a realização desta na pendência da conferência procedimental suspende o prazo para a conclusão da mesma.

ARTIGO 81º
Conclusão da conferência procedimental

1 – O prazo para a realização da conferência procedimental é de 60 dias, prorrogável por mais 30 dias, e, no seu decurso, suspendem-se os prazos para a conclusão dos procedimentos nos quais deveriam ser praticados os vários atos envolvidos.

2 – A conferência procedimental finda:

a) Com a prática do ato ou dos atos que visa preparar;
b) No termo do prazo, sem que o ato ou os atos que visa preparar tenham sido praticados.

3 – No termo da conferência procedimental, o órgão que a ela presidiu elabora uma ata, na qual são registados os sucessivos passos da conferência e, quando for o caso, o ato ou atos decisórios nela praticados, com a respetiva fundamentação, e os restantes atos nela autonomamente praticados por cada órgão participante.

4 – Em caso de falta de acordo, os órgãos participantes emitem uma declaração para constar da ata, na qual especificam as razões da sua discordância e, sempre que possível, as alterações que consideram necessárias à viabilização do projeto, atividade, regulação de um bem ou situação que constitua o objeto da conferência.

5 – A pronúncia desfavorável de qualquer dos participantes na conferência deliberativa determina o indeferimento das pretensões apreciadas na conferência, salvo se os órgãos acordarem nas alterações necessárias ao respetivo deferimento e na possibilidade da repetição da conferência, caso essas alterações sejam concretizadas pelo interessado.

6 – O disposto no número anterior não impede os órgãos participantes na conferência, que não tenham apresentado objeções quanto à matéria da sua competência, de praticarem individualmente o ato administrativo que lhes compete, no prazo de oito dias, a contar do termo da conferência.

7 – Sem prejuízo do disposto na segunda parte do nº 5, a conferência finda nos termos da alínea *b)* do nº 2 pode ser repetida em casos excecionais, devidamente justificados, quando todos os órgãos envolvidos nisso, previamente, acordem.

8 – Em caso de repetição da conferência, são aproveitados os atos praticados no decurso da primeira cuja atualidade se mantenha.

CAPÍTULO IV
Do direito à informação

ARTIGO 82º
Direito dos interessados à informação

1 – Os interessados têm o direito de ser informados pelo responsável pela direção do procedimento, sempre que o requeiram, sobre o andamento dos

procedimentos que lhes digam diretamente respeito, bem como o direito de conhecer as resoluções definitivas que sobre eles forem tomadas.

2 – As informações a prestar abrangem a indicação do serviço onde o procedimento se encontra, os atos e diligências praticados, as deficiências a suprir pelos interessados, as decisões adotadas e quaisquer outros elementos solicitados.

3 – As informações solicitadas ao abrigo do presente artigo são fornecidas no prazo máximo de 10 dias.

4 – Nos procedimentos eletrónicos, a Administração deve colocar à disposição dos interessados, na Internet, um serviço de acesso restrito, no qual aqueles possam, mediante prévia identificação, obter por via eletrónica a informação sobre o estado de tramitação do procedimento.

5 – Salvo disposição legal em contrário, a informação eletrónica sobre o andamento dos procedimentos abrange os elementos mencionados no n.º 2.

ARTIGO 83º
Consulta do processo e passagem de certidões

1 – Os interessados têm o direito de consultar o processo que não contenha documentos classificados ou que revelem segredo comercial ou industrial ou segredo relativo à propriedade literária, artística ou científica.

2 – O direito referido no número anterior abrange os documentos relativos a terceiros, sem prejuízo da proteção dos dados pessoais nos termos da lei.

3 – Os interessados têm o direito, mediante o pagamento das importâncias que forem devidas, de obter certidão, reprodução ou declaração autenticada dos documentos que constem dos processos a que tenham acesso.

ARTIGO 84º
Certidões independentes de despacho

1 – Os serviços competentes são obrigados a passar aos interessados, independentemente de despacho e no prazo máximo de 10 dias, a contar da apresentação do requerimento, certidão, reprodução ou declaração autenticada de documentos de que constem, consoante o pedido, todos ou alguns dos seguintes elementos:

a) Data de apresentação de requerimentos, petições, reclamações, recursos ou documentos semelhantes;

b) Conteúdo dos documentos referidos na alínea anterior ou pretensão nestes formulada;

c) Andamento que tiveram ou situação em que se encontram os documentos a que se refere o n.º 1;

d) Resolução tomada ou falta de resolução.

2 – O dever estabelecido no número anterior não abrange os documentos classificados ou que revelem segredo comercial ou industrial ou segredo relativo à propriedade literária, artística ou científica.

3 – Quando os elementos constem de procedimentos informatizados, as certidões, reproduções ou declarações previstas no n.º 1 são passadas, com a devida autenticação, no prazo máximo de três dias, por via eletrónica ou mediante impressão nos serviços da Administração.

ARTIGO 85º
Extensão do direito à informação

1 – Os direitos reconhecidos nos artigos 82º a 84º são extensivos a quaisquer pessoas que provem ter interesse legítimo no conhecimento dos elementos que pretendam.

2 – O exercício dos direitos previstos no número anterior depende de despacho do dirigente do serviço, exarado em requerimento escrito, instruído com os documentos probatórios do interesse legítimo invocado.

CAPÍTULO V
Dos prazos

ARTIGO 86º
Prazo geral

1 – Exceto quanto ao prazo de decisão do procedimento e na falta de disposição especial ou de fixação pela Administração, o prazo para os atos a praticar pelos órgãos administrativos é de 10 dias.

2 – É igualmente de 10 dias o prazo para os interessados requererem ou praticarem quaisquer atos, promoverem diligências, responderem sobre os assuntos acerca dos quais se devam pronunciar ou exercerem outros poderes no procedimento.

ARTIGO 87º
Contagem dos prazos

À contagem dos prazos são aplicáveis as seguintes regras:

a) O prazo começa a correr independentemente de quaisquer formalidades;

b) Não se inclui na contagem o dia em que ocorra o evento a partir do qual o prazo começa a correr;
c) O prazo fixado suspende-se nos sábados, domingos e feriados;
d) Na contagem dos prazos legalmente fixados em mais de seis meses, incluem-se os sábados, domingos e feriados;
e) É havido como prazo de um ou dois dias o designado, respetivamente, por 24 ou 48 horas;
f) O termo do prazo que coincida com dia em que o serviço perante o qual deva ser praticado o ato não esteja aberto ao público, ou não funcione durante o período normal, transfere-se para o primeiro dia útil seguinte;
g) Considera-se que o serviço não está aberto ao público quando for concedida tolerância de ponto, total ou parcial.

ARTIGO 88º
Dilação

1 – Quando os interessados residam ou se encontrem fora do continente e neste se localize o serviço por onde o procedimento corra, os prazos fixados na lei, se não atenderem já a essa circunstância, só se iniciam depois de decorridos:

a) Cinco dias, se os interessados residirem ou se encontrarem no território das regiões autónomas;
b) 15 dias, se os interessados residirem ou se encontrarem em país estrangeiro europeu;
c) 30 dias, se a notificação tiver sido efetuada por edital ou se os interessados residirem em país estrangeiro fora da Europa.

2 – A dilação prevista na alínea *a)* do número anterior é igualmente aplicável se o procedimento correr em serviço localizado numa Região Autónoma e os interessados residirem ou se encontrarem noutra ilha da mesma Região Autónoma, na outra Região Autónoma ou no continente.

3 – As dilações previstas nas alíneas *b)* e *c)* do nº 1 são também aplicáveis aos procedimentos que corram em serviços localizados nas regiões autónomas.

4 – Sem prejuízo do disposto nos números anteriores, sempre que a notificação não se encontre traduzida na língua do interessado estrangeiro ou numa outra língua que este possa entender sem constrangimentos excessivos, há lugar a uma dilação de 30 dias.

5 – As dilações previstas no presente artigo não se aplicam quando os atos e formalidades em causa sejam praticados através de meios eletrónicos.

CAPÍTULO VI
Das medidas provisórias

ARTIGO 89º
Admissibilidade de medidas provisórias

1 – Em qualquer fase do procedimento, pode o órgão competente para a decisão final, oficiosamente ou a requerimento dos interessados, ordenar as medidas provisórias que se mostrem necessárias, se houver justo receio de, sem tais medidas, se constituir uma situação de facto consumado ou se produzirem prejuízos de difícil reparação para os interesses públicos ou privados em presença, e desde que, uma vez ponderados esses interesses, os danos que resultariam da medida se não mostrem superiores aos que se pretendam evitar com a respetiva adoção.

2 – A decisão de ordenar ou alterar qualquer medida provisória não carece de audiência prévia, deve ser fundamentada e fixar prazo para a sua vigência.

3 – A revogação das medidas provisórias deve ser fundamentada.

4 – Os atos administrativos que ordenem medidas provisórias são passíveis de impugnação junto dos tribunais administrativos.

ARTIGO 90º
Caducidade das medidas provisórias

Salvo disposição especial, as medidas provisórias caducam quando:

a) Seja proferida decisão definitiva no procedimento;
b) Expire o prazo que lhes tenha sido fixado ou a respetiva prorrogação;
c) Expire o prazo fixado na lei para a decisão final;
d) A decisão final não seja proferida dentro dos 180 dias seguintes à instauração do procedimento.

CAPÍTULO VII
Dos pareceres

ARTIGO 91º
Espécies de pareceres

1 – Os pareceres são obrigatórios ou facultativos, consoante sejam ou não exigidos por lei, e são vinculativos ou não vinculativos, conforme as respetivas conclusões tenham ou não de ser seguidas pelo órgão competente para a decisão.

2 – Salvo disposição expressa em contrário, os pareceres legalmente previstos consideram-se obrigatórios e não vinculativos.

ARTIGO 92º
Forma e prazos dos pareceres

1 – Os pareceres devem ser sempre fundamentados e concluir de modo expresso e claro sobre todas as questões indicadas na consulta.

2 – O responsável pela direção do procedimento deve solicitar, sempre que possível em simultâneo, aos órgãos competentes a emissão dos pareceres a que haja lugar logo que, perante a marcha do procedimento, estejam reunidos os pressupostos para tanto.

3 – Na falta de disposição especial, os pareceres são emitidos no prazo de 30 dias, exceto quando o responsável pela direção do procedimento fixar, fundamentadamente, prazo diferente.

4 – O prazo diferente previsto no número anterior não deve ser inferior a 15 dias nem superior a 45 dias.

5 – Quando um parecer obrigatório não for emitido dentro dos prazos previstos no número anterior, pode o procedimento prosseguir e vir a ser decido sem o parecer, salvo disposição legal expressa em contrário.

6 – No caso de o parecer obrigatório ser vinculativo, a decisão final só pode ser proferida sem a prévia emissão daquele desde que o responsável pela direção do procedimento tenha interpelado, no prazo de 10 dias, o órgão competente para o emitir, sem que este o tenha feito no prazo de 20 dias a contar dessa interpelação.

CAPÍTULO VIII
Da extinção do procedimento

ARTIGO 93º
Causas de extinção

O procedimento extingue-se pela tomada da decisão final ou por qualquer dos outros factos previstos no presente Código.

ARTIGO 94º
Decisão final

1 – Na decisão final, o órgão competente deve resolver todas as questões pertinentes suscitadas durante o procedimento e que não hajam sido decididas em momento anterior.

2 – À decisão final proferida através de meios eletrónicos deve ser aposta assinatura eletrónica ou outro meio idóneo de autenticação do titular do órgão competente, nos termos de legislação própria, o qual deve ser devidamente identificado.

ARTIGO 95º
Impossibilidade ou inutilidade superveniente

1 – O procedimento é declarado extinto quando o órgão competente para a decisão verifique que a finalidade a que ele se destinava ou o objeto da decisão se tornaram impossíveis ou inúteis.

2 – A declaração da extinção a que se refere o número anterior é sempre fundamentada, podendo ser impugnada nos termos gerais.

TÍTULO II
Procedimento do regulamento e do ato administrativo

ARTIGO 96º
Objeto

Além do disposto no título anterior, o procedimento do regulamento e do ato administrativo regem-se, respetivamente, pelos capítulos I e II do presente título.

CAPÍTULO I
Procedimento do regulamento administrativo

ARTIGO 97º
Petições

1 – Os interessados podem apresentar aos órgãos competentes petições em que solicitem a elaboração, modificação ou revogação de regulamentos, as quais devem ser fundamentadas, sem o que a Administração não toma conhecimento delas.

2 – O órgão com competência regulamentar deve informar os interessados do destino dado às petições formuladas ao abrigo do nº 1, bem como dos fundamentos da posição que tome em relação a elas.

ARTIGO 98º
Publicitação do início do procedimento e participação procedimental

1 – O início do procedimento é publicitado na Internet, no sítio institucional da entidade pública, com a indicação do órgão que decidiu desencadear o procedimento, da data em que o mesmo se iniciou, do seu objeto e da forma como se pode processar a constituição como interessados e a apresentação de contributos para a elaboração do regulamento.

2 – Quando as circunstâncias o justifiquem, podem ser estabelecidos os termos de acompanhamento regular do procedimento por acordo endoprocedimental com as associações e fundações representativas dos interesses envolvidos e com as autarquias locais em relação à proteção de interesses nas áreas das respetivas circunscrições.

ARTIGO 99º
Projeto de regulamento

Os regulamentos são aprovados com base num projeto, acompanhado de uma nota justificativa fundamentada, que deve incluir uma ponderação dos custos e benefícios das medidas projetadas.

ARTIGO 100º
Audiência dos interessados

1 – Tratando-se de regulamento que contenha disposições que afetem de modo direto e imediato direitos ou interesses legalmente protegidos dos cidadãos, o responsável pela direção do procedimento submete o projeto de regulamento por prazo razoável, mas não inferior a 30 dias, a audiência dos interessados que como tal se tenham constituído no procedimento.

2 – A audiência dos interessados pode ser escrita ou oral e processa-se, salvo quanto aos prazos, nos termos dos artigos 122º e 123º

3 – O responsável pela direção do procedimento pode não proceder à audiência quando:

a) A emissão do regulamento seja urgente;
b) Seja razoavelmente de prever que a diligência possa comprometer a execução ou a utilidade do regulamento;
c) O número de interessados seja de tal forma elevado que a audiência se torne incompatível, devendo nesse caso proceder-se a consulta pública;
d) Os interessados já se tenham pronunciado no procedimento sobre as questões que importam à decisão.

4 – Nas situações previstas no número anterior, a decisão final deve indicar os fundamentos da não realização da audiência.

5 – A realização da audiência suspende a contagem dos prazos do procedimento administrativo.

ARTIGO 101º
Consulta pública

1 – No caso previsto na alínea *c*) do nº 3 do artigo anterior ou quando a natureza da matéria o justifique, o órgão competente deve submeter o projeto de regulamento a consulta pública, para recolha de sugestões, procedendo, para o efeito, à sua publicação na 2ª série do *Diário da República* ou na publicação oficial da entidade pública, e na Internet, no sítio institucional da entidade em causa, com a visibilidade adequada à sua compreensão.

2 – Os interessados devem dirigir, por escrito, as suas sugestões ao órgão com competência regulamentar, no prazo de 30 dias, a contar da data da publicação do projeto de regulamento.

3 – No preâmbulo do regulamento, é feita menção de que o respetivo projeto foi objeto de consulta pública, quando tenha sido o caso.

CAPÍTULO II
Procedimento do ato administrativo

SECÇÃO I
Da iniciativa particular

ARTIGO 102º
Requerimento inicial

1 – O requerimento inicial dos interessados, salvo nos casos em que a lei admite o pedido verbal, deve ser formulado por escrito e conter:

a) A designação do órgão administrativo a que se dirige;

b) A identificação do requerente, pela indicação do nome, domicílio, bem como, se possível, dos números de identificação civil e identificação fiscal;

c) A exposição dos factos em que se baseia o pedido e, quando tal seja possível ao requerente, os respetivos fundamentos de direito;

d) A indicação do pedido, em termos claros e precisos;

e) A data e a assinatura do requerente, ou de outrem a seu rogo, se o mesmo não souber ou não puder assinar;

f) A indicação do domicílio escolhido para nele ser notificado;

g) A indicação do número de telefax ou telefone ou a identificação da sua caixa postal eletrónica, para os efeitos previstos no nº 1 do artigo 63º

2 – Podem ser formulados num único requerimento vários pedidos, desde que entre eles exista conexão.

3 – Salvo disposição em contrário, podem ser formuladas num único requerimento as pretensões correspondentes a uma pluralidade de pessoas que tenham conteúdo e fundamento idênticos ou substancialmente similares.

ARTIGO 103º
Local de apresentação dos requerimentos

1 – Os requerimentos devem ser apresentados nos serviços dos órgãos aos quais são dirigidos, salvo o disposto nos números seguintes.

2 – Os requerimentos dirigidos aos órgãos centrais podem ser apresentados nos serviços locais desconcentrados do mesmo ministério ou organismo, quando os interessados residam na área da competência destes, ou nos gabinetes de apoio aos representantes da República nas regiões autónomas.

3 – Os requerimentos apresentados nos termos previstos no número anterior são remetidos aos órgãos competentes pelo registo do correio, ou por via eletrónica, no prazo de três dias após o seu recebimento, com a indicação da data em que este se verificou.

4 – Os requerimentos podem ser apresentados nos serviços das representações diplomáticas ou consulares sediadas no país em que residam ou se encontrem os interessados.

5 – As representações diplomáticas ou consulares remetem os requerimentos aos órgãos a quem sejam dirigidos, com a indicação da data em que se verificou o recebimento.

ARTIGO 104º
Forma de apresentação dos requerimentos

1 – Os requerimentos dirigidos a órgãos administrativos podem ser apresentados por uma das seguintes formas:

a) Entrega nos serviços, valendo como data da apresentação a da respetiva entrega;

b) Remessa pelo correio, sob registo, valendo como data da apresentação a da efetivação do respetivo registo postal;

c) Envio através de telefax ou transmissão eletrónica de dados, valendo como data da apresentação a do termo da expedição;

d) Envio por transmissão eletrónica de dados, valendo como data da apresentação a da respetiva expedição;
e) Formulação verbal, quando a lei admite essa forma de apresentação.

2 – Os requerimentos enviados por telefax ou transmissão eletrónica de dados podem ser apresentados em qualquer dia e independentemente da hora da abertura e do encerramento dos serviços.

3 – A Administração pode estabelecer modelos e sistemas normalizados de requerimentos, disponibilizando aos interessados os respetivos formulários.

4 – Os requerentes podem juntar os elementos que considerem convenientes para precisar ou completar os dados do modelo, os quais devem ser admitidos e tidos em conta pelo órgão ao qual se dirige o requerimento.

5 – O requerimento eletrónico deve observar o formato definido, para cada caso, no sítio institucional da entidade pública.

6 – Quando a lei admite a formulação verbal do requerimento, é lavrado termo para este efeito, o qual deve conter as menções previstas no nº 1 do artigo 102º e ser assinado, depois de datado, pelo requerente e pelo agente que receba o pedido.

ARTIGO 105º
Registo de apresentação de requerimentos

1 – A apresentação de requerimentos, qualquer que seja o modo por que se efetue, é sempre objeto de registo, que menciona o respetivo número de ordem, a data, o objeto do requerimento, o número de documentos juntos e o nome do requerente.

2 – Os requerimentos são registados segundo a ordem da sua apresentação, considerando-se simultaneamente apresentados os recebidos pelo correio na mesma distribuição.

3 – O registo é anotado nos requerimentos, mediante a menção do respetivo número e data.

4 – Nos serviços que disponibilizem meios eletrónicos de comunicação, o registo da apresentação dos requerimentos deve fazer-se por via eletrónica.

ARTIGO 106º
Recibo de entrega de requerimentos

1 – Os interessados podem exigir recibo comprovativo da entrega dos requerimentos apresentados.

2 – O recibo pode ser passado em duplicado ou em fotocópia do requerimento que o requerente apresente para esse fim.

3 – O registo eletrónico emite automaticamente um recibo comprovativo da entrega dos requerimentos apresentados por transmissão eletrónica de dados, contendo a indicação da data e hora da apresentação e o número de registo.

ARTIGO 107º
Outros escritos apresentados pelos interessados

O disposto na presente secção é aplicável, com as devidas adaptações, às exposições, reclamações, respostas e outros escritos semelhantes apresentados pelos interessados.

ARTIGO 108º
Deficiência do requerimento inicial

1 – Se o requerimento inicial não satisfizer o disposto no artigo 102º, o requerente é convidado a suprir as deficiências existentes.

2 – Sem prejuízo do disposto no número anterior, devem os órgãos e agentes administrativos procurar suprir oficiosamente as deficiências dos requerimentos, de modo a evitar que os interessados sofram prejuízos por virtude de simples irregularidades ou de mera imperfeição na formulação dos seus pedidos.

3 – São liminarmente rejeitados os requerimentos não identificados e aqueles cujo pedido seja ininteligível.

ARTIGO 109º
Questões que prejudiquem o desenvolvimento normal do procedimento

1 – O órgão competente para a decisão final, logo que estejam apurados os elementos necessários, conhece de qualquer questão que prejudique o desenvolvimento normal do procedimento ou impeça a tomada de decisão sobre o seu objeto e, nomeadamente, das seguintes questões:
a) Incompetência do órgão administrativo;
b) Caducidade do direito que se pretende exercer;
c) Ilegitimidade dos requerentes;
d) Extemporaneidade do pedido.

2 – Quando o requerimento haja sido apresentado a órgão incompetente, é aplicável o disposto no artigo 41º

SECÇÃO II
Das notificações

ARTIGO 110º
Notificação do início do procedimento

1 – O início do procedimento é notificado às pessoas cujos direitos ou interesses legalmente protegidos possam ser lesados pelos atos a praticar e que possam ser desde logo nominalmente identificadas.

2 – Não há lugar à notificação determinada no número anterior nos casos em que a lei a dispense e naqueles em que a mesma possa prejudicar a natureza secreta ou confidencial da matéria, como tal classificada nos termos legais, ou a oportuna adoção das providências a que o procedimento se destina.

3 – A notificação deve indicar a entidade que ordenou a instauração do procedimento, ou o facto que lhe deu origem, o órgão responsável pela respetiva direção, a data em que o mesmo se iniciou, o serviço por onde corre e o respetivo objeto.

ARTIGO 111º
Destinatários das notificações

1 – As notificações são efetuadas na pessoa do interessado, salvo quando este tenha constituído mandatário no procedimento, caso em que devem ser efetuadas a este.

2 – Para efeitos do disposto no número anterior, devem os interessados ou os mandatários, quando constituídos, comunicar ao responsável pelo procedimento quaisquer alterações dos respetivos domicílios que venham a acorrer na pendência do procedimento.

ARTIGO 112º
Forma das notificações

1 – As notificações podem ser efetuadas:

a) Por carta registada, dirigida para o domicílio do notificando ou, no caso de este o ter escolhido para o efeito, para outro domicílio por si indicado;

b) Por contacto pessoal com o notificando, se esta forma de notificação não prejudicar a celeridade do procedimento ou se for inviável a notificação por outra via;

c) Por telefax, telefone, correio eletrónico ou notificação eletrónica automaticamente gerada por sistema incorporado em sítio eletrónico pertencente ao serviço do órgão competente ou ao balcão único eletrónico;

d) Por edital, quando seja esta a forma de notificação prescrita por lei ou regulamento ou quando os notificandos forem incertos ou de paradeiro desconhecido;

e) Por anúncio, quando os notificandos forem em número superior a 50.

2 – As notificações previstas na alínea *c)* do número anterior podem ter lugar nos seguintes casos:

a) Por iniciativa da Administração, sem necessidade de prévio consentimento, para plataformas informáticas com acesso restrito ou para os endereços de correio eletrónico ou número de telefax ou telefone indicados em qualquer documento apresentado no procedimento administrativo, quando se trate de pessoas coletivas;

b) Mediante o consentimento prévio do notificando, nos restantes casos.

3 – A notificação prevista na alínea *d)* do n.º 1 é feita por reprodução e publicação do conteúdo do edital na Internet, no sítio institucional da entidade pública, e ainda:

a) No caso de incerteza das pessoas a notificar, por afixação de um edital na entrada do serviço da Administração por onde corre o procedimento administrativo;

b) No caso de incerteza do lugar onde se encontram as pessoas a notificar, por afixação de três editais, um, na entrada do serviço da Administração por onde corre o procedimento, outro, na porta da casa do último domicílio conhecido do notificando no país e, outro, na entrada da sede da respetiva junta de freguesia.

4 – O anúncio previsto na alínea *e)* do n.º 1 é publicado, salvo o disposto em lei especial, no *Diário da República* ou na publicação oficial da entidade pública, num jornal de circulação nacional ou local, dependendo do âmbito da matéria em causa, e sempre na Internet, no sítio institucional da entidade em causa, com a visibilidade adequada à sua compreensão.

5 – Sempre que a notificação seja feita por telefone, a mesma é confirmada nos termos da alínea *a)* do n.º 1, no dia útil imediato, sem prejuízo de a notificação se considerar feita na data da primeira comunicação.

ARTIGO 113º
Perfeição das notificações

1 – A notificação por carta registada presume-se efetuada no terceiro dia útil posterior ao registo ou no primeiro dia útil seguinte a esse, quando esse dia não seja útil.

2 – A presunção prevista no número anterior só pode ser ilidida pelo notificando quando não lhe seja imputável o facto de a notificação ocorrer em data posterior à presumida, devendo para o efeito a Administração ou o tribunal, a requerimento do interessado, solicitar aos correios informação sobre a data efetiva da receção.

3 – A notificação por telefax presume-se efetuada na data da emissão, servindo de prova a cópia da remessa com a menção de que a mensagem foi enviada com êxito, bem como da data, hora e número de telefax do recetor.

4 – A presunção prevista no número anterior pode ser ilidida por informação do operador sobre o conteúdo e data da emissão.

5 – A notificação por meios eletrónicos considera-se efetuada, no caso de correio eletrónico, no momento em que o destinatário aceda ao específico correio enviado para a sua caixa postal eletrónica, e, no caso de outras notificações por via de transmissão eletrónica de dados, no momento em que o destinatário aceda ao específico correio enviado para a sua conta eletrónica aberta junto da plataforma informática disponibilizada pelo sítio eletrónico institucional do órgão competente.

6 – Em caso de ausência de acesso à caixa postal eletrónica ou à conta eletrónica aberta junto da plataforma informática disponibilizada pelo sítio eletrónico institucional do órgão competente, a notificação considera-se efetuada no vigésimo quinto dia posterior ao seu envio, salvo quando se comprove que o notificando comunicou a alteração daquela, se demonstre ter sido impossível essa comunicação ou que o serviço de comunicações eletrónicas tenha impedido a correta receção, designadamente através de um sistema de filtragem não imputável ao interessado.

7 – Sem prejuízo do disposto no nº 5 do número anterior, a notificação por telefone considera-se efetuada na data em que ocorreu a comunicação telefónica.

8 – A notificação edital considera-se efetuada no dia em que os editais sejam afixados ou publicados na Internet, consoante o que ocorrer em último lugar.

9 – A notificação por anúncio considera-se feita no dia em que for publicado o último anúncio.

ARTIGO 114º
Notificação dos atos administrativos

1 – Os atos administrativos devem ser notificados aos destinatários, designadamente os que:

a) Decidam sobre quaisquer pretensões por eles formuladas;

b) Imponham deveres, encargos, ónus, sujeições ou sanções, ou causem prejuízos;

c) Criem, extingam, aumentem ou diminuam direitos ou interesses legalmente protegidos, ou afetem as condições do seu exercício.

2 – Da notificação do ato administrativo devem constar:

a) O texto integral do ato administrativo, incluindo a respetiva fundamentação, quando deva existir;

b) A identificação do procedimento administrativo, incluindo a indicação do autor do ato e a data deste;

c) A indicação do órgão competente para apreciar a impugnação administrativa do ato e o respetivo prazo, no caso de o ato estar sujeito a impugnação administrativa necessária.

3 – O texto integral do ato pode ser substituído pela indicação resumida do seu conteúdo e objeto, quando o ato tiver deferido integralmente a pretensão formulada pelo interessado.

4 – Para efeitos do disposto na alínea *c)* do nº 2, o reconhecimento jurisdicional da existência de erro ou omissão na indicação do meio de impugnação administrativa a utilizar contra o ato notificado não prejudica a utilização do referido meio no prazo de 30 dias, a contar do trânsito em julgado da decisão jurisdicional.

5 – Quando não haja prazo fixado na lei, os atos administrativos devem ser notificados no prazo de oito dias.

SECÇÃO III
Da instrução

ARTIGO 115º
Factos sujeitos a prova

1 – O responsável pela direção do procedimento deve procurar averiguar todos os factos cujo conhecimento seja adequado e necessário à tomada de uma decisão legal e justa dentro de prazo razoável, podendo, para o efeito, recorrer a todos os meios de prova admitidos em direito.

2 – Não carecem de prova nem de alegação os factos notórios, bem como os factos de que o responsável pela direção do procedimento tenha conhecimento em virtude do exercício das suas funções.

3 – O responsável pela direção do procedimento deve fazer constar do procedimento os factos de que tenha conhecimento em virtude do exercício das suas funções.

ARTIGO 116º
Prova pelos interessados

1 – Cabe aos interessados provar os factos que tenham alegado, sem prejuízo do dever cometido ao responsável pela direção do procedimento nos termos do nº 1 do artigo anterior.

2 – Quando os elementos de prova dos factos estiverem em poder da Administração, o ónus previsto no número anterior considera-se satisfeito desde que o interessado proceda à sua correta identificação junto do responsável pela direção do procedimento.

3 – Os interessados podem juntar documentos e pareceres ou requerer diligências de prova úteis para o esclarecimento dos factos com interesse para a decisão.

4 – Sendo necessário juntar documento passado em país estrangeiro, a lei que rege a produção da forma especial desse documento é a lei do Estado de emissão, aferindo-se a suficiência daquela forma especial por equiparação funcional à forma exigida pela lei nacional.

5 – As despesas resultantes das diligências de prova são suportadas pelos interessados que as tiverem requerido, sem prejuízo do disposto no nº 2 do artigo 15º

ARTIGO 117º
Solicitação de provas aos interessados

1 – O responsável pela direção do procedimento pode determinar aos interessados a prestação de informações, a apresentação de documentos ou coisas, a sujeição a inspeções e a colaboração noutros meios de prova.

2 – É legítima a recusa às determinações previstas no número anterior, quando a obediência às mesmas:

a) Envolver a violação de sigilo profissional ou segredo comercial ou industrial;

b) Implicar o esclarecimento de factos cuja revelação esteja proibida ou dispensada por lei;

c) Importar a revelação de factos puníveis, praticados pelo próprio interessado, pelo seu cônjuge ou por seu ascendente ou descendente, irmão ou afim nos mesmos graus;

d) For suscetível de causar dano moral ou material ao próprio interessado ou a alguma das pessoas referidas na alínea anterior.

ARTIGO 118º
Forma da prestação de informações ou da apresentação de provas

1 – A prestação de informações ou a apresentação de provas pelos interessados faz-se por escrito, podendo também ser feita oralmente, quando tal seja admitido, nos termos e condições que para o efeito forem fixados.

2 – Se o interessado não residir no município da sede do órgão responsável pela direção do procedimento, a prestação verbal de informações ou a apresentação de provas pode ter lugar através de órgão ou serviço com sede no município do seu domicílio, determinado pelo órgão responsável pela direção do procedimento, salvo se o interessado preferir comparecer perante este.

ARTIGO 119º
Falta de prestação de provas

1 – Se os interessados regularmente notificados para a prestação verbal de informações ou apresentação de provas não derem cumprimento à notificação, pode proceder-se a nova notificação ou prescindir-se da prática do ato, conforme as circunstâncias aconselharem.

2 – A falta de cumprimento da notificação é livremente apreciada para efeitos de prova, consoante as circunstâncias do caso, não dispensando o órgão administrativo de procurar averiguar os factos, nem de proferir a decisão.

3 – Quando as informações, documentos ou atos solicitados ao interessado sejam necessários à apreciação do pedido por ele formulado, não deve ser dado seguimento ao procedimento, disso se notificando o particular.

ARTIGO 120º
Produção antecipada de prova

1 – Havendo justo receio de vir a tornar-se impossível ou de difícil realização a produção de qualquer prova com interesse para a decisão, pode o órgão competente, oficiosamente ou a pedido fundamentado dos interessados, proceder à sua recolha antecipada.

2 – A produção antecipada de prova pode ter lugar antes da instauração do procedimento.

SECÇÃO IV
Da audiência dos interessados

ARTIGO 121º
Direito de audiência prévia

1 – Sem prejuízo do disposto no artigo 124º, os interessados têm o direito de ser ouvidos no procedimento antes de ser tomada a decisão final, devendo ser informados, nomeadamente, sobre o sentido provável desta.

2 – No exercício do direito de audiência, os interessados podem pronunciar-se sobre todas as questões com interesse para a decisão, em matéria de facto e de direito, bem como requerer diligências complementares e juntar documentos.

3 – A realização da audiência suspende a contagem de prazos em todos os procedimentos administrativos.

ARTIGO 122º
Notificação para a audiência

1 – Para efeitos do disposto no artigo anterior, o órgão responsável pela direção do procedimento determina, em cada caso, se a audiência se processa por forma escrita ou oral e manda notificar os interessados para, em prazo não inferior a 10 dias, dizerem o que se lhes oferecer.

2 – A notificação fornece o projeto de decisão e demais elementos necessários para que os interessados possam conhecer todos os aspetos relevantes para a decisão, em matéria de facto e de direito, indicando também as horas e o local onde o processo pode ser consultado.

3 – No caso de haver sítio na Internet da entidade em causa onde o processo possa ser consultado, a notificação referida no número anterior deve incluir a indicação do mesmo para efeitos de o processo poder também ser consultado pelos interessados pela via eletrónica.

ARTIGO 123º
Audiência oral

1 – Quando o órgão responsável pela direção do procedimento opte pela realização de audiência oral, esta realiza-se presencialmente, podendo ter

lugar por teleconferência, quando tal se justifique e existam os meios necessários para o efeito.

2 – A falta de comparência do interessado não constitui motivo de adiamento da audiência, mas, se for apresentada justificação da falta até ao momento fixado para a audiência, deve proceder-se ao adiamento desta.

3 – No caso de se verificar o adiamento a que se refere o número anterior, o órgão responsável pela direção do procedimento deve tentar chegar a acordo com o interessado sobre a nova data da audiência, que, em qualquer caso, se deve realizar dentro dos 20 dias seguintes.

4 – Da audiência é lavrada ata da qual consta o extrato das alegações feitas pelo interessado, podendo este juntar alegações escritas, durante a diligência ou posteriormente.

ARTIGO 124º
Dispensa de audiência dos interessados

1 – O responsável pela direção do procedimento pode não proceder à audiência dos interessados quando:

a) A decisão seja urgente;

b) Os interessados tenham solicitado o adiamento a que se refere o nº 2 do artigo anterior e, por facto imputável a eles, não tenha sido possível fixar-se nova data nos termos do nº 3 do mesmo artigo;

c) Seja razoavelmente de prever que a diligência possa comprometer a execução ou a utilidade da decisão;

d) O número de interessados a ouvir seja de tal forma elevado que a audiência se torne impraticável, devendo nesse caso proceder-se a consulta pública, quando possível, pela forma mais adequada;

e) Os interessados já se tiverem pronunciado no procedimento sobre as questões que importem à decisão e sobre as provas produzidas;

f) Os elementos constantes do procedimento conduzirem a uma decisão inteiramente favorável aos interessados.

2 – Nas situações previstas no número anterior, a decisão final deve indicar as razões da não realização da audiência.

ARTIGO 125º
Diligências complementares

Após a audiência, podem ser efetuadas, oficiosamente ou a pedido dos interessados, as diligências complementares que se mostrem convenientes.

SECÇÃO V
Da decisão e outras causas de extinção do procedimento

ARTIGO 126º
Relatório do responsável pela direção do procedimento

Quando o responsável pela direção do procedimento não for o órgão competente para a decisão final, elabora um relatório no qual indica o pedido do interessado, resume o conteúdo do procedimento, incluindo a fundamentação da dispensa da audiência dos interessados, quando esta não tiver ocorrido, e formula uma proposta de decisão, sintetizando as razões de facto e de direito que a justificam.

ARTIGO 127º
Decisão do procedimento

Salvo se outra coisa resultar da lei ou da natureza das relações a estabelecer, o procedimento pode terminar pela prática de um ato administrativo ou pela celebração de um contrato.

ARTIGO 128º
Prazos para a decisão dos procedimentos

1 – Os procedimentos de iniciativa particular devem ser decididos no prazo de 90 dias, salvo se outro prazo decorrer da lei, podendo o prazo, em circunstâncias excecionais, ser prorrogado pelo responsável pela direção do procedimento, por um ou mais períodos, até ao limite máximo de 90 dias, mediante autorização do órgão competente para a decisão final, quando as duas funções não coincidam no mesmo órgão.

2 – A decisão de prorrogação referida no número anterior é notificada ao interessado pelo responsável pela direção do procedimento.

3 – O prazo referido no nº 1 conta-se, na falta de disposição especial, da data de entrada do requerimento ou petição no serviço competente, salvo quando a lei imponha formalidades especiais para a fase preparatória da decisão e fixe prazo para a respetiva conclusão.

4 – No caso previsto na parte final do número anterior, o prazo conta-se do termo do prazo fixado para a conclusão daquelas formalidades.

5 – Para eventual apuramento de responsabilidade disciplinar, a inobservância dos prazos referidos nos números anteriores deve ser justificada pelo órgão responsável dentro dos 10 dias seguintes ao termo dos mesmos prazos.

6 – Os procedimentos de iniciativa oficiosa, passíveis de conduzir à emissão de uma decisão com efeitos desfavoráveis para os interessados caducam, na ausência de decisão, no prazo de 180 dias.

ARTIGO 129º
Incumprimento do dever de decisão

Sem prejuízo do disposto no nº 2 do artigo 13º e no artigo seguinte, a falta, no prazo legal, de decisão final sobre pretensão dirigida a órgão administrativo competente constitui incumprimento do dever de decisão, conferindo ao interessado a possibilidade de utilizar os meios de tutela administrativa e jurisdicional adequados.

ARTIGO 130º
Atos tácitos

1 – Existe deferimento tácito quando a lei ou regulamento determine que a ausência de notificação da decisão final sobre pretensão dirigida a órgão competente dentro do prazo legal tem o valor de deferimento.

2 – Considera-se que há deferimento tácito se a notificação do ato não for expedida até ao primeiro dia útil seguinte ao termo do prazo da decisão.

3 – O prazo legal de produção de deferimento tácito suspende-se se o procedimento estiver parado por motivo imputável ao interessado e só se interrompe com a notificação de decisão expressa.

4 – Quando a prática de um ato administrativo dependa de autorização prévia ou um ato esteja sujeito à aprovação de um órgão da Administração Pública ou de outra entidade no exercício de poderes públicos, prescinde-se da autorização prévia ou da aprovação desde que o órgão que as solicitou tenha interpelado o órgão competente para as emitir.

5 – A interpelação a que se refere o número anterior deve ser efetuada decorridos 10 dias, a contar do termo do prazo para a autorização ou aprovação, devendo o órgão competente, nesse caso, emiti-las no prazo de 20 dias.

ARTIGO 131º
Desistência e renúncia

1 – Os interessados podem, mediante requerimento escrito, desistir do procedimento ou de alguns dos pedidos formulados, bem como renunciar aos seus direitos ou interesses legalmente protegidos, salvo nos casos previstos na lei.

2 – A desistência ou renúncia dos interessados não prejudica a continuação do procedimento, se a Administração entender que o interesse público assim o exige.

ARTIGO 132º
Deserção

1 – É declarado deserto o procedimento que, por causa imputável ao interessado, esteja parado por mais de seis meses, salvo se houver interesse público na decisão do procedimento.

2 – A deserção não extingue o direito que o particular pretendia fazer valer.

ARTIGO 133º
Falta de pagamento de taxas ou despesas

1 – O procedimento extingue-se pela falta de pagamento, no prazo devido, de quaisquer taxas ou despesas de que a lei faça depender a realização dos atos procedimentais, salvo nos casos previstos no nº 2 do artigo 15º

2 – Os interessados podem obstar à extinção do procedimento se realizarem o pagamento em dobro da quantia em falta nos 10 dias seguintes ao termo do prazo fixado para o seu pagamento.

SECÇÃO VI
Comunicações prévias

ARTIGO 134º
Regime

1 – A lei pode prever que a produção de determinados efeitos jurídico-administrativos e o seu aproveitamento pelo interessado não dependa da emissão de um ato administrativo procedimentalizado, mas resulte, de forma imediata, da mera comunicação prévia pelo interessado do preenchimento dos correspondentes pressupostos legais e regulamentares.

2 – A lei também pode estabelecer um regime de comunicação prévia com prazo, determinando que a comunicação prévia do interessado só produza os efeitos visados se o órgão competente não se pronunciar em sentido contrário dentro de determinado prazo.

3 – Nas situações de comunicação prévia com prazo, a ausência de pronúncia do órgão competente não dá origem a um ato de deferimento tácito, mas habilita o interessado a desenvolver a atividade pretendida, sem prejuízo dos poderes de fiscalização da Administração e da possibilidade de esta utilizar os meios adequados à defesa da legalidade.

PARTE IV
DA ACTIVIDADE ADMINISTRATIVA

CAPÍTULO I
Do regulamento administrativo

SECÇÃO I
Disposições gerais

ARTIGO 135º
Conceito de regulamento administrativo

Para efeitos do disposto no presente Código, consideram-se regulamentos administrativos as normas jurídicas gerais e abstratas que, no exercício de poderes jurídico-administrativos, visem produzir efeitos jurídicos externos.

ARTIGO 136º
Habilitação legal

1 – A emissão de regulamentos depende sempre de lei habilitante.

2 – Os regulamentos devem indicar expressamente as leis que visam regulamentar ou, no caso de regulamentos independentes, as leis que definem a competência subjetiva e objetiva para a sua emissão.

3 – Para efeitos do disposto no número anterior, consideram-se independentes os regulamentos que visam introduzir uma disciplina jurídica inovadora no âmbito das atribuições das entidades que os emitam.

4 – Embora não tenham natureza regulamentar para efeitos do disposto no presente capítulo, carecem de lei habilitante quaisquer comunicações dos órgãos da Administração Pública que enunciem de modo orientador padrões de conduta na vida em sociedade com, entre outras, as denomina-

ções de «diretiva», «recomendação», «instruções», «código de conduta» ou «manual de boas práticas».

ARTIGO 137º
Regulamento devido e sua omissão

1 – Quando a adoção de um regulamento seja necessária para dar exequibilidade a ato legislativo carente de regulamentação, o prazo para a emissão do regulamento é, no silêncio da lei, de 90 dias.

2 – Se o regulamento não for emitido no prazo devido, os interessados diretamente prejudicados pela situação de omissão podem requerer a emissão do regulamento ao órgão com competência na matéria, sem prejuízo da possibilidade de recurso à tutela jurisdicional.

ARTIGO 138º
Relações entre os regulamentos

1 – Os regulamentos governamentais, no domínio das atribuições concorrentes do Estado, das regiões autónomas e das autarquias locais, prevalecem sobre os regulamentos regionais e autárquicos e das demais entidades dotadas de autonomia regulamentar, salvo se estes configurarem normas especiais.

2 – Os regulamentos municipais prevalecem sobre os regulamentos das freguesias, salvo se estes configurarem normas especiais.

3 – Entre os regulamentos governamentais estabelece-se a seguinte ordem de prevalência:

  a) Decretos regulamentares;
  b) Resoluções de Conselho de Ministros com conteúdo normativo;
  c) Portarias;
  d) Despachos.

SECÇÃO II
Da eficácia do regulamento administrativo

ARTIGO 139º
Publicação

A produção de efeitos do regulamento depende da respetiva publicação, a fazer no *Diário da República*, sem prejuízo de tal publicação poder ser feita também na publicação oficial da entidade pública, e na *Internet*, no sítio institucional da entidade em causa.

ARTIGO 140º
Vigência

Os regulamentos entram em vigor na data neles estabelecida ou no quinto dia após a sua publicação.

ARTIGO 141º
Proibição de eficácia retroativa

1 – Não pode ser atribuída eficácia retroativa aos regulamentos que imponham deveres, encargos, ónus, sujeições ou sanções, que causem prejuízos ou restrinjam direitos ou interesses legalmente protegidos, ou afetem as condições do seu exercício.

2 – Os efeitos dos regulamentos não podem reportar-se a data anterior àquela a que se reporta a lei habilitante.

ARTIGO 142º
Aplicação de regulamentos

1 – Os regulamentos podem ser interpretados, modificados e suspensos pelos órgãos competentes para a sua emissão.

2 – Os regulamentos não podem ser derrogados por atos administrativos de caráter individual e concreto.

SECÇÃO III
Da invalidade do regulamento administrativo

ARTIGO 143º
Invalidade

1 – São inválidos os regulamentos que sejam desconformes com a Constituição, a lei e os princípios gerais de direito administrativo ou que infrinjam normas de direito internacional ou de direito da União Europeia.

2 – São também inválidos:

a) Os regulamentos que desrespeitem os regulamentos emanados dos órgãos hierarquicamente superiores ou dotados de poderes de superintendência;

b) Os regulamentos que desrespeitem os regulamentos emanados pelo delegante, salvo se a delegação incluir a competência regulamentar;

c) Os regulamentos que desrespeitem os estatutos emanados ao abrigo de autonomia normativa nas quais se funde a competência para a respetiva emissão.

ARTIGO 144º
Regime de invalidade

1 – A invalidade do regulamento pode ser invocada a todo o tempo por qualquer interessado e pode, também a todo o tempo, ser declarada pelos órgãos administrativos competentes, sem prejuízo do disposto no número seguinte.

2 – Os regulamentos que enfermem de ilegalidade formal ou procedimental da qual não resulte a sua inconstitucionalidade só podem ser impugnados ou declarados oficiosamente inválidos pela Administração no prazo de seis meses, a contar da data da respetiva publicação, salvo nos casos de carência absoluta de forma legal ou de preterição de consulta pública exigida por lei.

3 – A declaração administrativa de invalidade produz efeitos desde a data de emissão do regulamento e determina a repristinação das normas que ele haja revogado, salvo quando estas sejam ilegais ou tenham deixado por outro motivo de vigorar, devendo o órgão competente reconhecer o afastamento do efeito repristinatório, quando este se verifique.

4 – A retroatividade da declaração de invalidade não afeta os casos julgados nem os atos administrativos que se tenham tornado inimpugnáveis, salvo, neste último caso, quando se trate de atos desfavoráveis para os destinatários.

SECÇÃO IV
Da caducidade e da revogação

ARTIGO 145º
Caducidade

1 – Os regulamentos sujeitos a termo ou condição resolutiva caducam com a verificação destes.

2 – Os regulamentos de execução caducam com a revogação das leis que regulamentam, salvo na medida em que sejam compatíveis com a lei nova e enquanto não houver regulamentação desta.

ARTIGO 146º
Revogação

1 – Os regulamentos podem ser revogados pelos órgãos competentes para a respetiva emissão, sem prejuízo do disposto nos números seguintes.

2 – Os regulamentos necessários à execução das leis em vigor ou de direito da União Europeia não podem ser objeto de revogação sem que a matéria seja simultaneamente objeto de nova regulamentação.

3 – Em caso de inobservância do disposto no número anterior, consideram-se em vigor, para todos os efeitos, até ao início da vigência do novo regulamento, as normas regulamentares do diploma revogado de que dependa a aplicabilidade da lei exequenda.

4 – Os regulamentos revogatórios devem fazer menção expressa das normas revogadas.

SECÇÃO V
Da impugnação de regulamentos administrativos

ARTIGO 147º
Reclamações e recursos administrativos

1 – Os interessados têm direito a solicitar a modificação, suspensão, revogação ou declaração de invalidade de regulamentos administrativos diretamente lesivos dos seus direitos ou interesses legalmente protegidos, assim como a reagir contra a omissão ilegal de regulamentos administrativos.

2 – Os direitos reconhecidos no número anterior podem ser exercidos, consoante os casos, mediante reclamação para o autor do regulamento ou recurso para o órgão com competência para o efeito, caso exista.

3 – À impugnação administrativa de regulamentos é aplicável o disposto nos artigos 189º e 190º para a impugnação facultativa de atos administrativos.

CAPÍTULO II
Do ato administrativo

SECÇÃO I
Disposições gerais

ARTIGO 148º
Conceito de ato administrativo

Para efeitos do disposto no presente Código, consideram-se atos administrativos as decisões que, no exercício de poderes jurídico-administrativos, visem produzir efeitos jurídicos externos numa situação individual e concreta.

ARTIGO 149º
Cláusulas acessórias

1 – Os atos administrativos podem ser sujeitos, pelo seu autor, mediante decisão fundamentada, a condição, termo, modo ou reserva, desde que estes não sejam contrários à lei ou ao fim a que o ato se destina, tenham relação direta com o conteúdo principal do ato e respeitem os princípios jurídicos aplicáveis, designadamente o princípio da proporcionalidade.

2 – A aposição de cláusulas acessórias a atos administrativos de conteúdo vinculado só é admissível quando a lei o preveja ou quando vise assegurar a verificação futura de pressupostos legais ainda não preenchidos no momento da prática do ato.

ARTIGO 150º
Forma dos atos

1 – Os atos administrativos devem ser praticados por escrito, desde que outra forma não seja prevista por lei ou imposta pela natureza e circunstâncias do ato.

2 – A forma escrita só é obrigatória para os atos dos órgãos colegiais quando a lei expressamente a determinar, mas esses atos devem ser sempre consignados em ata, sem o que não produzem efeitos.

ARTIGO 151º
Menções obrigatórias

1 – Sem prejuízo de outras referências especialmente exigidas por lei, devem constar do ato:

a) A indicação da autoridade que o pratica e a menção da delegação ou subdelegação de poderes, quando exista;
b) A identificação adequada do destinatário ou destinatários;
c) A enunciação dos factos ou atos que lhe deram origem, quando relevantes;
d) A fundamentação, quando exigível;
e) O conteúdo ou o sentido da decisão e o respetivo objeto;
f) A data em que é praticado;
g) A assinatura do autor do ato ou do presidente do órgão colegial que o emana.

2 – As menções exigidas no número anterior devem ser enunciadas de forma clara, de modo a poderem determinar-se de forma inequívoca o seu sentido e alcance e os efeitos jurídicos do ato administrativo.

ARTIGO 152º
Dever de fundamentação

1 – Para além dos casos em que a lei especialmente o exija, devem ser fundamentados os atos administrativos que, total ou parcialmente:

a) Neguem, extingam, restrinjam ou afetem por qualquer modo direitos ou interesses legalmente protegidos, ou imponham ou agravem deveres, encargos, ónus, sujeições ou sanções;

b) Decidam reclamação ou recurso;

c) Decidam em contrário de pretensão ou oposição formulada por interessado, ou de parecer, informação ou proposta oficial;

d) Decidam de modo diferente da prática habitualmente seguida na resolução de casos semelhantes, ou na interpretação e aplicação dos mesmos princípios ou preceitos legais;

e) Impliquem declaração de nulidade, anulação, revogação, modificação ou suspensão de ato administrativo anterior.

2 – Salvo disposição legal em contrário, não carecem de ser fundamentados os atos de homologação de deliberações tomadas por júris, bem como as ordens dadas pelos superiores hierárquicos aos seus subalternos em matéria de serviço e com a forma legal.

ARTIGO 153º
Requisitos da fundamentação

1 – A fundamentação deve ser expressa, através de sucinta exposição dos fundamentos de facto e de direito da decisão, podendo consistir em mera declaração de concordância com os fundamentos de anteriores pareceres, informações ou propostas, que constituem, neste caso, parte integrante do respetivo ato.

2 – Equivale à falta de fundamentação a adoção de fundamentos que, por obscuridade, contradição ou insuficiência, não esclareçam concretamente a motivação do ato.

3 – Na resolução de assuntos da mesma natureza, pode utilizar-se qualquer meio mecânico que reproduza os fundamentos das decisões, desde que tal não envolva diminuição das garantias dos interessados.

ARTIGO 154º
Fundamentação de atos orais

1 – A fundamentação dos atos orais abrangidos pelo nº 1 do artigo 152º, que não constem de ata deve, a requerimento dos interessados, e para efeitos

de impugnação, ser reduzida a escrito e comunicada integralmente àqueles, no prazo de 10 dias.

2 – O não exercício, pelos interessados, da faculdade conferida pelo número anterior não prejudica os efeitos da eventual falta de fundamentação do ato.

SECÇÃO II
Da eficácia do ato administrativo

ARTIGO 155º
Regra geral

1 – O ato administrativo produz os seus efeitos desde a data em que é praticado, salvo nos casos em que a lei ou o próprio ato lhe atribuam eficácia retroativa, diferida ou condicionada.

2 – O ato considera-se praticado quando seja emitida uma decisão que identifique o autor e indique o destinatário, se for o caso, e o objeto a que se refere o seu conteúdo.

ARTIGO 156º
Eficácia retroativa

1 – Têm eficácia retroativa os atos administrativos:

a) Que se limitem a interpretar atos anteriores;
b) A que a lei atribua efeito retroativo.

2 – Fora dos casos abrangidos pelo número anterior, o autor do ato administrativo só pode atribuir-lhe eficácia retroativa:

a) Quando a retroatividade seja favorável para os interessados e não lese direitos ou interesses legalmente protegidos de terceiros, desde que à data a que se pretende fazer remontar a eficácia do ato já existissem os pressupostos justificativos dos efeitos a produzir;

b) Quando estejam em causa decisões revogatórias de atos administrativos tomadas por órgãos ou agentes que os praticaram, na sequência de reclamação ou recurso hierárquico;

c) Quando tal seja devido para dar cumprimento a deveres, encargos, ónus ou sujeições constituídos no passado, designadamente em execução de decisões dos tribunais ou na sequência de anulação administrativa, e não envolva a imposição de deveres, a aplicação de sanções, ou a restrição de direitos ou interesses legalmente protegidos;

d) Quando a lei o permita ou imponha.

ARTIGO 157º
Eficácia diferida ou condicionada

O ato administrativo tem eficácia diferida ou condicionada:

a) Quando estiver sujeito a aprovação ou a referendo;
b) Quando os seus efeitos ficarem dependentes de condição ou termo suspensivos;
c) Quando os seus efeitos, pela natureza do ato ou por disposição legal, dependam de trâmite procedimental ou da verificação de qualquer requisito que não respeite à validade do próprio ato.

ARTIGO 158º
Publicação obrigatória

1 – A publicação dos atos administrativos só é obrigatória quando exigida por lei.

2 – A falta de publicação do ato, quando legalmente exigida, implica a sua ineficácia.

ARTIGO 159º
Termos da publicação obrigatória

Quando a lei impuser a publicação do ato, mas não regular os respetivos termos, deve a mesma ser feita no *Diário da República* ou na publicação oficial da entidade pública, e na *Internet*, no sítio institucional da entidade em causa, no prazo de 30 dias, e conter todos os elementos referidos no nº 1 do artigo 151º

ARTIGO 160º
Eficácia dos atos constitutivos de deveres ou encargos

Independentemente da sua forma, os atos que imponham deveres, encargos, ónus, sujeições ou sanções, que causem prejuízos ou restrinjam direitos ou interesses legalmente protegidos, ou afetem as condições do seu exercício, só são oponíveis aos destinatários a partir da respetiva notificação.

SECÇÃO III
Da invalidade do ato administrativo

ARTIGO 161º
Atos nulos

1 – São nulos os atos para os quais a lei comine expressamente essa forma de invalidade.

2 – São, designadamente, nulos:

a) Os atos viciados de usurpação de poder;
b) Os atos estranhos às atribuições dos ministérios, ou das pessoas coletivas referidas no artigo 2º, em que o seu autor se integre;
c) Os atos cujo objeto ou conteúdo seja impossível, ininteligível ou constitua ou seja determinado pela prática de um crime;
d) Os atos que ofendam o conteúdo essencial de um direito fundamental;
e) Os atos praticados com desvio de poder para fins de interesse privado;
f) Os atos praticados sob coação física ou sob coação moral;
g) Os atos que careçam em absoluto de forma legal;
h) As deliberações de órgãos colegiais tomadas tumultuosamente ou com inobservância do quorum ou da maioria legalmente exigidos;
i) Os atos que ofendam os casos julgados;
j) Os atos certificativos de factos inverídicos ou inexistentes;
k) Os atos que criem obrigações pecuniárias não previstas na lei;
l) Os atos praticados, salvo em estado de necessidade, com preterição total do procedimento legalmente exigido.

ARTIGO 162º
Regime da nulidade

1 – O ato nulo não produz quaisquer efeitos jurídicos, independentemente da declaração de nulidade.

2 – Salvo disposição legal em contrário, a nulidade é invocável a todo o tempo por qualquer interessado e pode, também a todo o tempo, ser conhecida por qualquer autoridade e declarada pelos tribunais administrativos ou pelos órgãos administrativos competentes para a anulação.

3 – O disposto nos números anteriores não prejudica a possibilidade de atribuição de efeitos jurídicos a situações de facto decorrentes de atos nulos, de harmonia com os princípios da boa-fé, da proteção da confiança e da proporcionalidade ou outros princípios jurídicos constitucionais, designadamente associados ao decurso do tempo.

ARTIGO 163º
Atos anuláveis e regime da anulabilidade

1 – São anuláveis os atos administrativos praticados com ofensa dos princípios ou outras normas jurídicas aplicáveis, para cuja violação se não preveja outra sanção.

2 – O ato anulável produz efeitos jurídicos, que podem ser destruídos com eficácia retroativa se o ato vier a ser anulado por decisão proferida pelos tribunais administrativos ou pela própria Administração.

3 – Os atos anuláveis podem ser impugnados perante a própria Administração ou perante o tribunal administrativo competente, dentro dos prazos legalmente estabelecidos.

4 – Os atos anuláveis podem ser anulados pela Administração nos prazos legalmente estabelecidos.

5 – Não se produz o efeito anulatório quando:

a) O conteúdo do ato anulável não possa ser outro, por o ato ser de conteúdo vinculado ou a apreciação do caso concreto permita identificar apenas uma solução como legalmente possível;

b) O fim visado pela exigência procedimental ou formal preterida tenha sido alcançado por outra via;

c) Se comprove, sem margem para dúvidas, que, mesmo sem o vício, o ato teria sido praticado com o mesmo conteúdo.

ARTIGO 164º
Ratificação, reforma e conversão

1 – São aplicáveis à ratificação, reforma e conversão dos atos administrativos as normas que regulam a competência para a anulação administrativa dos atos inválidos e a sua tempestividade.

2 – Os atos nulos só podem ser objeto de reforma ou conversão.

3 – Em caso de incompetência, o poder de ratificar o ato cabe ao órgão competente para a sua prática.

4 – A reforma e a conversão obedecem às normas procedimentais aplicáveis ao novo ato.

5 – Desde que não tenha havido alteração ao regime legal, a ratificação, a reforma e a conversão retroagem os seus efeitos à data dos atos a que respeitam, mas não prejudicam a possibilidade de anulação dos efeitos lesivos produzidos durante o período de tempo que as tiver precedido, quando ocorram na pendência de processo impugnatório e respeitem a atos que envolvam a imposição de deveres, encargos, ónus ou sujeições, a aplicação de sanções ou a restrição de direitos e interesses legalmente protegidos.

SECÇÃO IV
Da revogação e da anulação administrativas

ARTIGO 165º
Revogação e anulação administrativas

1 – A revogação é o ato administrativo que determina a cessação dos efeitos de outro ato, por razões de mérito, conveniência ou oportunidade.

2 – A anulação administrativa é o ato administrativo que determina a destruição dos efeitos de outro ato, com fundamento em invalidade.

ARTIGO 166º
Atos insuscetíveis de revogação ou anulação administrativas

1 – Não são suscetíveis de revogação nem de anulação administrativas:

a) Os atos nulos;
b) Os atos anulados contenciosamente;
c) Os atos revogados com eficácia retroativa.

2 – Os atos cujos efeitos tenham caducado ou se encontrem esgotados só podem ser objeto de anulação administrativa ou de revogação com eficácia retroativa.

ARTIGO 167º
Condicionalismos aplicáveis à revogação

1 – Os atos administrativos não podem ser revogados quando a sua irrevogabilidade resulte de vinculação legal ou quando deles resultem, para a Administração, obrigações legais ou direitos irrenunciáveis.

2 – Os atos constitutivos de direitos só podem ser revogados:

a) Na parte em que sejam desfavoráveis aos interesses dos beneficiários;
b) Quando todos os beneficiários manifestem a sua concordância e não estejam em causa direitos indisponíveis;
c) Com fundamento na superveniência de conhecimentos técnicos e científicos ou em alteração objetiva das circunstâncias de facto, em face das quais, num ou noutro caso, não poderiam ter sido praticados;
d) Com fundamento em reserva de revogação, na medida em que o quadro normativo aplicável consinta a precarização do ato em causa e se verifique o circunstancialismo específico previsto na própria cláusula.

3 – Para efeitos do disposto na presente secção, consideram-se constitutivos de direitos os atos administrativos que atribuam ou reconheçam situações jurídicas de vantagem ou eliminem ou limitem deveres, ónus, encargos ou sujeições, salvo quando a sua precariedade decorra da lei ou da natureza do ato.

4 – A revogação prevista na alínea *c)* do nº 2 deve ser proferida no prazo de um ano, a contar da data do conhecimento da superveniência ou da alteração das circunstâncias, podendo esse prazo ser prorrogado, por mais dois anos, por razões fundamentadas.

5 – Na situação prevista na alínea *c*) do nº 2, os beneficiários de boa-fé do ato revogado têm direito a ser indemnizados, nos termos do regime geral aplicável às situações de indemnização pelo sacrifício, mas quando a afetação do direito, pela sua gravidade ou intensidade, elimine ou restrinja o conteúdo essencial desse direito, o beneficiário de boa-fé do ato revogado tem direito a uma indemnização correspondente ao valor económico do direito eliminado ou da parte do direito que tiver sido restringida.

6 – Para efeitos do disposto no número anterior, consideram-se de boa-fé os beneficiários que, à data da prática do ato revogado, desconheciam sem culpa a existência de fundamentos passíveis de determinar a revogação do ato.

ARTIGO 168º
Condicionalismos aplicáveis à anulação administrativa

1 – Os atos administrativos podem ser objeto de anulação administrativa no prazo de seis meses, a contar da data do conhecimento pelo órgão competente da causa de invalidade, ou, nos casos de invalidade resultante de erro do agente, desde o momento da cessação do erro, em qualquer dos casos desde que não tenham decorrido cinco anos, a contar da respetiva emissão.

2 – Salvo nos casos previstos nos números seguintes, os atos constitutivos de direitos só podem ser objeto de anulação administrativa dentro do prazo de um ano, a contar da data da respetiva emissão.

3 – Quando o ato tenha sido objeto de impugnação jurisdicional, a anulação administrativa só pode ter lugar até ao encerramento da discussão.

4 – Salvo se a lei ou o direito da União Europeia prescreverem prazo diferente, os atos constitutivos de direitos podem ser objeto de anulação administrativa no prazo de cinco anos, a contar da data da respetiva emissão, nas seguintes circunstâncias:

a) Quando o respetivo beneficiário tenha utilizado artifício fraudulento com vista à obtenção da sua prática;

b) Apenas com eficácia para o futuro, quando se trate de atos constitutivos de direitos à obtenção de prestações periódicas, no âmbito de uma relação continuada;

c) Quando se trate de atos constitutivos de direitos de conteúdo pecuniário cuja legalidade, nos termos da legislação aplicável, possa ser objeto de fiscalização administrativa para além do prazo de um ano, com imposição do dever de restituição das quantias indevidamente auferidas.

5 – Quando, nos casos previstos nos n.ºs 1 e 4, o ato se tenha tornado inimpugnável por via jurisdicional, o mesmo só pode ser objeto de anulação administrativa oficiosa.

6 – A anulação administrativa de atos constitutivos de direitos constitui os beneficiários que desconhecessem sem culpa a existência da invalidade e tenham auferido, tirado partido ou feito uso da posição de vantagem em que o ato os colocava, no direito de serem indemnizados pelos danos anormais que sofram em consequência da anulação.

7 – Desde que ainda o possa fazer, a Administração tem o dever de anular o ato administrativo que tenha sido julgado válido por sentença transitada em julgado, proferida por um tribunal administrativo com base na interpretação do direito da União Europeia, invocando para o efeito nova interpretação desse direito em sentença posterior, transitada em julgado, proferida por um tribunal administrativo que, julgando em última instância, tenha dado execução a uma sentença de um tribunal da União Europeia vinculativa para o Estado português.

ARTIGO 169º
Iniciativa e competência

1 – Os atos administrativos podem ser objeto de revogação ou anulação administrativas por iniciativa dos órgãos competentes, ou a pedido dos interessados, mediante reclamação ou recurso administrativo.

2 – Salvo disposição especial e sem prejuízo do disposto nos números seguintes, são competentes para a revogação dos atos administrativos os seus autores e os respetivos superiores hierárquicos, desde que não se trate de ato da competência exclusiva do subalterno.

3 – Os atos administrativos podem ser objeto de anulação administrativa pelo órgão que os praticou e pelo respetivo superior hierárquico.

4 – Enquanto vigorar a delegação ou subdelegação, os atos administrativos praticados por delegação ou subdelegação de poderes podem ser objeto de revogação ou de anulação administrativa pelo órgão delegante ou subdelegante, bem como pelo delegado ou subdelegado.

5 – Nos casos expressamente permitidos por lei, os atos administrativos praticados por órgãos sujeitos a superintendência ou tutela administrativa podem ser objeto de revogação ou de anulação administrativa pelos órgãos com poderes de superintendência ou tutela.

6 – Os atos administrativos praticados por órgão incompetente podem ser objeto de revogação ou de anulação administrativa pelo órgão competente para a sua prática.

ARTIGO 170º
Forma e formalidades

1 – Salvo disposição especial, o ato de revogação ou anulação administrativa deve revestir a forma legalmente prescrita para o ato revogado ou anulado.

2 – Sem prejuízo do disposto no nº 6 do artigo anterior, quando a lei não estabelecer forma alguma para o ato revogado ou anulado, ou este tiver revestido forma mais solene do que a legalmente prevista, o ato de revogação ou anulação administrativa deve revestir a mesma forma utilizada na prática do ato revogado ou anulado.

3 – Salvo disposição especial, são de observar na revogação ou anulação administrativa as formalidades exigidas para a prática do ato revogado ou anulado que se mostrem indispensáveis à garantia do interesse público ou dos direitos e interesses legalmente protegidos dos interessados.

ARTIGO 171º
Efeitos

1 – Por regra, a revogação apenas produz efeitos para o futuro, mas o autor da revogação pode, no próprio ato, atribuir-lhe eficácia retroativa quando esta seja favorável aos interessados ou quando estes concordem expressamente com a retroatividade e não estejam em causa direitos ou interesses indisponíveis.

2 – A revogação de um ato revogatório só produz efeitos repristinatórios se a lei ou o ato de revogação assim expressamente o determinarem.

3 – Salvo disposição especial, a anulação administrativa produz efeitos retroativos, mas o autor da anulação pode, na própria decisão, atribuir-lhe eficácia para o futuro, quando o ato se tenha tornado inimpugnável por via jurisdicional.

4 – A anulação administrativa produz efeitos repristinatórios e, quando tenha por objeto a anulação de um ato revogatório, só não determina a repristinação do ato revogado se a lei ou o ato de anulação assim expressamente dispuserem.

ARTIGO 172º
Consequências da anulação administrativa

1 – Sem prejuízo do eventual poder de praticar novo ato administrativo, a anulação administrativa constitui a Administração no dever de reconstituir a situação que existiria se o ato anulado não tivesse sido praticado, bem como de dar cumprimento aos deveres que não tenha cumprido com fundamento

naquele ato, por referência à situação jurídica e de facto existente no momento em que deveria ter atuado.

2 – Para efeitos do disposto no número anterior, a Administração pode ficar constituída no dever de praticar atos dotados de eficácia retroativa, desde que não envolvam a imposição de deveres, encargos, ónus ou sujeições, a aplicação de sanções ou a restrição de direitos ou interesses legalmente protegidos, assim como no dever de anular, reformar ou substituir os atos consequentes sem dependência de prazo, e alterar as situações de facto entretanto constituídas, cuja manutenção seja incompatível com a necessidade de reconstituir a situação que existiria se o ato anulado não tivesse sido praticado.

3 – Os beneficiários de boa-fé de atos consequentes praticados há mais de um ano têm direito a ser indemnizados pelos danos que sofram em consequência da anulação, mas a sua situação jurídica não pode ser posta em causa se esses danos forem de difícil ou impossível reparação e for manifesta a desproporção existente entre o seu interesse na manutenção da situação e o dos interessados na concretização dos efeitos da anulação.

4 – Quando à reintegração ou recolocação de um trabalhador que tenha obtido a anulação de um ato administrativo se oponha a existência de terceiros com interesse legítimo na manutenção de situações incompatíveis, constituídas em seu favor por ato administrativo praticado há mais de um ano, o trabalhador que obteve a anulação tem direito a ser provido em lugar ou posto de trabalho vago e na categoria igual ou equivalente àquele em que deveria ter sido colocado, ou, não sendo isso imediatamente possível, em lugar ou posto de trabalho a criar no quadro ou mapa de pessoal da entidade onde exercerá funções.

ARTIGO 173º
Alteração e substituição dos atos administrativos

1 – Salvo disposição especial, são aplicáveis à alteração e substituição dos atos administrativos as normas reguladoras da revogação.

2 – A substituição de um ato administrativo anulável, ainda que na pendência de processo jurisdicional, por um ato válido com o mesmo conteúdo sana os efeitos por ele produzidos, assim como os respetivos atos consequentes.

3 – No caso previsto no número anterior, se o ato substituído tiver tido por objeto a imposição de deveres, encargos, ónus ou sujeições, a aplicação de sanções ou a restrição de direitos ou interesses legalmente protegidos, a renovação não prejudica a possibilidade da anulação dos efeitos lesivos produzidos durante o período de tempo que precedeu a substituição do ato.

ARTIGO 174º
Retificação dos atos administrativos

1 – Os erros de cálculo e os erros materiais na expressão da vontade do órgão administrativo, quando manifestos, podem ser retificados, a todo o tempo, pelos órgãos competentes para a revogação do ato.

2 – A retificação pode ter lugar oficiosamente ou a pedido dos interessados, produz efeitos retroativos e deve ser feita sob a forma e com a publicidade usadas para a prática do ato retificado.

SECÇÃO V
Da execução do ato administrativo

ARTIGO 175º
Objeto

1 – A presente secção estabelece o regime comum aplicável aos procedimentos administrativos dirigidos à obtenção, através de meios coercivos, da satisfação de obrigações pecuniárias, da entrega de coisa certa, da prestação de factos ou ainda do respeito por ações ou omissões em cumprimento de limitações impostas por atos administrativos.

2 – A adoção de medidas policiais de coação direta, dirigidas à execução de obrigações diretamente decorrentes do quadro normativo aplicável, é objeto de legislação própria.

ARTIGO 176º
Legalidade da execução

1 – Sem prejuízo do disposto no nº 2 do artigo anterior, a satisfação de obrigações e o respeito por limitações decorrentes de atos administrativos só podem ser impostos coercivamente pela Administração nos casos e segundo as formas e termos expressamente previstos na lei, ou em situações de urgente necessidade pública, devidamente fundamentada.

2 – A execução coerciva de obrigações pecuniárias é sempre possível, nos termos do artigo 179º

ARTIGO 177º
Ato exequendo e decisão de proceder à execução

1 – Os órgãos da Administração Pública não podem praticar qualquer ato jurídico ou operação material de execução sem terem praticado previamente o ato administrativo exequendo.

2 – Salvo em estado de necessidade, os procedimentos de execução têm sempre início com a emissão de uma decisão autónoma e devidamente fundamentada de proceder à execução administrativa, na qual o órgão competente determina o conteúdo e os termos da execução.

3 – A decisão de proceder à execução é notificada ao destinatário, com a cominação de um prazo razoável para o cumprimento da obrigação exequenda.

4 – A notificação da decisão de proceder à execução pode ser feita conjuntamente com a notificação do ato administrativo exequendo.

ARTIGO 178º
Princípios aplicáveis

1 – Na execução dos atos administrativos, deve ser respeitado o princípio da proporcionalidade, designadamente utilizando os meios que, garantindo a realização integral dos seus objetivos, envolvam menor prejuízo para os direitos e interesses dos particulares.

2 – A coação direta sobre indivíduos, quando permitida por lei, só pode ser exercida com observância dos direitos fundamentais e no respeito pela dignidade da pessoa humana.

ARTIGO 179º
Execução de obrigações pecuniárias

1 – Quando, por força de um ato administrativo, devam ser pagas prestações pecuniárias a uma pessoa coletiva pública, ou por ordem desta, segue-se, na falta de pagamento voluntário no prazo fixado, o processo de execução fiscal, tal como regulado na legislação do processo tributário.

2 – Para efeitos do disposto no número anterior, o órgão competente emite, nos termos legais, uma certidão com valor de título executivo, que remete ao competente serviço da Administração tributária, juntamente com o processo administrativo.

3 – Nos casos em que, nos termos da lei, a Administração proceda, diretamente ou por intermédio de terceiro, à execução coerciva de prestações de facto fungível, o procedimento previsto no presente artigo pode ser sempre utilizado para obter o ressarcimento das despesas efetuadas.

ARTIGO 180º
Execução para entrega de coisa certa

Se o obrigado não fizer a entrega da coisa devida, o órgão competente procede às diligências que forem necessárias para tomar posse administrativa da mesma.

ARTIGO 181º
Execução para prestação de facto

Se o obrigado não cumprir prestação de facto fungível dentro do prazo fixado, o órgão competente pode determinar que a execução seja realizada diretamente ou por intermédio de terceiro, ficando, neste caso, todas as despesas, incluindo indemnizações e sanções pecuniárias, por conta do obrigado.

ARTIGO 182º
Garantias dos executados

1 – Os executados podem impugnar administrativa e contenciosamente o ato exequendo e, por vícios próprios, a decisão de proceder à execução administrativa ou outros atos administrativos praticados no âmbito do procedimento de execução, assim como requerer a suspensão contenciosa dos respetivos efeitos.

2 – Sem prejuízo da aplicabilidade das garantias previstas na lei processual tributária, durante a tramitação dos procedimentos de execução de obrigações pecuniárias não são admitidos embargos, administrativos ou judiciais, em relação à execução coerciva de atos administrativos.

3 – Os executados podem propor ações administrativas comuns e requerer providências cautelares para prevenir a adoção de operações materiais de execução ou promover a remoção das respetivas consequências, quando tais operações sejam ilegais, por serem adotadas:

a) Em cumprimento de decisão nula de proceder à execução, por violação do disposto no nº 1 do artigo 177º;

b) Sem que tenha sido emitida e ou notificada ao executado a decisão de proceder à execução;

c) Em desconformidade com o conteúdo e termos determinados na decisão de proceder à execução ou com os princípios consagrados no artigo 178º

ARTIGO 183º
Execução pela via jurisdicional

Sempre que, nos termos do presente Código e demais legislação aplicável, a satisfação de obrigações ou o respeito por limitações decorrentes de atos administrativos não possa ser imposto coercivamente pela Administração, esta pode solicitar a respetiva execução ao tribunal administrativo competente, nos termos do disposto na lei processual administrativa.

SECÇÃO VI
Da reclamação e dos recursos administrativos

SUBSECÇÃO I
Regime geral

ARTIGO 184º
Princípio geral

1 – Os interessados têm o direito de:

a) Impugnar os atos administrativos perante a Administração Pública, solicitando a sua revogação, anulação, modificação ou substituição;

b) Reagir contra a omissão ilegal de atos administrativos, em incumprimento do dever de decisão solicitando a emissão do ato pretendido.

2 – Os direitos reconhecidos no número anterior podem ser exercidos, consoante os casos, mediante reclamação ou recurso, nos termos da presente secção.

3 – As reclamações e os recursos são deduzidos por meio de requerimento, no qual o recorrente deve expor os fundamentos que invoca, podendo juntar os elementos probatórios que considere convenientes.

ARTIGO 185º
Natureza e fundamentos

1 – As reclamações e os recursos são necessários ou facultativos, conforme dependa, ou não, da sua prévia utilização a possibilidade de acesso aos meios contenciosos de impugnação ou condenação à prática de ato devido.

2 – As reclamações e os recursos têm carácter facultativo, salvo se a lei os denominar como necessários.

3 – Sempre que a lei não determine o contrário, as reclamações e os recursos de atos administrativos podem ter por fundamento a ilegalidade ou inconveniência do ato praticado.

ARTIGO 186º
Legitimidade

1 – Têm legitimidade para reclamar ou recorrer:

a) Os titulares de direitos subjetivos ou interesses legalmente protegidos que se considerem lesados pela prática ou omissão do ato administrativo;

b) As pessoas e entidades mencionadas nos nºs 2 a 4 do artigo 68º

2 – Não pode reclamar nem recorrer quem, sem reserva, tenha aceitado, expressa ou tacitamente, um ato administrativo depois de praticado.

ARTIGO 187º
Prazo em caso de omissão

As reclamações e recursos contra a omissão ilegal de atos administrativos podem ser apresentados no prazo de um ano.

ARTIGO 188º
Início dos prazos de impugnação

1 – O prazo da reclamação e dos recursos pelos interessados a quem o ato administrativo deva ser notificado só corre a partir da data da notificação, ainda que o ato tenha sido objeto de publicação obrigatória.

2 – O prazo da reclamação e dos recursos por quaisquer outros interessados dos atos que não tenham de ser obrigatoriamente publicados começa a correr do seguinte facto que primeiro se verifique:

a) Notificação;
b) Publicação;
c) Conhecimento do ato ou da sua execução.

3 – O prazo da reclamação e dos recursos contra a omissão ilegal de ato administrativo conta-se da data do incumprimento do dever de decisão.

ARTIGO 189º
Efeitos das impugnações de atos administrativos

1 – As impugnações administrativas necessárias de atos administrativos suspendem os respetivos efeitos.

2 – As impugnações facultativas não têm efeito suspensivo, salvo nos casos em que a lei disponha o contrário ou quando o autor do ato, ou o órgão competente para conhecer do recurso, oficiosamente ou a pedido do interessado, considere que a sua execução imediata causa prejuízos irreparáveis ou de difícil reparação ao destinatário e a suspensão não cause prejuízo de maior gravidade para o interesse público.

3 – A suspensão da execução pode ser pedida pelos interessados a qualquer momento, devendo a decisão ser tomada no prazo de cinco dias.

4 – Na apreciação do pedido, deve verificar-se se as provas revelam uma probabilidade séria de veracidade dos factos alegados pelos interessados, devendo ser decretada, em caso afirmativo, a suspensão da execução.

5 – O disposto nos nºs 2 a 4 não prejudica o pedido de suspensão de eficácia perante os tribunais administrativos, nos termos da legislação aplicável.

ARTIGO 190º
Efeitos sobre prazos

1 – A reclamação de atos ou omissões sujeitos a recurso administrativo necessário suspende o prazo da respetiva interposição.

2 – Nos demais casos, a reclamação não suspende o prazo de interposição dos recursos administrativos que no caso couberem.

3 – A utilização de meios de impugnação administrativa facultativos contra atos administrativos suspende o prazo de propositura de ações nos tribunais administrativos, que só retoma o seu curso com a notificação da decisão proferida sobre a impugnação administrativa ou com o decurso do respetivo prazo legal.

4 – A suspensão do prazo prevista no número anterior não impede o interessado de propor ações nos tribunais administrativos na pendência da impugnação administrativa, bem como de requerer a adoção de providências cautelares.

SUBSECÇÃO II
Da reclamação

ARTIGO 191º
Regime geral

1 – Salvo disposição legal em contrário, pode reclamar-se, para o autor, da prática ou omissão de qualquer ato administrativo.

2 – Não é possível reclamar-se de ato que decida anterior reclamação ou recurso administrativo, salvo com fundamento em omissão de pronúncia.

3 – Quando a lei não estabeleça prazo diferente, a reclamação deve ser apresentada no prazo de 15 dias.

ARTIGO 192º
Notificação dos contrainteressados e prazo para a decisão

1 – Apresentada a reclamação, o órgão competente para a decisão deve notificar aqueles que possam ser prejudicados pela sua procedência para alegarem, no prazo de 15 dias, o que tiverem por conveniente sobre o pedido e os seus fundamentos.

2 – O prazo para o órgão competente apreciar e decidir a reclamação é de 30 dias, podendo confirmar, revogar, anular, modificar ou substituir o ato reclamado, ou praticar o ato ilegalmente omitido.

3 – Quando a reclamação for necessária, o decurso do prazo referido no número anterior, sem que haja sido tomada uma decisão, confere ao interessado a possibilidade de utilizar o meio de tutela, administrativo ou contencioso, adequado para satisfação da sua pretensão.

SUBSECÇÃO III
Do recurso hierárquico

ARTIGO 193º
Regime geral

1 – Sempre que a lei não exclua tal possibilidade, o recurso hierárquico pode ser utilizado para:

a) Impugnar atos administrativos praticados por órgãos sujeitos aos poderes hierárquicos de outros órgãos;

b) Reagir contra a omissão ilegal de atos administrativos, por parte de órgãos sujeitos aos poderes hierárquicos de outros órgãos.

2 – Quando a lei não estabeleça prazo diferente, o recurso hierárquico necessário dos atos administrativos deve ser interposto no prazo de 30 dias e o recurso hierárquico facultativo, no prazo de impugnação contenciosa do ato em causa.

ARTIGO 194º
Interposição

1 – O recurso é dirigido ao mais elevado superior hierárquico do autor do ato ou da omissão, salvo se a competência para a decisão se encontrar delegada ou subdelegada.

2 – O requerimento de interposição do recurso é apresentado ao autor do ato ou da omissão ou à autoridade a quem seja dirigido, que, neste caso, o remete ao primeiro, no prazo de três dias.

ARTIGO 195º
Tramitação

1 – Recebido o requerimento, o autor do ato ou da omissão deve notificar aqueles que possam ser prejudicados pela sua procedência para alegarem, no prazo de 15 dias, o que tiverem por conveniente sobre o pedido e os seus fundamentos.

2 – No mesmo prazo referido no número anterior, ou no prazo de 30 dias, quando houver contrainteressados, deve o autor do ato ou da omis-

são pronunciar-se sobre o recurso e remetê-lo ao órgão competente para dele conhecer, notificando o recorrente da remessa do processo administrativo.

3 – Quando os contrainteressados não hajam deduzido oposição e os elementos constantes do processo demonstrem suficientemente a procedência do recurso, pode o autor do ato recorrido revogar, anular, modificar ou substituir o ato, informando da sua decisão o órgão competente para conhecer do recurso.

4 – Para efeitos do disposto no número anterior, o autor do ato recorrido não pode modificar ou substituir o ato recorrido em sentido menos favorável ao recorrente.

5 – O órgão responsável pelo incumprimento do dever de decisão pode praticar o ato ilegalmente omitido na pendência do recurso hierárquico, disso dando conhecimento ao órgão competente para conhecer do recurso e notificando o recorrente e os contrainteressados que hajam deduzido oposição.

6 – Na hipótese prevista no número anterior, o recorrente ou os contrainteressados podem requerer que o recurso prossiga contra o ato praticado, com a faculdade de alegação de novos fundamentos e da junção dos elementos probatórios que considerem pertinentes.

7 – O requerimento a que se refere o número anterior deve ser apresentado dentro do prazo previsto para a interposição de recurso hierárquico contra o ato praticado.

ARTIGO 196º
Rejeição do recurso

1 – O recurso deve ser rejeitado nos casos seguintes:

a) Quando o ato impugnado não seja suscetível de recurso;
b) Quando o recorrente careça de legitimidade;
c) Quando o recurso haja sido interposto fora do prazo;
d) Quando ocorra qualquer outra causa que obste ao conhecimento do recurso.

2 – Quando o recurso haja sido interposto para órgão incompetente, é aplicável o disposto no artigo 41º

ARTIGO 197º
Decisão

1 – O órgão competente para conhecer do recurso pode, salvas as exceções previstas na lei, confirmar ou anular o ato recorrido e, se a competên-

cia do autor do ato recorrido não for exclusiva, pode também revogá-lo, modificá-lo ou substituí-lo, ainda que em sentido desfavorável ao recorrente.

2 – O órgão competente para conhecer do recurso não fica obrigado à proposta de pronúncia do autor do ato ou da omissão, e deve respeitar, na fundamentação da decisão que venha a tomar, quando não opte por aquela proposta, os requisitos previstos no artigo 153º.

3 – O órgão competente para decidir o recurso pode, se for caso disso, anular, no todo ou em parte, o procedimento administrativo e determinar a realização de nova instrução ou de diligências complementares.

4 – No caso de ter havido incumprimento do dever de decisão, o órgão competente para decidir o recurso pode substituir-se ao órgão omisso na prática desse ato, se a competência não for exclusiva deste, ou ordenar a prática do ato ilegalmente omitido.

ARTIGO 198º
Prazo para a decisão

1 – Quando a lei não fixe prazo diferente, o recurso hierárquico deve ser decidido no prazo de 30 dias, a contar da data da remessa do processo ao órgão competente para dele conhecer.

2 – O prazo referido no número anterior é elevado até ao máximo de 90 dias, quando haja lugar à realização de nova instrução ou de diligências complementares.

3 – No âmbito do recurso hierárquico necessário, o superior hierárquico deve apreciar todas as questões suscitadas pelo recorrente, excetuadas aquelas cuja decisão esteja prejudicada pela solução dada a outras.

4 – O indeferimento do recurso hierárquico necessário ou o decurso dos prazos referidos nos nºs 1 e 2, sem que haja sido tomada uma decisão, conferem ao interessado a possibilidade de impugnar contenciosamente o ato do órgão subalterno ou de fazer valer o seu direito ao cumprimento, por aquele órgão, do dever de decisão.

SUBSECÇÃO IV
Dos recursos administrativos especiais

ARTIGO 199º
Regime

1 – Nos casos expressamente previstos na lei, há lugar a recursos administrativos:

a) Para órgão da mesma pessoa coletiva que exerça poderes de supervisão;

b) Para o órgão colegial, de atos ou omissões de qualquer dos seus membros, comissões ou secções;

c) Para órgão de outra pessoa coletiva que exerça poderes de tutela ou superintendência.

2 – Sem prejuízo dos recursos previstos no número anterior, pode ainda haver lugar, por expressa disposição legal, a recurso para o delegante ou subdelegante dos atos praticados pelo delegado ou subdelegado.

3 – O recurso tutelar previsto na alínea *c)* do n.º 1 só pode ter por fundamento a inconveniência ou inoportunidade do ato ou da omissão nos casos em que a lei estabeleça uma tutela de mérito.

4 – No recurso tutelar, a modificação ou a substituição do ato recorrido ou omitido só é possível se a lei conferir poderes de tutela substitutiva e no âmbito destes.

5 – Aos recursos previstos no presente artigo são aplicáveis as disposições reguladoras do recurso hierárquico, mas, quanto ao recurso tutelar, apenas na parte em que não contrariem a natureza própria deste e o respeito devido à autonomia da entidade tutelada.

CAPÍTULO III
Dos contratos da Administração Pública

ARTIGO 200º
Espécies de contratos

1 – Os órgãos da Administração Pública podem celebrar contratos administrativos, sujeitos a um regime substantivo de direito administrativo, ou contratos submetidos a um regime de direito privado.

2 – São contratos administrativos os que como tal são classificados no Código dos Contratos Públicos ou em legislação especial.

3 – Na prossecução das suas atribuições ou dos seus fins, os órgãos da Administração Pública podem celebrar quaisquer contratos administrativos, salvo se outra coisa resultar da lei ou da natureza das relações a estabelecer.

ARTIGO 201º
Procedimentos pré-contratuais

1 – A formação dos contratos cujo objeto abranja prestações que estejam, ou sejam suscetíveis de estar, submetidas à concorrência de mercado, encon-

tra-se sujeita ao regime estabelecido no Código dos Contratos Públicos ou em lei especial.

2 – À formação dos contratos a que se refere o número anterior são especialmente aplicáveis os princípios da transparência, da igualdade e da concorrência.

3 – Na ausência de lei própria, aplica-se à formação dos contratos administrativos o regime geral do procedimento administrativo estatuído pelo presente Código, com as necessárias adaptações.

ARTIGO 202º
Regime substantivo

1 – As relações contratuais administrativas são regidas pelo Código dos Contratos Públicos ou por lei especial, sem prejuízo da aplicação subsidiária daquele quando os tipos dos contratos não afastem as razões justificativas da disciplina em causa.

2 – No âmbito dos contratos sujeitos a um regime de direito privado são aplicáveis aos órgãos da Administração Pública as disposições do presente Código que concretizam preceitos constitucionais e os princípios gerais da atividade administrativa.

Processo Administrativo

Decreto-Lei nº 214-G/2015, de 2 de Outubro

1 – A Lei nº 15/2002, de 22 de fevereiro, que aprovou o Código de Processo nos Tribunais Administrativos (CPTA), previa, no seu artigo 4º, que este Código seria revisto no prazo de três anos, a contar da data da sua entrada em vigor, que veio a ocorrer em 1 de janeiro de 2004.

Embora tenham sido, entretanto, recolhidos elementos sobre a aplicação do CPTA, designadamente no âmbito de uma discussão pública cuja realização foi promovida em 2007, e, desse modo, identificados muitos pontos carecidos de alteração, a verdade é que essa revisão não ocorreu até hoje.

Por outro lado, o Código de Processo Civil (CPC) foi recentemente objeto de uma reforma profunda, com a qual se impõe harmonizar o CPTA. E também a revisão do Código do Procedimento Administrativo, em diversos aspetos, se repercute no regime do CPTA.

É, pois, o momento de empreender uma revisão que não podia ser mais adiada. Aproveita-se, entretanto, a ocasião para introduzir modificações também julgadas oportunas e necessárias ao Estatuto dos Tribunais Administrativos e Fiscais (ETAF), assim como a alguns diplomas avulsos que disciplinam matéria processual administrativa ou que com esta são conexas.

2 – Os aspetos mais significativos da presente revisão do CPTA dizem respeito à estrutura das formas do processo e ao respetivo regime.

Com efeito, o CPTA, no respeito pela tradição mais recente do contencioso administrativo português, assente na contraposição entre o recurso contencioso e o processo declarativo comum do CPC, tradicionalmente seguido no contencioso das ações, optou por estruturar os processos declarativos não-urgentes sobre um modelo dualista, de acordo com o qual, para além dos tipos circunscritos de situações de urgência, objeto de regulação própria, as causas deviam ser objeto da ação administrativa especial ou da ação administrativa comum, consoante, no essencial, se reportassem ou não a atos administrativos ou a normas regulamentares.

A solução prestava-se a reparos, que se prendiam com a relativa incoerência e com a reduzida praticabilidade do modelo adotado.

Desde logo, relativa incoerência, na medida em que, embora a tramitação que o CPTA estabeleceu para a ação administrativa especial tenha sido, de algum modo, a sucessora daquela que, no regime precedente, correspondia ao recurso contencioso, a verdade é que, nos seus aspectos fundamentais, ela foi configurada por referência ao regime do processo declarativo comum do CPC, ao qual, por sua vez, também se reconduzia a forma da ação administrativa comum.

Esta circunstância tem várias explicações, mas a principal radica no princípio, que o Código assumiu como fundamental, nos artigos 4º e 5º, da livre cumulabilidade de pedidos. Com efeito, a introdução da possibilidade da dedução e apreciação, em cumulação de pedidos, de todos os pedidos que correspondem à ação administrativa comum no âmbito da ação administrativa especial, tornou inevitável a aproximação da tramitação desta última ao processo civil, indispensável para que tal fosse possível. Por isso, mais do que a sucessora do anterior recurso contencioso, a ação administrativa especial foi configurada como uma forma de processo primacialmente direcionada a harmonizar o modelo do CPC às especificidades próprias do processo administrativo.

Ora, uma forma de processo com estas características é suficiente, sem necessidade de um modelo dualista, para dar resposta a todos os processos declarativos não-urgentes do contencioso administrativo. Justifica-se, por isso, submeter todos os processos não-urgentes do contencioso administrativo a um único modelo de tramitação, que corresponde ao da anterior ação administrativa especial.

No sentido da consagração de um modelo único de tramitação dos processos não-urgentes concorre, por outro lado, do ponto de vista da praticabilidade do sistema, a conveniência em dar resposta a dificuldades que a delimitação do âmbito de intervenção da ação administrativa comum e da ação administrativa especial colocava. Basta pensar na dificuldade que, em muitas situações concretas, se coloca de saber se a Administração está investida do poder de praticar um ato administrativo impugnável, ou se o interessado pode propor uma ação de reconhecimento dos seus direitos ou interesses sem dependência da emissão desse ato. E na incoerência de se enquadrar o contencioso dos contratos no âmbito da ação administrativa comum e o dos atos administrativos no da ação administrativa especial, num contexto, tão diferente do tradicional, em que é admitida uma relativa fungibilidade entre as figuras do ato administrativo e do contrato.

Estas razões determinaram a opção de se abandonar o modelo dualista que o CPTA consagrava, extinguindo-se a forma da ação administrativa comum e reconduzindo-se todos os processos não-urgentes do contencioso administrativo a uma única forma de processo, a que é dada a designação de «ação administrativa».

Esta nova forma de processo é submetida ao regime que, até aqui, correspondia à ação administrativa especial, mas com as profundas alterações que decorrem da sua harmonização com o novo regime do CPC.

3 – É no regime da nova «ação administrativa» que mais claramente se refletem as implicações no CPTA da recente reforma do CPC. O novo regime da «ação administrativa» introduz, assim, diversas inovações decorrentes do novo regime do CPC, sem deixar, no entanto, de procurar corresponder às especificidades do contencioso administrativo, que estão na base da existência de um Código próprio, procurando dar resposta a problemas que não se colocam em processo civil e, nos restantes domínios, consagrando, quando tal se justifica, soluções diferenciadas, em que o regime do CPTA pontualmente se afasta daquele que resulta do CPC.

Deste ponto de vista, merecem, desde logo, referência o regime do novo artigo 78º-A, que procura reforçar a tutela da posição do autor perante o encargo que lhe é imposto de indicar os contrainteressados na petição inicial, e a revisão do artigo 85º, que procura consagrar um regime mais coerente no que respeita à intervenção do Ministério Público nos processos em que não é parte.

Por outro lado, devem ser mencionados os regimes do nº 4 do artigo 83º, que preserva a solução tradicional da não imposição do ónus de impugnação especificada, mas impõe o ónus de contestar, do artigo 85º-A, que prevê a existência de réplica e, havendo reconvenção, de tréplica, dos artigos 87º-A a 87º-C, que introduzem adaptações pontuais ao regime da audiência prévia e do saneador, bem como dos artigos 91º e 91º-A, que clarificam os termos em que se procede à realização de audiência final e em que pode haver lugar à apresentação de alegações escritas.

4 – Ainda no que respeita às formas do processo, é introduzida nos artigos 97º e 99º a previsão de uma nova forma de processo urgente, dirigida a dar resposta célere e integrada aos litígios respeitantes a procedimentos de massa, em domínios como os dos concursos na Administração Pública e da realização de exames, com um elevado número de participantes. O novo regime dos procedimentos de massa visa assegurar a concentração num único processo, a correr num único tribunal, das múltiplas pretensões que os participantes nestes procedimentos pretendam deduzir no contencioso administrativo.

5 – Nas restantes matérias, são três os domínios em que assumem maior relevo as alterações introduzidas no regime do CPTA.

5.1 – O primeiro deles diz respeito ao novo regime do artigo 73º, em matéria de impugnação das normas regulamentares, que, indo ao encontro das múltiplas críticas de que tinha sido objeto o regime anterior, procede à respetiva simplificação e clarificação, designadamente no que respeita às situações de dedução do incidente da invalidade de normas regulamentares em processos cujo objeto principal não lhes diz respeito. As alterações introduzidas neste domínio repercutem-se, naturalmente, no regime da suspensão da eficácia de normas regulamentares, previsto no artigo 130º, que também é revisto em conformidade.

5.2 – O segundo diz respeito ao contencioso pré-contratual urgente, regulado nos artigos 100º e seguintes, cujo âmbito de aplicação é, desde logo, alargado, de modo a abranger o contencioso relativo à formação de todos os tipos contratuais compreendidos pelo âmbito de aplicação das diretivas da União Europeia em matéria de contratação pública.

No regime do contencioso pré-contratual urgente, é, desde logo, introduzida uma série de clarificações, que visam dar resposta a múltiplas questões que se vinham colocando na prática jurisprudencial, designadamente no que diz respeito ao regime a aplicar nas situações de cumulação de pedidos (artigo 100º), à aplicabilidade do regime do artigo 45º (artigo 102º) e ao contencioso de impugnação do programa e demais documentos conformadores do procedimento pré-contratual, cujo regime era particularmente insuficiente e é, agora, objeto de regulação própria no artigo 103º

O aspeto mais relevante reside, no entanto, no novo artigo 103º-A, que, no propósito de proceder finalmente à transposição das Diretivas Recursos, associa um efeito suspensivo automático à impugnação dos atos de adjudicação e introduz um regime inovador de adoção de medidas provisórias no âmbito do próprio processo do contencioso pré-contratual.

6 – O terceiro diz respeito aos processos cautelares, domínio no qual são introduzidas importantes inovações.

Assim, nos nºs 4 e 5 do artigo 113º é introduzida a previsão da possibilidade da modificação objetiva ou subjetiva da instância, por alteração superveniente das circunstâncias ou por substituição do Ministério Público ao requerente primitivo.

Merecem maior destaque as soluções dirigidas a promover a agilidade dos processos cautelares, evitando a respetiva sobrecarga com produção desproporcionada e injustificada de prova. Inscrevem-se nessa perspetiva, as modificações introduzidas no artigo 118º e, sobretudo, a eliminação do critério de atribuição de providências cautelares que se encontrava previsto na alínea *a*) do nº 1 do artigo 120º, e vinha sendo objeto de críticas e de uma aplicação jurisprudencial muito restritiva. Neste contexto, o novo regime previsto no artigo 120º consagra um único critério de decisão de providências cautelares, quer estas tenham natureza antecipatória ou conservatória, as quais poderão ser adotadas quando se demonstre a existência de um fundado receio da constituição de uma situação de facto consumado ou da produção de prejuízos de difícil reparação para os interesses que o requerente pretende acautelar no processo principal, e seja provável que a pretensão formulada ou a formular nesse processo venha a ser julgada procedente.

Revê-se, ainda, o regime do artigo 131º, clarificando diversos aspetos, relacionados com o momento e condições em que o decretamento provisório pode ocorrer e com a possibilidade de decretamento oficioso, e simplificando o regime do incidente.

7 – São, entretanto, introduzidas outras inovações dignas de nota no regime do CPTA.

No nº 4 do artigo 20º, consagra-se a solução que parece mais adequada a assegurar a proximidade territorial do tribunal em relação ao litígio.

No artigo 30º, promove-se a publicidade do processo administrativo.

No artigo 48º, para além de se proceder à clarificação de determinados aspetos de regime, procede-se à flexibilização e à ampliação do respetivo âmbito de aplicação.

No nº 2 do artigo 58º, é retomado o regime anterior ao CPTA, que assegura maior segurança e certeza num domínio tão importante como é o da contagem do prazo de impugnação dos atos administrativos, eliminando uma solução que não tinha racionalidade que a justificasse.

Nos artigos 64º e 74º procede-se à harmonização do CPTA com o novo regime introduzido pela revisão do CPA dos regimes respeitantes, respetivamente, à anulação e à sanação do ato administrativo impugnado durante a pendência do processo impugnatório, e aos prazos de impugnação das normas regulamentares.

Nos artigos 77º-A e 77º-B, procede-se à harmonização do regime da legitimidade e prazos para a impugnação de contratos com o novo regime que, por outro lado, é introduzido no artigo 285º do Código dos Contratos Públicos, no sentido de se clarificar o regime de invalidade aplicável às situações de falta e vícios da vontade dos contratos administrativos.

No novo artigo 110º-A, é regulada a possibilidade, sobre a qual o CPTA era, até aqui, omisso, da convolação dos processos de intimação para proteção de direitos, liberdades e garantias em processos cautelares, quando não se preencham os exigentes pressupostos de que depende a admissibilidade dos primeiros.

No artigo 121º, os pressupostos são flexibilizados no sentido de promover a economia processual.

No regime dos recursos jurisdicionais (artigos 140º e segs.), procede-se à harmonização com o novo regime do CPC e à clarificação de um conjunto de aspetos, em matéria de legitimidade para recorrer (artigo 141º), sucumbência (artigo 142º), despacho de admissão de recurso (artigos 144º e 145º), extensão dos poderes de cognição dos juízes de apelação e possibilidade da produção de prova no tribunal de recurso (artigo 149º) e extensão dos poderes de pronúncia do tribunal de revista (artigo 150º).

No artigo 151º, flexibilizam-se os pressupostos do recurso per saltum, no sentido de ampliar o âmbito da sua aplicação.

No artigo 172º, flexibilizam-se as condições em que se pode processar o pagamento da quantia devida no âmbito dos processos de execução para pagamento de quantia certa.

8 – Procede-se, por outro lado, à clarificação de um conjunto de aspetos do regime do CPTA, em múltiplos domínios, desde há muito identificados na prática jurisprudencial, em que a sua aplicação suscitava dúvidas. Na maioria dos casos, as dúvidas eram devidas ao facto de o Código não prever situações que, na prática, se verificavam e, por isso, careciam de resposta. Mas também à existência de previsões ambíguas, cujo sentido urgia clarificar, ou à necessidade de harmonizar a redação de diferentes preceitos, desse modo eliminando equívocos.

Nesta perspetiva se inscrevem as alterações introduzidas nos nºs 2, 5 e 7 do artigo 10º, relacionadas com a legitimidade passiva das Regiões Autónomas e dos Ministérios, em caso de cumulação de pedidos, no artigo 14º, quanto ao procedimento a adotar por tribunal incompetente, no artigo 16º, quanto à determinação do tribunal da residência ou sede de diferentes autores, no artigo 19º, quanto ao tribunal competente para as ações sobre contratos, no nº 1 do artigo 20º, quanto ao âmbito de aplicabilidade desta norma, nos nºs 8 e 9 do artigo 20º, quanto ao tribunal territorialmente competente para os processos de execução de sentenças e de atos administrativos dependentes de execução jurisdicional, no artigo 29º, quanto aos prazos a observar por juízes e funcionários judiciais, no artigo 36º, quanto ao regime a aplicar aos processos urgentes previstos em legislação avulsa, no artigo 39º, quanto ao interesse qualificado em agir exigível nas ações de condenação à abstenção da prática de atos administrativos, nos artigos 45º e 45º-A, quanto aos pressupostos e ao âmbito de aplicação do regime do artigo 45º, no artigo 51º, quanto aos requisitos gerais de impugnabilidade dos atos administrativos, no artigo 53º, quanto ao regime de impugnabilidade dos atos confirmativos, no artigo 54º, quanto ao regime de impugnabilidade dos atos ineficazes, nos artigos 55º e 68º, quanto ao âmbito da legitimidade para impugnar atos administrativos, tanto do Ministério Público, como de órgãos em relação a atos de outros órgãos da mesma entidade pública, no artigo 56º, quanto ao âmbito de aplicação do instituto da aceitação do ato administrativo, no nº 1 do artigo 59º, quanto ao momento a partir do qual corre o prazo de impugnação dos atos administrativos ineficazes, nos artigos 67º e 69º, quanto aos pressupostos de que depende a propositura da ação de condenação à prática de ato devido nos casos de ter havido um ato negativo nulo ou de se pretender a substituição de um ato de conteúdo positivo, e no artigo 70º, quanto à hipótese de a pretensão dirigida à substituição do ato de conteúdo positivo surgir na pendência de ação inicialmente proposta em situação de silêncio da Administração.

9 – No que respeita ao ETAF, clarificam-se, desde logo, os termos da relação que se estabelece entre o artigo 1º e o artigo 4º, no que respeita à determinação do âmbito da jurisdição administrativa e fiscal, e, por outro lado, dá-se mais um passo no sentido, encetado pelo atual ETAF, de fazer corresponder o âmbito da jurisdição aos litígios de natureza administrativa e fiscal que por ela devem ser abrangidos. Neste sentido, estende-se o âmbito da jurisdição administrativa e fiscal às ações de condenação à remoção de situações constituídas pela Administração em via de facto, sem título que as legitime, e de impugnação de decisões que apliquem coimas no âmbito do ilícito de mera ordenação social por violação de normas de direito administrativo em matéria de urbanismo. Entendeu-se, nesta fase, não incluir no âmbito desta jurisdição administrativa um conjunto de matérias que envolvem a apreciação de questões várias, tais como as inerentes aos processos que têm por objeto a impugnação das decisões da Administração Pública que apliquem coimas no âmbito do ilícito de mera ordenação social noutros domínios. Pretende-se que estas matérias sejam progressivamente integradas no âmbito da referida jurisdição, à medida que a reforma dos tribunais administrativos for sendo executada.

Dando resposta a anseio já antigo, eliminam-se, no artigo 40º, as exceções à regra de que os tribunais administrativos de círculo funcionam com juiz singular, a cada juiz competindo a decisão, de facto e de direito, dos processos que lhe sejam distribuídos.

Quanto ao mais, procede-se a diversos ajustamentos pontuais na estrutura do Supremo Tribunal Administrativo e no regime dos concursos para tribunais superiores, e procede-se à redefinição do regime aplicável aos presidentes dos tribunais de primeira instância.

10 – As alterações a outros diplomas legais têm, em primeiro lugar, por objeto os artigos 85º, 95º e 112º do Decreto-Lei nº 555/99, de 16 de dezembro, com o objetivo de clarificar algumas regras procedimentais e de competência e de eliminar dúvidas que se têm colocado sobre o objeto do pro-

cesso de intimação que neles se encontra previsto, clarificando a profunda diferença que separa este processo da ação de condenação à prática de ato devido, que se encontra consagrada no CPTA.

As alterações aos artigos 12º, 16º e 19º da Lei nº 83/95, de 31 de agosto, visam adequar o respetivo regime à estrutura das formas de processo que foi introduzida pelo CPTA.

A alteração do artigo 15º da Lei nº 27/96, de 1 de agosto, é orientada pelo propósito simplificador de deixar de fazer corresponder uma forma de processo específica às ações de declaração de perda de mandato ou de dissolução de órgãos autárquicos ou entidades equiparadas, submetendo essas ações, por remissão, aos termos do processo do contencioso eleitoral, previstos no CPTA.

As alterações aos artigos 14º, 23º e 31º da Lei nº 46/2007, de 24 de agosto, e ao artigo 14º da Lei nº 19/2006, de 12 de junho, estão relacionadas com as alterações introduzidas no CPTA ao regime da intimação para prestação de informação, consulta de processos e passagem de certidões.

Foram ouvidos o Conselho Superior da Magistratura, o Conselho Superior do Ministério Publico, o Conselho Superior dos Tribunais Administrativos e Fiscais, o Conselho dos Oficiais de Justiça, a Ordem dos Advogados, o Sindicato dos Magistrados do Ministério Público, o Sindicato dos Funcionários Judiciais, a Associação Sindical dos Juízes Portugueses e a Câmara dos Solicitadores.

Foi promovida a audição do Conselho Distrital da Madeira da Ordem dos Advogados, do Conselho Distrital dos Açores da Ordem dos Advogados, do Conselho Distrital de Lisboa da Ordem dos Advogados, do Conselho Distrital do Porto da Ordem dos Advogados, do Conselho Distrital de Coimbra da Ordem dos Advogados, do Conselho Distrital de Évora da Ordem dos Advogados, do Conselho Distrital de Faro da Ordem dos Advogados, da Associação dos Oficiais de Justiça, do Sindicato dos Oficiais de Justiça e do Movimento Justiça e Democracia.

Assim:

No uso da autorização legislativa concedida pelo artigo 1º da Lei nº 100/2015, de 19 de agosto, e nos termos das alíneas *b)* e *c)* do nº 1 do artigo 198º da Constituição, o Governo decreta o seguinte:

ARTIGO 1º
Objeto

O presente decreto-lei procede:

a) À quarta alteração ao Código de Processo nos Tribunais Administrativos, aprovado pela Lei nº 15/2002, de 22 de fevereiro, alterada pelas Leis nºs 4-A/2003, de 19 de fevereiro, 59/2008, de 11 de setembro, e 63/2011, de 14 de dezembro;

b) À décima primeira alteração ao Estatuto dos Tribunais Administrativos e Fiscais, aprovado pela Lei nº 13/2002, de 19 de fevereiro;

c) À sétima alteração ao Código dos Contratos Públicos, aprovado pelo Decreto-Lei nº 18/2008, de 29 de janeiro;

d) À décima quarta alteração ao Decreto-Lei nº 555/99, de 16 de dezembro;

e) À primeira alteração à Lei nº 83/95, de 31 de agosto;

f) À segunda alteração à Lei nº 27/96, de 1 de agosto, alterada pela Lei Orgânica nº 1/2011, de 30 de novembro;

g) À primeira alteração à Lei nº 19/2006, de 12 de junho.

ARTIGO 2º
Alteração ao Código de Processo nos Tribunais Administrativos

Os artigos 2º a 5º, 8º a 12º, 14º, 16º, 19º, 20º, 23º a 27º, 29º a 31º, 35º a 39º, 41º, 45º, 48º, 50º, 51º, 53º a 56º, 58º, 59º, 61º, 63º, 64º, 66º a 71º, 73º, 74º, 76º a 105º, 107º, 110º a 124º, 126º e 127º, 130º a 132º, 135º, 140º a 145º, 149º a 152º, 157º, 159º, 161º a 164º, 169º a 173º, 175º, 176º, 180º, 182º, 184º, 185º, 187º e 191º do Código de Processo nos Tribunais Administrativos, aprovado pela Lei nº 15/2002, de 22 de fevereiro, alterada pelas Leis nºs 4-A/2003, de 19 de fevereiro, 59/2008, de 11 de setembro, e 63/2011, de 14 de dezembro, passam a ter a seguinte redação:

(Alterações inseridas no local próprio)

ARTIGO 3º
Aditamento ao Código de Processo nos Tribunais Administrativos

São aditados ao Código de Processo nos Tribunais Administrativos, aprovado pela Lei nº 15/2002, de 22 de fevereiro, alterada pelas Leis nºs 4-A//2003, de 19 de fevereiro, 59/2008, de 11 de setembro, e 63/2011, de 14 de dezembro, os artigos 7º-A, 8º-A, 45º-A, 77º-A, 77º-B, 78º-A, 83º-A, 85º-A, 87º-A a 87º-C, 89º-A, 91º-A, 103º-A, 103º-B, 110º-A, 185º-A e 185º-B, com a seguinte redação:

(Inserido no local próprio)

ARTIGO 4º
Alteração ao Estatuto dos Tribunais Administrativos e Fiscais

Os artigos 1º, 2º, 4º, 9º, 13º, 14º, 17º, 24º, 29º, 40º, 41º, 43º, 44º, 46º, 48º, 49º, 51º, 52º e 74º do Estatuto dos Tribunais Administrativos e Fiscais,

aprovado pela Lei nº 13/2002, de 19 de fevereiro, passam a ter a seguinte redação:
(Alterações inseridas no local próprio)

ARTIGO 5º
Aditamento ao Estatuto dos Tribunais Administrativos e Fiscais

É aditado ao Estatuto dos Tribunais Administrativos e Fiscais, aprovado pela Lei nº 13/2002, de 19 de fevereiro, o artigo 43º-A, com a seguinte redação:
(Inserido no local próprio)

ARTIGO 6º
Alteração ao Código dos Contratos Públicos

....

ARTIGO 7º
Alteração ao Decreto-Lei nº 555/99, de 16 de dezembro

Os artigos 85º, 95º e 112º do Decreto-Lei nº 555/99, de 16 de dezembro, passam a ter a seguinte redação:
....

ARTIGO 8º
Alteração à Lei nº 83/95, de 31 de agosto

Os artigos 12º, 16º e 19º da Lei nº 83/95, de 31 de agosto, passam a ter a seguinte redação:
(Alterações inseridas no local próprio)

ARTIGO 9º
Alteração à Lei nº 27/96, de 1 de agosto

O artigo 15º da Lei nº 27/96, de 1 de agosto, alterada pela Lei Orgânica nº 1/2011, de 30 de novembro, passa a ter a seguinte redação:
....

ARTIGO 10º
Alteração à Lei nº 46/2007, de 24 de agosto

Os artigos 14º, 23º e 31º da Lei nº 46/2007, de 24 de agosto, passam a ter a seguinte redação:
....

ARTIGO 11º
Alteração à Lei nº 19/2006, de 12 de junho

O artigo 14º da Lei nº 19/2006, de 12 de junho, passa a ter a seguinte redação:

....

ARTIGO 12º
Alterações sistemáticas ao Código de Processo nos Tribunais Administrativos

São introduzidas ao Código de Processo nos Tribunais Administrativos as seguintes alterações sistemáticas:
(Alterações inseridas no local próprio)

ARTIGO 13º
Norma revogatória

São revogados:

a) Os nºs 2 e 3 do artigo 16º da Lei nº 83/95, de 31 de agosto;

b) Os nºs 2 a 8 do artigo 15º da Lei nº 27/96, de 1 de agosto, alterada pela Lei Orgânica nº 1/2011, de 30 de novembro;

c) Os nºs 2 e 3 do artigo 40º, os nºs 2 a 4 do artigo 48º e os artigos 60º e 73º do Estatuto dos Tribunais Administrativos e Fiscais, aprovado pela Lei nº 13/2002, de 19 de fevereiro;

d) O nº 5 do artigo 4º, o nº 2 do artigo 20º, o nº 2 do artigo 29º, os nºs 4 a 8 do artigo 30º, o nº 2 do artigo 35º, o nº 2 do artigo 37º, o artigo 40º, os nºs 2 e 3 do artigo 41º, os artigos 42º, 43º e 44º, o nº 5 do artigo 45º, os artigos 46º, 47º e 49º, o nº 4 do artigo 58º, o nº 5 do artigo 78º, os nºs 5 e 6 do artigo 79º, o nº 5 do artigo 82º, o nº 6 do artigo 86º, o nº 6 do artigo 91º, o nº 4 do artigo 93º, o nº 2 do artigo 97º, o nº 3 do artigo 100º, os nºs 4 e 5 do artigo 110º, a alínea *g)* do nº 1 do artigo 123º, o nº 3 do artigo 130º, os nºs 6 e 7 do artigo 132º, o nº 2 do artigo 135º, o nº 4 do artigo 142º, as alíneas *a)* e *b)* do nº 1 do artigo 187º, e o artigo 190º do Código de Processo nos Tribunais Administrativos, aprovado pela Lei nº 15/2002, de 22 de fevereiro, alterada pelas Leis nºs 4-A/2003, de 19 de fevereiro, 59/2008, de 11 de setembro, e 63/2011, de 14 de dezembro;

e) O nº 3 do artigo 14º da Lei nº 19/2006, de 12 de junho.

ARTIGO 14º
Republicação

1 – É republicado no anexo I ao presente decreto-lei, que dele faz parte integrante, o Código de Processo nos Tribunais Administrativos, aprovado em anexo à Lei nº 15/2002, de 22 de fevereiro, com a redação atual.

2 – É republicado no anexo II ao presente decreto-lei, que dele faz parte integrante, o Estatuto dos Tribunais Administrativos e Fiscais, aprovado em anexo à Lei nº 13/2002, de 19 de fevereiro, com a redação atual.

ARTIGO 15º
Entrada em vigor

1 – Sem prejuízo do disposto nos números seguintes, o presente decreto-lei entra em vigor 60 dias após a sua publicação.

2 – As alterações efetuadas pelo presente decreto-lei ao Código de Processo nos Tribunais Administrativos, aprovado pela Lei nº 15/2002, de 22 de fevereiro, alterada pelas Leis nºs 4-A/2003, de 19 de fevereiro, 59/2008, de 11 de setembro, e 63/2011, de 14 de dezembro, só se aplicam aos processos administrativos que se iniciem após a sua entrada em vigor.

3 – As alterações efetuadas pelo presente decreto-lei ao Decreto-Lei nº 555/99, de 16 de dezembro, e às Leis nºs 83/95, de 31 de agosto, 27/96, de 1 de agosto, alterada pela Lei Orgânica nº 1/2011, de 30 de novembro, 46/2007, de 24 de agosto, e 19/2006, de 12 de junho, só se aplicam aos processos administrativos que tenham início após a sua entrada em vigor.

4 – As alterações efetuadas pelo presente decreto-lei ao Estatuto dos Tribunais Administrativos e Fiscais, aprovado pela Lei nº 13/2002, de 19 de fevereiro, em matéria de organização e funcionamento dos tribunais administrativos, incluindo dos tribunais administrativos de círculo, entram em vigor no dia seguinte ao da publicação do presente decreto-lei.

5 – A alteração efetuada pelo presente decreto-lei à alínea *l)* do nº 1 do artigo 4º do Estatuto dos Tribunais Administrativos e Fiscais, aprovado pela Lei nº 13/2002, de 19 de fevereiro, em matéria de ilícitos de mera ordenação social por violação de normas de direito administrativo em matéria de urbanismo, entra em vigor no dia 1 de setembro de 2016.

Lei nº 13/2002, de 19 de Fevereiro

Aprova o Estatuto dos Tribunais Administrativos e Fiscais (revoga o Decreto-Lei nº 129/84, de 27 de Abril) e procede à 3ª alteração do Decreto-Lei nº 59/99, de 2 de Março, alterado pela Lei nº 163/99, de 14 de Setembro, e pelo Decreto-Lei nº 159/2000, de 27 de Julho, à 42ª alteração do Código de Processo Civil, à 1ª alteração da Lei nº 168/99, de 18 de Setembro, e à 2ª alteração da Lei nº 11/87, de 7 de Abril, alterada pelo Decreto-Lei nº 224-A/96, de 26 de Novembro.

A Assembleia da República decreta, nos termos da alínea *c*) do artigo 161º da Constituição, para valer como lei geral da República, o seguinte:

ARTIGO 1º
Aprovação

É aprovado o Estatuto dos Tribunais Administrativos e Fiscais, que se publica em anexo à presente lei e que dela faz parte integrante.

ARTIGO 2º
Disposição transitória

1 – As disposições do Estatuto dos Tribunais Administrativos e Fiscais não se aplicam aos processos que se encontrem pendentes à data da sua entrada em vigor.

2 – As decisões que, na vigência do novo Estatuto, sejam proferidas ao abrigo das competências conferidas pelo anterior Estatuto dos Tribunais Administrativos e Fiscais são impugnáveis para o tribunal competente de acordo com o mesmo Estatuto.

ARTIGO 3º
Alteração ao regime jurídico das empreitadas de obras públicas

O artigo 259º do Decreto-Lei nº 59/99, de 2 de Março, que estabelece o regime jurídico das empreitadas de obras públicas, passa a ter a seguinte redacção:

«ARTIGO 259º
[...]

1 – ....
2 – Proferida a decisão e notificada às partes, o processo será entregue no Conselho Superior de Obras Públicas e Transportes, onde ficará arquivado, competindo ao presidente do Conselho Superior decidir tudo quanto respeite aos termos da respectiva execução por parte das entidades administrativas, sem prejuízo da competência dos tribunais administrativos para a execução das obrigações do empreiteiro, devendo ser remetida ao juiz competente cópia da decisão do tribunal arbitral para efeitos do processo executivo.
3 – »

ARTIGO 4º
Alteração ao Código de Processo Civil

O artigo 1083º do Código de Processo Civil passa a ter a seguinte redacção:

«ARTIGO 1083º
Âmbito de aplicação

O disposto no presente capítulo é aplicável às acções de regresso contra magistrados, propostas nos tribunais judiciais, sendo subsidiariamente aplicável às acções do mesmo tipo que sejam da competência de outros tribunais.»

ARTIGO 5º
Alterações ao Código das Expropriações

Os artigos 74º e 77º do Código das Expropriações, aprovado pela Lei nº 168/99, de 18 de Setembro, passam a ter a seguinte redacção:

«ARTIGO 74º
[...]

1 – ....
2 – ....

3 – ....

4 – Se não for notificado de qualquer decisão favorável no prazo de 90 dias a contar da data do requerimento, o interessado pode fazer valer o direito de reversão no prazo de um ano, mediante acção administrativa comum a propor no tribunal administrativo de círculo da situação do prédio ou da sua maior extensão[1].

5 – Na acção prevista no número anterior, é cumulado o pedido de adjudicação, instruído com os documentos mencionados no artigo 77º, que o tribunal aprecia, seguindo os trâmites dos artigos 78º e 79º, no caso de reconhecer o direito de reversão.

ARTIGO 77º
[...]

1 – Autorizada a reversão, o interessado deduz, no prazo de 90 dias a contar da data da notificação da autorização, perante o tribunal administrativo de círculo da situação do prédio ou da sua maior extensão, o pedido de adjudicação, instruindo a sua pretensão com os seguintes documentos:

a) ....
b) ....
c) ....
d) ....
e) ....
2 – ....[1]»

ARTIGO 6º
Alteração à Lei de Bases do Ambiente

O artigo 45º da Lei nº 11/87, de 7 de Abril (Lei de Bases do Ambiente), passa a ter a seguinte redacção:

«ARTIGO 45º
Tutela judicial

1 – Sem prejuízo da legitimidade de quem se sinta ameaçado ou tenha sido lesado nos seus direitos, à actuação perante a jurisdição competente do correspondente direito à cessação da conduta ameaçadora ou lesiva e à indemnização pelos danos que dela possam ter resultado, ao abrigo do disposto no capítulo anterior, também ao Ministério Público compete

---

[1] Redacção da Lei nº 4-A/2003, de 19 de Fevereiro.

a defesa dos valores protegidos pela presente lei, nomeadamente através da utilização dos mecanismos nela previstos.

2 – É igualmente reconhecido a qualquer pessoa, independentemente de ter interesse pessoal na demanda, bem como às associações e fundações defensoras dos interesses em causa e às autarquias locais, o direito de propor e intervir, nos termos previstos na lei, em processos principais e cautelares destinados à defesa dos valores protegidos pela presente lei.»

ARTIGO 7º [1]
Disposição transitória relativa ao recrutamento e formação de juízes

1 – No prazo máximo de 180 dias a contar da data da publicação desta lei, é aberto concurso de recrutamento de juízes para os tribunais administrativos e para os tribunais tributários ao qual podem concorrer magistrados judiciais e do Ministério Público com pelo menos cinco anos de serviço e classificação não inferior a Bom e juristas com pelo menos cinco anos de comprovada experiência profissional na área do direito público, nomeadamente através do exercício de funções públicas, da advocacia, da docência no ensino superior ou na investigação, ou ao serviço da Administração Pública.

2 – A admissão a concurso depende de graduação baseada na ponderação global dos factores enunciados no artigo 61º do Estatuto aprovado pela presente lei e os candidatos admitidos frequentam um curso de formação teórica de três meses, organizado pelo Centro de Estudos Judiciários.

3 – Os candidatos admitidos ao concurso têm, durante a frequência do curso de formação teórica referido no número anterior, o mesmo estatuto remuneratório e os mesmos direitos, deveres e incompatibilidades dos restantes auditores de justiça do Centro de Estudos Judiciários e, no caso de serem funcionários ou agentes do Estado, de institutos públicos ou de empresas públicas, podem frequentar o curso em regime de requisição e optar por auferir a remuneração base relativa à categoria de origem, retomando os respectivos cargos ou funções sem perda de antiguidade em caso de exclusão ou de desistência justificada.

4 – A frequência do curso de formação teórica por magistrados judiciais e do Ministério Público e o seu eventual provimento em comissão de serviço na jurisdição administrativa e fiscal dependem de autorização, nos termos estatutários.

5 – No termo do curso previsto no nº 2, os candidatos são avaliados em função do seu mérito absoluto e qualificados como aptos ou não aptos, para

---

[1] Redacção da Lei nº 4-A/2003, de 19 de Fevereiro.

o efeito de serem admitidos à fase seguinte, que é constituída por um estágio de seis meses, precedido de um curso especial de formação teórico-prática de âmbito geral, organizado pelo Centro de Estudos Judiciários, com a duração máxima de três meses e incidência predominante sobre matérias de deontologia e direito processual civil.

6 – O Centro de Estudos Judiciários, no termo do curso especial previsto no número anterior, procede a uma graduação que releva para o efeito da selecção dos tribunais de estágio.

7 – O montante da bolsa atribuída aos auditores durante a frequência do curso especial previsto no nº 5 corresponde ao índice 100 da escala indiciária dos magistrados judiciais.

8 – As reclamações das decisões proferidas no âmbito do concurso têm efeito meramente devolutivo.

9 – Os juízes recrutados no âmbito do concurso previsto nos números anteriores têm as honras, precedências, categorias, direitos, vencimentos e abonos que competem aos juízes de direito, dependendo a respectiva progressão na carreira dos critérios a que se referem os nºs 4 e 5 do artigo 58º do Estatuto aprovado pela presente lei.

10 – O Governo adoptará os procedimentos necessários ao desenvolvimento regulamentar do regime estabelecido no presente artigo.

ARTIGO 8º
Norma revogatória

São revogados:

a) O Decreto-Lei nº 45006, de 27 de Abril de 1963;
b) O Decreto-Lei nº 784/76, de 30 de Outubro;
c) O Estatuto dos Tribunais Administrativos e Fiscais, aprovado pelo Decreto-Lei nº 129/84, de 27 de Abril;
d) O Decreto-Lei nº 374/84, de 29 de Novembro;
e) A Lei nº 46/91, de 3 de Agosto;
f) A Portaria nº 116/92, de 24 de Fevereiro.

ARTIGO 9º [1]
Entrada em vigor

A presente lei entra em vigor em 1 de Janeiro de 2004, com excepção do artigo 7º, que entra em vigor no dia seguinte ao da sua publicação.

---

[1] Redacção da Lei nº 4-A/2003, de 19 de Fevereiro.

Lei nº 4-A/2003, de 19 de Fevereiro

Primeira alteração à Lei nº 13/2002, de 19 de Fevereiro, que aprova o Estatuto dos Tribunais Administrativos e Fiscais, primeira alteração à Lei nº 15/2002, de 22 de Fevereiro, que aprova o Código de Processo nos Tribunais Administrativos, e primeira alteração ao Decreto-Lei nº 134/98, de 15 de Maio, que aprova o regime jurídico do recurso contencioso dos actos administrativos relativos à formação dos contratos de empreitada de obras públicas, de prestação de serviços e de fornecimento de bens.

A Assembleia da República decreta, nos termos da alínea *c*) do artigo 161º da Constituição, para valer como lei geral da República, o seguinte:

ARTIGO 1º
Alterações à Lei nº 13/2002, de 19 de Fevereiro

Os artigos 5º, 7º e 9º da Lei nº 13/2002, de 19 de Fevereiro, passam a ter a seguinte redacção:
(*Alterações inseridas no local próprio*)

ARTIGO 2º
Alterações à Lei nº 15/2002, de 22 de Fevereiro

Os artigos 3º e 7º da Lei nº 15/2002, de 22 de Fevereiro, passam a ter a seguinte redacção:
(*Alterações inseridas no local próprio*)

ARTIGO 3º
Alterações ao Código de Processo nos Tribunais Administrativos

Os artigos 4º, 10º, 25º, 40º, 45º, 47º, 48º, 59º, 73º, 78º, 79º, 80º, 81º, 82º, 83º, 84º, 85º, 86º, 99º, 100º, 120º, 128º, 130º, 132º, 143º, 147º, 150º, 151º, 157º, 161º,

182º, 184º e 186º do Código de Processo nos Tribunais Administrativos, aprovado pela Lei nº 15/2002, de 22 de Fevereiro, passam a ter a seguinte redacção:
(Alterações inseridas no local próprio)

ARTIGO 4º
Aditamento ao Código de Processo nos Tribunais Administrativos

É aditado ao Código de Processo nos Tribunais Administrativos, aprovado pela Lei nº 15/2002, de 22 de Fevereiro, o seguinte artigo:
«Artigo 192º...»
(Inserido no local próprio)

ARTIGO 5º
Alteração ao Decreto-Lei nº 134/98, de 15 de Maio[1]

ARTIGO 6º
Salvaguarda de direitos adquiridos

As alterações introduzidas ao artigo 7º da Lei nº 13/2002, de 19 de Fevereiro, não prejudicam a aquisição, pelos auditores de justiça, no termo do curso a que se refere o nº 2 do mesmo artigo, do direito de ingressar na jurisdição administrativa e fiscal.

ARTIGO 7º
Entrada em vigor

1 – A presente lei entra em vigor no dia seguinte ao da sua publicação, sendo as novas disposições introduzidas no artigo 7º da Lei nº 13/2002, de 19 de Fevereiro, imediatamente aplicáveis ao concurso aberto pelo aviso nº 4902/2002, 2ª série, de 11 de Abril.

2 – Os artigos 9º, 39º, 45º e 86º do Estatuto dos Tribunais Administrativos e Fiscais entram em vigor no dia seguinte ao da publicação da presente lei.

ARTIGO 8º
Republicação

É republicado, em anexo, o Código de Processo nos Tribunais Administrativos, aprovado pela Lei nº 15/2002, de 22 de Fevereiro.

---

[1] Alteração não reproduzida, dado o Decreto-Lei nº 134/98 ter sido revogado com efeitos a partir de 01-01-2004, pela al. *f)* do art. 6º da Lei nº 15/2002, na redacção que lhe foi dada pela presente lei, passando a disciplina nele contida para o CPTA.

Lei nº 107-D/2003, de 31 de Dezembro

Segunda alteração ao Estatuto dos Tribunais Administrativos e Fiscais, aprovado pela Lei nº 13/2002, de 19 de Fevereiro

A Assembleia da República decreta, nos termos da alínea *c*) do artigo 161º da Constituição, para valer como lei geral da República, o seguinte:

ARTIGO 1º
Alterações ao Estatuto dos Tribunais Administrativos e Fiscais

Os artigos 4º, 6º, 8º, 9º, 23º, 24º, 26º, 27º, 31º, 32º, 33º, 34º, 36º, 37º, 38º, 39º, 40º, 42º, 43º, 44º, 45º, 47º, 48º, 49º, 52º, 54º, 56º, 58º, 64º, 66º, 68º, 69º, 74º e 93º do Estatuto dos Tribunais Administrativos e Fiscais, aprovado pela Lei nº 13/2002, de 19 de Fevereiro, e alterado pela Lei nº 4-A/2003, de l9 de Fevereiro, passam a ter a seguinte redacção:
(Alterações inseridas no local próprio)

ARTIGO 2º
Tribunal Central Administrativo

1 – Com a instalação dos tribunais centrais administrativos, o Tribunal Central Administrativo é convertido num juízo liquidatário do Tribunal Central Administrativo Sul, ao qual são afectos os processos pendentes, não lhe sendo atribuídos novos processos.

2 – A partir da data da instalação dos novos tribunais centrais administrativos, consideram-se reportadas a estes tribunais, de acordo com as respectivas áreas de jurisdição, as referências que na lei processual são feitas ao Tribunal Central Administrativo.

ARTIGO 3º
Republicação

A Lei nº 13/2002, de 19 de Fevereiro, com as alterações que lhe foram introduzidas pela Lei nº 4-A/2003, de 19 de Fevereiro, e pela presente lei, é republicada em anexo.

ARTIGO 4º
Entrada em vigor

1 – Os artigos 9º e 31º do Estatuto dos Tribunais Administrativos e Fiscais, com a redacção que lhes é dada pela presente lei, entram em vigor no dia seguinte ao da sua publicação.

2 – As demais disposições contidas na presente lei entram em vigor no dia 1 de Janeiro de 2004.

Decreto-Lei nº 325/2003, de 29 de Dezembro

A Lei nº 15/2001, de 5 de Junho, determinou a transferência para o Ministério da Justiça das competências do Estado no domínio da organização administrativa dos tribunais tributários de 1ª instância, incumbindo o Governo de regular, por decreto-lei, os termos em que se processaria a transferência. Seguidamente, o novo Estatuto dos Tribunais Administrativos e Fiscais, aprovado pela Lei nº 13/2002, de 19 de Fevereiro, e cujos artigos 39º, 45º e 86º se encontram em vigor, por força do artigo 7º da Lei nº 4-A/2003, de 19 de Fevereiro, veio dar um novo enquadramento à justiça administrativa e tributária, estabelecendo os fundamentos da sua nova organização.

O presente diploma surge na sequência das opções consagradas nas referidas leis, concretizando-as no plano da definição da sede e área de jurisdição dos novos tribunais administrativos e tributários, tanto ao nível da 1ª como da 2ª instância, bem como no plano da definição do regime de organização interna dos novos tribunais administrativos de círculo e dos novos tribunais tributários.

Por outro lado, trata-se de dar resposta às questões colocadas pela instalação dos tribunais administrativos de círculo e dos tribunais tributários recentemente criados, designadamente no que se refere à situação dos magistrados e funcionários que exercem funções nos tribunais administrativos de círculo e nos tribunais tributários de 1ª instância, bem como no que respeita ao novo sistema informático dos tribunais da jurisdição administrativa e fiscal, que permitirá assegurar uma tramitação essencialmente informática dos processos.

Procede-se, ainda, em conformidade com o disposto no nº 4 do artigo 9º do novo Estatuto dos Tribunais Administrativos e Fiscais, ao desdobramento do Tribunal Central Administrativo no Tribunal Central Administrativo Norte e no Tribunal Central Administrativo Sul.

Assim:
Nos termos da alínea *a*) do nº 1 do artigo 198º da Constituição, o Governo decreta o seguinte:

CAPÍTULO I
Sede e área de jurisdição dos tribunais da jurisdição administrativa e fiscal

ARTIGO 1º
Supremo Tribunal Administrativo

1 – O Supremo Tribunal Administrativo tem sede em Lisboa e jurisdição em todo o território nacional.

2 – A organização e o funcionamento do Supremo Tribunal Administrativo são objecto de regulação em diploma próprio.

ARTIGO 2º
Tribunais centrais administrativos

1 – A área de jurisdição do Tribunal Central Administrativo Norte abrange o conjunto das áreas de jurisdição atribuídas no mapa anexo aos Tribunais Administrativos de Círculo e Tributários de Aveiro, Braga, Coimbra, Mirandela, Penafiel, Porto e Viseu [1].

2 – A área de jurisdição do Tribunal Central Administrativo Sul abrange o conjunto das áreas de jurisdição atribuídas no mapa anexo aos Tribunais Administrativos de Círculo e Tributários de Almada, Beja, Castelo Branco, Funchal, Leiria, Lisboa, Loulé, Ponta Delgada e Sintra [1].

3 – A organização e o funcionamento do Tribunal Central Administrativo Norte e do Tribunal Central Administrativo Sul são objecto de regulação em diploma próprio.

ARTIGO 3º
Tribunais administrativos de círculo e tribunais tributários

1 – Os Tribunais Administrativos de Círculo e os Tribunais Tributários têm sede em Almada, Aveiro, Beja, Braga, Castelo Branco, Coimbra, Funchal, Leiria, Lisboa, Loulé, Mirandela, Penafiel, Ponta Delgada, Porto, Sintra e Viseu [1].

---

[1] Redacção do Decreto-Lei nº 182/2007, de 9 de Maio.

2 – A área de jurisdição dos tribunais administrativos de círculo e dos tribunais tributários consta do mapa anexo ao presente diploma que dele faz parte integrante.

3 – Quando funcionem agregados, os tribunais administrativos de círculo e os tribunais tributários assumem a designação unitária de tribunais administrativos e fiscais.

4 – Nos tribunais administrativos e fiscais agregados cujo quadro de juízes seja em número superior a dois, os lugares do quadro são identificados por referência à matéria especializada, administrativa ou tributária, em que cada juiz irá exercer funções.

CAPÍTULO II
Organização e funcionamento dos tribunais da jurisdição administrativa e fiscal

ARTIGO 4º [1]
Tramitação processual

1 – A tramitação dos processos nos tribunais da jurisdição administrativa e fiscal é efectuada electronicamente em termos a definir por portaria do membro do Governo responsável pela área da justiça, devendo as disposições processuais relativas a actos dos magistrados e das secretarias judiciais ser objecto das adaptações práticas que se revelem necessárias, designadamente quanto:

a) À apresentação de peças processuais e documentos;
b) À distribuição de processos;
c) À prática, necessariamente por meios electrónicos, dos actos processuais dos magistrados e dos funcionários;
d) Aos actos, peças, autos e termos dos processos que não podem constar do processo em suporte físico;
e) À remessa ao tribunal, necessariamente por meios electrónicos, do processo administrativo;
f) Ao acesso e consulta dos processos em suporte informático.

2 – O disposto no número anterior é aplicável às citações e notificações das partes e dos mandatários judiciais, que são efectuadas electronicamente

---

[1] Redacção do Decreto-Lei nº 190/2009, de 17 de Agosto.

nos termos da lei de processo e da portaria do membro do Governo responsável pela área da justiça.

3 – Para efeitos do disposto no n.º 1, as peças processuais e os documentos apresentados pelas partes em suporte de papel são digitalizados pela secretaria judicial, nos casos e nos termos a regulamentar por portaria do Ministro da Justiça, e devolvidos ao apresentante.

4 – Os documentos que possam ser digitalizados podem ser apresentados por transmissão electrónica de dados, podendo as partes ser dispensadas de remeter ao tribunal o respectivo suporte de papel e as cópias dos mesmos, nos termos a definir por portaria do Ministro da Justiça, e devolvidos ao apresentante.

5 – O disposto nos números anteriores não prejudica o dever de exibição dos originais das peças processuais e dos documentos juntos pelas partes por transmissão electrónica de dados, sempre que o juiz o determine, nos termos da lei de processo.

6 – *(Revogado.)*

7 – *(Revogado.)*

ARTIGO 5º
Secretaria e unidades orgânicas

1 – As secretarias dos tribunais administrativos de círculo e dos tribunais tributários compreendem uma secção central, coordenada por um escrivão de direito, e uma secção de processos, constituída por unidades orgânicas igualmente coordenadas por um escrivão de direito.

2 – Os quadros das secretarias dos tribunais administrativos de círculo e dos tribunais tributários são integrados por funcionários de justiça, subordinados ao respectivo regime jurídico e ao disposto no presente diploma.

3 – Em cada unidade orgânica, o escrivão de direito é pessoalmente responsável pelo andamento dos processos que lhe estão atribuídos e dirige a actividade dos respectivos oficiais de justiça, distribuindo por eles as tarefas que, em cada momento, sejam necessárias ao bom andamento dos processos, em função do volume de trabalho a cargo de cada um e das suas aptidões específicas.

4 – A distribuição dos processos pelas diferentes unidades orgânicas é realizada por meios informáticos e a respectiva numeração obedece a um critério unitário, que não atende à existência de diferentes unidades orgânicas.

5 – Os funcionários de justiça que integram as unidades orgânicas da secção de processos podem ser temporariamente afectados a outra unidade

orgânica quando isso se revele necessário para assegurar o equilibrado andamento dos processos, devendo cada processo ser redistribuído de uma para outra unidade orgânica sempre que a aplicação informática dê indicação nesse sentido.

6 – Nos tribunais administrativos e fiscais agregados, as secretarias, as secções centrais e as secções de processos são comuns.

7 – Sem prejuízo do disposto no número anterior, nos tribunais administrativos e fiscais agregados cuja dimensão o justifique pode haver uma ou mais unidades orgânicas especializadas em matéria tributária, devendo a distribuição dos processos pelas unidades orgânicas ser efectuada em conformidade.

ARTIGO 6º
Secretário do tribunal

1 – Em cada tribunal administrativo de círculo e em cada tribunal tributário existe um secretário do tribunal, que é provido nos termos previstos para o provimento dos secretários de justiça e a quem compete:

a) Dirigir os serviços da secretaria;
b) Coordenar a actividade da secção central e da secção de processos;
c) Exercer as funções que, nos tribunais judiciais, competem aos secretários de justiça.

2 – Nos tribunais onde não exista administrador, compete ainda ao secretário do tribunal coadjuvar o presidente do tribunal no exercício das suas competências em matéria administrativa, bem como exercer as funções, próprias ou delegadas, que a lei comete aos administradores dos tribunais, designadamente nos seguintes domínios:

a) Gestão de instalações e equipamentos;
b) Gestão de recursos humanos não integrados na carreira dos oficiais de justiça;
c) Gestão orçamental e realização de despesa.

3 – Compete ao secretário do tribunal, no exercício das competências previstas no nº 1, assegurar o adequado funcionamento das unidades orgânicas da secção de processos, designadamente através da adopção das providências a que se refere o nº 5 do artigo 5º

4 – Nos tribunais administrativos e fiscais agregados, apenas existe um secretário do tribunal.

CAPÍTULO III
Disposições finais e transitórias

ARTIGO 7º
Entrada em funcionamento e definição dos quadros

1 – Os tribunais da jurisdição administrativa e fiscal previstos na presente lei entram em funcionamento na data em que for determinada a respectiva instalação, por portaria do Ministro da Justiça.

2 – Até à data do início de funcionamento de cada um dos tribunais administrativos de círculo e dos tribunais tributários previstos no presente diploma, são competentes, na respectiva área de jurisdição, os tribunais que vêm detendo tal competência.

3 – Os quadros dos tribunais da jurisdição administrativa e fiscal são fixados por portaria do Ministro das Finanças e do Ministro da Justiça.

ARTIGO 8º
Desdobramento do Tribunal Central Administrativo

1 – O Tribunal Central Administrativo é desdobrado no Tribunal Central Administrativo Norte, com sede no Porto, e no Tribunal Central Administrativo Sul, com sede em Lisboa.

2 – Os processos pendentes no Tribunal Central Administrativo à data de instalação do Tribunal Central Administrativo Norte e do Tribunal Central Administrativo Sul prosseguem os seus trâmites no Tribunal Central Administrativo Sul.

3 – Para efeitos do disposto no número anterior, é criado no Tribunal Central Administrativo Sul um juízo destinado, exclusivamente, à afectação dos processos pendentes no Tribunal Central Administrativo, a extinguir, por portaria do Ministro da Justiça, quando deixar de se justificar a sua existência.

4 – Os magistrados e funcionários de justiça que exerçam funções no Tribunal Central Administrativo à data da entrada em funcionamento dos novos Tribunais Centrais Administrativos Norte e Sul transitam automaticamente para o quadro do Tribunal Central Administrativo Sul, ficando prioritariamente afectos ao exercício de funções no juízo referido no número anterior, enquanto a evolução do movimento processual o justifique.

5 – Durante os dois primeiros anos de funcionamento, os lugares de juiz no Tribunal Central Administrativo Norte são preenchidos por transferência de juízes do Tribunal Central Administrativo Sul, cabendo ao Con-

selho Superior dos Tribunais Administrativos e Fiscais determinar o gradual preenchimento desses lugares em função da evolução do volume processual.

6 – Os juízos previstos no n.º 3 do presente artigo entram em funcionamento na data em que for determinada a respectiva instalação, por portaria do Ministro da Justiça.

ARTIGO 9º
Regime transitório dos Tribunais Administrativos de Círculo de Lisboa, Porto e Coimbra

1 – Os actuais Tribunais Administrativos de Círculo de Lisboa, do Porto e de Coimbra são extintos e convertidos no 1º Juízo dos Tribunais Administrativos de Círculo de Lisboa, do Porto e de Coimbra, respectivamente, ao qual são afectos os processos pendentes nos tribunais extintos, não lhe sendo distribuídos novos processos.

2 – Os Tribunais Administrativos de Círculo de Lisboa, do Porto e de Coimbra são constituídos, durante a primeira fase de funcionamento, por dois juízos, que funcionam em instalações separadas, dotadas de secções centrais e de secções de processos próprios.

3 – Sem prejuízo do disposto nos artigos 12º e 14º, os magistrados e funcionários de justiça que exerçam funções nos actuais Tribunais Administrativos de Círculo de Lisboa, do Porto e de Coimbra à data da entrada em funcionamento dos novos Tribunais Administrativos de Círculo de Lisboa, do Porto e de Coimbra transitam automaticamente para o quadro destes Tribunais, ficando afectos ao 1º Juízo de cada um destes Tribunais.

4 – O 1º Juízo dos Tribunais Administrativos de Círculo de Lisboa, do Porto e de Coimbra funcionará por um período que pode ir, no máximo, até dois anos, o qual, mediante portaria do Ministro da Justiça, ouvido o Conselho Superior dos Tribunais Administrativos e Fiscais, pode ser prorrogado por mais um ano.

5 – Uma vez expirado o período de tempo referido no número anterior ou a partir do momento em que, por portaria do Ministro da Justiça, mediante proposta do Conselho Superior dos Tribunais Administrativos e Fiscais, seja determinada a extinção do 1º Juízo, por já não se justificar a sua existência:

a) Os Tribunais Administrativos de Círculo de Lisboa, do Porto e de Coimbra deixam de ser constituídos por juízos;

b) O equipamento, livros, objectos, papéis e processos pendentes no 1º Juízo são transferidos para as instalações onde funciona o 2º Juízo;

c) Os juízes que ainda se encontrem afectos ao 1º Juízo passam a exercer funções nas instalações onde funciona o 2º Juízo e a ser incluídos na distribuição dos processos novos, sem que haja lugar à redistribuição dos processos que lhes estejam atribuídos.

6 – Os juízes previstos no presente artigo entram em funcionamento na data em que for determinada a respectiva instalação, por portaria do Ministro da Justiça.

ARTIGO 10º
Extinção dos tribunais tributários de 1ª instância e processos pendentes

1 – A entrada em funcionamento dos novos tribunais tributários implica a extinção automática dos tribunais tributários de 1ª instância existentes na respectiva área de jurisdição.

2 – Os livros, processos e papéis findos, assim como os que se encontrem pendentes em cada tribunal tributário de 1ª instância à data da respectiva extinção, transitam para o novo tribunal tributário da correspondente área de jurisdição.

3 – Os processos pendentes nos juízos tributários de Lisboa e Porto são redistribuídos pelos Tribunais Tributários de Lisboa, de Loures e de Sintra, e do Porto e de Penafiel, respectivamente, de acordo com as novas regras de competência territorial.

ARTIGO 11º
Juízes dos tribunais administrativos de círculo e dos tribunais tributários de 1ª instância

1 – Os juízes que exerçam funções nos tribunais administrativos de círculo e nos tribunais tributários de 1ª instância existentes à data da entrada em funcionamento dos novos tribunais podem concorrer aos lugares do quadro destes tribunais, sendo a graduação determinada de acordo com a respectiva classificação de serviço e, dentro desta, segundo o critério da antiguidade.

2 – Têm preferência no primeiro provimento nos novos tribunais, para os efeitos previstos no número anterior, os juízes que exerçam funções nos tribunais administrativos de círculo e tributários de 1ª instância existentes na correspondente área de jurisdição à data da entrada em funcionamento daqueles tribunais.

3 – Os juízes em funções nos actuais tribunais Administrativos de Círculo de Lisboa, do Porto e de Coimbra que forem providos em novos tribunais,

ao abrigo do disposto nos números anteriores, mantêm-se em exercício de funções no 1º Juízo dos Tribunais Administrativos de Círculo de Lisboa, do Porto e de Coimbra, em regime de destacamento, até que o Conselho Superior dos Tribunais Administrativos e Fiscais, tendo em conta o movimento processual, determine a cessação desse regime.

ARTIGO 12º
Magistrados do Ministério Público

1 – Os magistrados do Ministério Público em funções nos tribunais administrativos de círculo e nos tribunais tributários de 1ª instância existentes à data da entrada em funcionamento dos novos tribunais podem concorrer aos lugares de quadro destes tribunais, nos termos dos nºs 1 e 2 do artigo anterior.

2 – Os magistrados do Ministério Público em funções nos actuais Tribunais Administrativos de Círculo de Lisboa, do Porto e de Coimbra que forem providos em novos tribunais, ao abrigo do disposto no número anterior, mantêm-se em exercício de funções no 1º Juízo dos Tribunais Administrativos de Círculo de Lisboa, do Porto e de Coimbra, em regime de destacamento, até que o Conselho Superior do Ministério Público, tendo em conta o movimento processual, determine a cessação desse regime.

3 – Os magistrados do Ministério Público que não sejam providos nos novos tribunais podem ser nomeados para o exercício de outras funções pelo Conselho Superior do Ministério Público.

ARTIGO 13º
Funcionários dos tribunais administrativos de círculo

1 – Os funcionários que exerçam funções nos tribunais administrativos de círculo à data da entrada em funcionamento dos novos tribunais podem concorrer a lugares do quadro destes tribunais, sendo a preferência no respectivo provimento determinada de acordo com a respectiva classificação de serviço e, dentro desta, segundo o critério da antiguidade na categoria.

2 – Têm preferência no primeiro provimento, para efeitos do disposto no número anterior, os funcionários que exerçam funções nos tribunais administrativos de círculo existentes na correspondente área de jurisdição à data da entrada em funcionamento dos novos tribunais.

3 – Os funcionários em serviço nos Tribunais Administrativos de Círculo de Lisboa, do Porto e de Coimbra que forem providos nos novos tribunais

ao abrigo do disposto nos números anteriores só podem assumir os novos lugares, que para o efeito ficam cativados, no momento em que, em função do movimento processual e segundo as regras de prioridade, venham a ser desafectados de funções no 1º Juízo dos Tribunais Administrativos de Círculo de Lisboa, do Porto e de Coimbra, para o qual transitaram, nos termos do artigo 9º

ARTIGO 14º
Transição de funcionários dos tribunais tributários de 1ª instância

1 – Até ao 90º dia subsequente à entrada em vigor do presente diploma, os funcionários que exerçam funções nos tribunais tributários de 1ª instância há pelo menos um ano podem optar, mediante a apresentação de requerimento dirigido ao Ministro da Justiça, pela transição para os quadros de pessoal dos funcionários da justiça, nos termos do Decreto-Lei nº 497/99, de 19 de Novembro.

2 – Os funcionários da Direcção-Geral dos Impostos que exerçam funções nos tribunais tributários de 1ª instância extintos pelo presente diploma e que não optem pela transição referida no número anterior podem ser afectos ao quadro dos novos tribunais, mediante destacamento, nos termos do Decreto-Lei nº 427/89, de 7 de Dezembro, mantendo todos os direitos e regalias, designadamente remuneratórias, inerentes ao lugar de origem.

ARTIGO 15º
Critérios de preenchimento dos quadros de juízes

1 – O preenchimento dos lugares de juiz processa-se de forma gradual, a determinar por portaria do Ministro da Justiça, mediante proposta do Conselho Superior dos Tribunais Administrativos e Fiscais, de acordo com as necessidades de funcionamento dos novos tribunais.

2 – Os juízes recrutados para os tribunais da jurisdição administrativa e fiscal no âmbito do concurso especial realizado para o efeito que não tenham vaga nesses tribunais no momento da respectiva colocação em lugar de primeira nomeação são nomeados juízes auxiliares pelo Conselho Superior dos Tribunais Administrativos e Fiscais nos tribunais cujo movimento o justifique.

3 – Para efeitos do disposto no número anterior, são realizados concursos em que, para efeitos da determinação do local de colocação, se atende às preferências manifestadas, segundo a ordem pela qual os novos juízes figurem

na lista de graduação homologada pelo Conselho Superior dos Tribunais Administrativos e Fiscais no termo da primeira fase de formação teórica do respectivo concurso de recrutamento.

4 – Na medida em que isso se revele necessário para dar resposta a situações de desequilíbrio no volume de trabalho existente nos diferentes tribunais administrativos de círculo e dos tribunais tributários, o Conselho Superior dos Tribunais Administrativos e Fiscais pode determinar a redistribuição de processos pendentes nos tribunais de Lisboa e Porto a juízes providos nos novos Tribunais Administrativos de Círculo e Tributários de Sintra, de Loures e de Almada, e de Penafiel e de Braga, respectivamente.

ARTIGO 16º
Magistrados do Ministério Público

O preenchimento dos lugares de magistrado do Ministério Público processa-se de forma gradual, a determinar por portaria do Ministro da Justiça, mediante proposta do Conselho Superior do Ministério Público, de acordo com as necessidades de funcionamento dos novos tribunais.

ARTIGO 17º
Critérios de preenchimento dos quadros de funcionários de justiça

1 – O quadro inicial dos funcionários de justiça, a fixar pela portaria mencionada no nº 1 do artigo 15º, é revisto em função do preenchimento gradual dos lugares de juiz a que se refere o mesmo artigo.

2 – A partir da publicação da portaria mencionada no nº 1, pode proceder-se à nomeação gradual de funcionários para o quadro dos tribunais da jurisdição administrativa e fiscal, a qual, sendo efectuada antes de 1 de Janeiro de 2004, apenas produz efeitos na data de instalação dos tribunais.

3 – Durante o período de dois anos a contar do início de funcionamento de cada um dos novos tribunais da jurisdição administrativa e fiscal, apenas é preenchida metade dos lugares do quadro da respectiva secretaria e serviços de apoio, sendo os restantes providos em regime de destacamento ou requisição por funcionários de justiça ou por funcionários com experiência em tribunais da jurisdição administrativa e fiscal.

ARTIGO 18º
Entrada em vigor

O presente diploma entra em vigor no dia seguinte ao da sua publicação.

MAPA ANEXO
Áreas de jurisdição dos Tribunais Administrativos de Círculo e Tributários

Almada:
  Sede: Almada.
  Municípios de Alcochete, Almada, Barreiro, Moita, Montijo, Palmela, Seixal, Sesimbra e Setúbal.

Aveiro [1]:
  Sede: Aveiro.
  Municípios de Águeda, Albergaria-a-Velha, Anadia, Arouca, Aveiro, Espinho, Estarreja, Ílhavo, Mealhada, Murtosa, Oliveira de Azeméis, Oliveira do Bairro, Ovar, Santa Maria da Feira, São João da Madeira, Sever do Vouga, Vagos e Vale de Cambra.

Beja:
  Sede: Beja.
  Municípios de Alandroal, Alcácer do Sal, Aljustrel, Almodôvar, Alvito, Arraiolos, Barrancos, Beja, Borba, Castro Verde, Cuba, Estremoz, Évora, Ferreira do Alentejo, Grândola, Mértola, Montemor-o-Novo, Mora, Moura, Mourão, Odemira, Ourique, Portel, Redondo, Reguengos de Monsaraz, Santiago do Cacém, Serpa, Sines, Vendas Novas, Viana do Alentejo, Vidigueira e Vila Viçosa.

Braga:
  Sede: Braga.
  Municípios de Amares, Arcos de Valdevez, Barcelos, Braga, Cabeceiras de Basto, Caminha, Celorico de Basto, Esposende, Fafe, Felgueiras, Guimarães, Melgaço, Monção, Paredes de Coura, Ponte da Barca, Ponte de Lima, Póvoa de Lanhoso, Terras de Bouro, Valença, Viana do Castelo, Vieira do Minho, Vila Nova de Cerveira, Vila Nova de Famalicão, Vila Verde e Vizela.

Castelo Branco:
  Sede: Castelo Branco.
  Municípios de Aguiar da Beira, Almeida, Alter do Chão, Arronches, Avis, Belmonte, Campo Maior, Castelo Branco, Celorico da Beira, Castelo de Vide, Covilhã, Crato, Elvas, Figueira de Castelo Rodrigo, Fornos de Algodres, Fronteira, Fundão, Gavião, Gouveia, Guarda, Idanha-a-Nova, Manteigas, Marvão, Meda, Monforte, Nisa, Oleiros, Penamacor, Pinhel, Ponte de Sor, Portalegre, Proença-a-Nova, Sabugal, Seia, Sertã, Sousel, Trancoso, Vila de Rei, Vila Nova de Foz Côa e Vila Velha de Ródão.

---

[1] Redacção do Decreto-Lei nº 182/2007, de 9 de Maio.

Coimbra:
: Sede: Coimbra.
: Municípios de Arganil, Cantanhede, Coimbra, Condeixa-a-Nova, Figueira da Foz, Góis, Lousã, Mira, Miranda do Corvo, Montemor-o-Velho, Oliveira do Hospital, Pampilhosa da Serra, Penacova, Penela, Soure, Tábua e Vila Nova de Poiares.

Funchal:
: Sede: Funchal.
: Municípios de Calheta, Câmara de Lobos, Funchal, Machico, Ponta do Sol, Porto Moniz, Porto Santo, Ribeira Brava, Santa Cruz, Santana e São Vicente.

Leiria:
: Sede: Leiria.
: Municípios de Abrantes, Alcanena, Alcobaça, Almeirim, Alpiarça, Alvaiázere, Ansião, Batalha, Benavente, Bombarral, Caldas da Rainha, Cartaxo, Castanheira de Pêra, Chamusca, Constância, Coruche, Entroncamento, Ferreira do Zêzere, Figueiró dos Vinhos, Golegã, Leiria, Mação, Marinha Grande, Nazaré, Óbidos, Ourém, Pedrógão Grande, Peniche, Pombal, Porto de Mós, Rio Maior, Salvaterra de Magos, Santarém, Sardoal, Tomar, Torres Novas e Vila Nova da Barquinha.

Lisboa [1]:
: Sede: Lisboa.
: Municípios de Alenquer, Arruda dos Vinhos, Azambuja, Cadaval, Lisboa, Loures, Lourinhã, Mafra, Odivelas, Sobral de Monte Agraço, Torres Vedras e Vila Franca de Xira.

Loulé:
: Sede: Loulé.
: Municípios de Albufeira, Alcoutim, Aljezur, Castro Marim, Faro, Lagoa, Lagos, Loulé, Monchique, Olhão, Portimão, São Brás de Alportel, Silves, Tavira, Vila do Bispo e Vila Real de Santo António.

Mirandela:
: Sede: Mirandela.
: Municípios de Alfândega da Fé, Alijó, Boticas, Chaves, Bragança, Carrazeda de Ansiães, Freixo de Espada à Cinta, Macedo de Cavaleiros, Mesão Frio, Miranda do Douro, Mirandela, Mogadouro, Mondim de Basto, Montalegre, Murça, Peso da Régua, Ribeira de Pena, Sabrosa, Santa Marta de Penaguião, Torre de Moncorvo, Valpaços, Vila Flor, Vila Pouca de Aguiar, Vila Real, Vimioso e Vinhais.

---

[1] Redacção do Decreto-Lei nº 182/2007, de 9 de Maio.

Penafiel:
:   Sede: Penafiel.
    Municípios de Amarante, Baião, Castelo de Paiva, Lousada, Marco de Canaveses, Paços de Ferreira, Paredes, Penafiel, Santo Tirso, Trofa e Valongo.

Ponta Delgada:
:   Sede: Ponta Delgada.
    Municípios de Angra do Heroísmo, Calheta, Corvo, Horta, Lajes das Flores, Lagoa, Lajes do Pico, Madalena, Nordeste, Ponta Delgada, Povoação, Praia da Vitória, Ribeira Grande, Santa Cruz das Flores, Santa Cruz da Graciosa, São Roque do Pico, Velas, Vila Franca do Campo e Vila do Porto.

Porto:
:   Sede: Porto.
    Municípios de Gondomar, Maia, Matosinhos, Porto, Póvoa de Varzim, Vila do Conde e Vila Nova de Gaia.

Sintra:
:   Sede: Sintra.
    Municípios de Sintra, Amadora, Cascais e Oeiras.

Viseu [1]:
:   Sede: Viseu.
    Municípios de Armamar, Carregal do Sal, Castro Daire, Cinfães, Lamego, Mangualde, Moimenta da Beira, Mortágua, Nelas, Oliveira de Frades, Penalva do Castelo, Penedono, Resende, Santa Comba Dão, São João da Pesqueira, São Pedro do Sul, Sátão, Sernancelhe, Tabuaço, Tarouca, Tondela, Vila Nova de Paiva, Viseu e Vouzela.

---

[1] Redacção do Decreto-Lei nº 182/2007, de 9 de Maio.

Decreto-Lei nº 166/2009, de 31 de Julho

Com a aprovação da Lei nº 52/2008, de 28 de Agosto – Lei de Organização e Funcionamento dos Tribunais Judiciais (LOFTJ) –, foi alterado o modelo de distribuição de competências entre os tribunais judiciais, prevendo-se o desdobramento dos juízes em três níveis de especialização assentes na matéria e no valor das causas. Esta medida visou uma maior especialização judicial, à qual estão associados maiores níveis de eficácia na gestão dos conflitos e de celeridade na resolução dos mesmos.

Na jurisdição administrativa e fiscal existe um nível mínimo de especialização, uma vez que, ao nível da 1ª instância está já prevista uma divisão entre matéria administrativa (tribunais administrativos de círculo) e fiscal (tribunais tributários). E, em matéria administrativa, encontra-se também prevista, no Estatuto dos Tribunais Administrativos e Fiscais, a possibilidade de criação de tribunais administrativos especializados. O mesmo não sucede, contudo, em matéria fiscal.

Ora, é precisamente no âmbito da acção tributária que os objectivos de eficiência e celeridade se revelam cruciais para uma boa administração da justiça, tendo em consideração que, quer na perspectiva da administração fiscal, quer na perspectiva dos cidadãos, a demora na recuperação de créditos pode revelar-se extremamente prejudicial, face aos prazos prescricionais aplicáveis.

Pelo que a instituição de juízos de competência especializada fiscal desdobrados em níveis de especialização assentes em critérios relacionados com a natureza das acções, a complexidade ou o valor das mesmas, apresenta sérias vantagens, principalmente no actual cenário político-económico.

Estas vantagens foram, precisamente, ponderadas pela Assembleia da República na Lei do Orçamento de Estado, Lei nº 64-A/2008, de 31 de Dezembro, através de uma autorização legislativa concedida ao Governo para alterar o Estatuto dos Tribunais Administrativos e Fiscais no sentido de ser possível o desdobramento dos tribunais tributários.

Por outro lado, na mesma autorização legislativa se prevê a criação de um gabinete de apoio aos magistrados, à semelhança do se previu, na LOFTJ de 2008, para os tribunais das comarcas judiciais.

Cumpre, então, dar concretização à referida autorização legislativa, estabelecendo um enquadramento legal que permita:

a) O desdobramento dos tribunais tributários, quando o volume processual o justifique, até três níveis de especialização;

b) A definição da competência dos juízos referidos na alínea anterior em função do valor das acções e da matéria; e

c) A criação de um gabinete de assessoria técnica aos magistrados.

Foi ouvido o Conselho Superior dos Tribunais Administrativos e Fiscais. Assim:

No uso da autorização legislativa concedida pelo artigo 125º da Lei nº 64-A/ /2008, de 31 de Dezembro, e nos termos da alínea *b*) do nº 1 do artigo 198º da Constituição, o Governo decreta o seguinte:

CAPÍTULO I
Disposições gerais

ARTIGO 1º
Objecto

O presente decreto-lei consagra a possibilidade de desdobramento dos tribunais tributários em três níveis de especialização e prevê a criação de gabinetes de apoio aos magistrados da jurisdição administrativa e fiscal, alterando, para tal, o Estatuto dos Tribunais Administrativos e Fiscais.

ARTIGO 2º
Alteração ao Estatuto dos Tribunais Administrativos e Fiscais

Os artigos 9º, 49º e 56º do Estatuto dos Tribunais Administrativos e Fiscais, aprovado pela Lei nº 13/2002, de 19 de Fevereiro, alterada pelas Leis nºs 4-A/2003, de 19 de Fevereiro, 107-D/2003, de 31 de Dezembro, 1/2008, de 14 de Janeiro, 2/2008, de 14 de Janeiro, 26/2008, de 27 de Junho, 52/2008, de 28 de Agosto, e 59/2008, de 11 de Setembro, passam a ter a seguinte redacção:

(Alterações inseridas no local próprio)

ARTIGO 3º
Aditamento ao Estatuto dos Tribunais Administrativos e Fiscais

São aditados ao Estatuto dos Tribunais Administrativos e Fiscais, aprovado pela Lei nº 13/2002, de 19 de Fevereiro, alterada pelas Leis nºs 4-A//2003, de 19 de Fevereiro, 107-D/2003, de 31 de Dezembro, 1/2008, de 14 de Janeiro, 2/2008, de 14 de Janeiro, 26/2008, de 27 de Junho, 52/2008, de 28 de Agosto, e 59/2008, de 11 de Setembro, os artigos 9º-A, 49º-A e 56º-A, com a seguinte redacção:

(Alterações inseridas no local próprio)

CAPÍTULO II
Disposições finais e transitórias

ARTIGO 4º
Gabinetes de apoio

1 – Os serviços do gabinete de apoio referidos no artigo 56º-A do Estatuto dos Tribunais Administrativos e Fiscais são progressivamente instalados e dotados de meios e recursos humanos, pelo Conselho Superior dos Tribunais Administrativos e Fiscais, considerados o volume e a especial complexidade do serviço.

2 – Durante o ano de 2010, os serviços do gabinete de apoio são dotados de meios e recursos humanos por portaria conjunta dos membros do Governo responsáveis pelas áreas das finanças, da Administração Pública e da justiça.

ARTIGO 5º
Regulamentação

As portarias referidas no presente decreto-lei são aprovadas nos 180 dias após a respectiva entrada em vigor.

ARTIGO 6º
Entrada em vigor

O presente decreto-lei entra em vigor a 1 de Janeiro de 2010.

Estatuto dos Tribunais Administrativos e Fiscais

TÍTULO I
Tribunais administrativos e fiscais

CAPÍTULO I
Disposições gerais

ARTIGO 1º
Jurisdição administrativa e fiscal

1 – Os tribunais da jurisdição administrativa e fiscal são os órgãos de soberania com competência para administrar a justiça em nome do povo, nos litígios compreendidos pelo âmbito de jurisdição previsto no artigo 4º deste Estatuto.

2 – Nos feitos submetidos a julgamento, os tribunais da jurisdição administrativa e fiscal não podem aplicar normas que infrinjam o disposto na Constituição ou os princípios nela consignados.

ARTIGO 2º
Independência

Os tribunais da jurisdição administrativa e fiscal são independentes e apenas estão sujeitos à lei e ao Direito.

ARTIGO 3º
Garantias de independência

1 – Os juízes da jurisdição administrativa e fiscal são inamovíveis, não podendo ser transferidos, suspensos, aposentados ou demitidos senão nos casos previstos na lei.

2 – Os juízes da jurisdição administrativa e fiscal podem incorrer em responsabilidade pelas suas decisões exclusivamente nos casos previstos na lei.

3 – Os juízes da jurisdição administrativa e fiscal estão sujeitos às incompatibilidades estabelecidas na Constituição e na lei e regem-se pelo estatuto dos magistrados judiciais, nos aspectos não previstos nesta lei.

ARTIGO 4º
Âmbito da jurisdição

1 – Compete aos tribunais da jurisdição administrativa e fiscal a apreciação de litígios que tenham por objeto questões relativas a:

a) Tutela de direitos fundamentais e outros direitos e interesses legalmente protegidos, no âmbito de relações jurídicas administrativas e fiscais;

b) Fiscalização da legalidade das normas e demais atos jurídicos emanados por órgãos da Administração Pública, ao abrigo de disposições de direito administrativo ou fiscal;

c) Fiscalização da legalidade de atos administrativos praticados por quaisquer órgãos do Estado ou das Regiões Autónomas não integrados na Administração Pública;

d) Fiscalização da legalidade das normas e demais atos jurídicos praticados por quaisquer entidades, independentemente da sua natureza, no exercício de poderes públicos;

e) Validade de atos pré-contratuais e interpretação, validade e execução de contratos administrativos ou de quaisquer outros contratos celebrados nos termos da legislação sobre contratação pública, por pessoas coletivas de direito público ou outras entidades adjudicantes;

f) Responsabilidade civil extracontratual das pessoas coletivas de direito público, incluindo por danos resultantes do exercício das funções política, legislativa e jurisdicional, sem prejuízo do disposto na alínea *a)* do nº 4 do presente artigo;

g) Responsabilidade civil extracontratual dos titulares de órgãos, funcionários, agentes, trabalhadores e demais servidores públicos, incluindo ações de regresso;

h) Responsabilidade civil extracontratual dos demais sujeitos aos quais seja aplicável o regime específico da responsabilidade do Estado e demais pessoas coletivas de direito público;

i) Condenação à remoção de situações constituídas em via de facto, sem título que as legitime;

j) Relações jurídicas entre pessoas coletivas de direito público ou entre órgãos públicos, reguladas por disposições de direito administrativo ou fiscal;

k) Prevenção, cessação e reparação de violações a valores e bens constitucionalmente protegidos, em matéria de saúde pública, habitação, educação, ambiente, ordenamento do território, urbanismo, qualidade de vida, património cultural e bens do Estado, quando cometidas por entidades públicas;

l) Impugnações judiciais de decisões da Administração Pública que apliquem coimas no âmbito do ilícito de mera ordenação social por violação de normas de direito administrativo em matéria de urbanismo;

m) Contencioso eleitoral relativo a órgãos de pessoas coletivas de direito público para que não seja competente outro tribunal;

n) Execução da satisfação de obrigações ou respeito por limitações decorrentes de atos administrativos que não possam ser impostos coercivamente pela Administração;

o) Relações jurídicas administrativas e fiscais que não digam respeito às matérias previstas nas alíneas anteriores.

2 – Pertence à jurisdição administrativa e fiscal a competência para dirimir os litígios nos quais devam ser conjuntamente demandadas entidades públicas e particulares entre si ligados por vínculos jurídicos de solidariedade, designadamente por terem concorrido em conjunto para a produção dos mesmos danos ou por terem celebrado entre si contrato de seguro de responsabilidade.

3 – Está nomeadamente excluída do âmbito da jurisdição administrativa e fiscal a apreciação de litígios que tenham por objeto a impugnação de:

a) Atos praticados no exercício da função política e legislativa;

b) Decisões jurisdicionais proferidas por tribunais não integrados na jurisdição administrativa e fiscal;

c) Atos relativos ao inquérito e instrução criminais, ao exercício da ação penal e à execução das respetivas decisões.

4 – Estão igualmente excluídas do âmbito da jurisdição administrativa e fiscal:

a) A apreciação das ações de responsabilidade por erro judiciário cometido por tribunais pertencentes a outras ordens de jurisdição, assim como das correspondentes ações de regresso;

b) A apreciação de litígios decorrentes de contratos de trabalho, ainda que uma das partes seja uma pessoa coletiva de direito público, com exceção dos litígios emergentes do vínculo de emprego público;

c) A apreciação de atos materialmente administrativos praticados pelo Conselho Superior da Magistratura e seu Presidente;

d) A fiscalização de atos materialmente administrativos praticados pelo Presidente do Supremo Tribunal de Justiça.

ARTIGO 5º
Fixação da competência

1 – A competência dos tribunais da jurisdição administrativa e fiscal fixa-se no momento da propositura da causa, sendo irrelevantes as modificações de facto e de direito que ocorram posteriormente.

2 – Existindo, no mesmo processo, decisões divergentes sobre questão de competência, prevalece a do tribunal de hierarquia superior.

ARTIGO 6º
Alçada

1 – Os tribunais da jurisdição administrativa e fiscal têm alçada.

2 – A alçada dos tribunais tributários corresponde a um quarto da que se encontra estabelecida para os tribunais judiciais de 1ª instância.

3 – A alçada dos tribunais administrativos de círculo corresponde àquela que se encontra estabelecida para os tribunais judiciais de 1ª instância.

4 – A alçada dos tribunais centrais administrativos corresponde à que se encontra estabelecida para os tribunais da Relação.

5 – Nos processos em que exerçam competências de 1ª instância, a alçada dos tribunais centrais administrativos e do Supremo Tribunal Administrativo corresponde, para cada uma das suas secções, respetivamente à dos tribunais administrativos de círculo e à dos tribunais tributários.

6 – A admissibilidade dos recursos por efeito das alçadas é regulada pela lei em vigor ao tempo em que seja instaurada a ação.

ARTIGO 7º
Direito subsidiário

No que não esteja especialmente regulado, são subsidiariamente aplicáveis aos tribunais da jurisdição administrativa e fiscal, com as devidas adaptações, as disposições relativas aos tribunais judiciais.

CAPÍTULO II
Organização e funcionamento dos tribunais administrativos e fiscais

ARTIGO 8º
Órgãos da jurisdição administrativa e fiscal

São órgãos da jurisdição administrativa e fiscal:

a) O Supremo Tribunal Administrativo;
b) Os tribunais centrais administrativos;
c) Os tribunais administrativos de círculo e os tribunais tributários.

ARTIGO 9º
Constituição, desdobramento e agregação dos tribunais administrativos

1 – Os tribunais administrativos de círculo podem ser desdobrados em juízos e estes podem funcionar em local diferente da sede, dentro da respetiva área de jurisdição.

2 – Os tribunais administrativos de círculo e os tribunais tributários podem também funcionar de modo agregado, assumindo, cada um deles, a designação de tribunal administrativo e fiscal.

3 – O desdobramento ou agregação previstos nos números anteriores são determinados por portaria do Ministro da Justiça, sob proposta do Conselho Superior dos Tribunais Administrativos e Fiscais.

4 – Os presidentes dos tribunais administrativos de círculo são nomeados pelo Conselho Superior dos Tribunais Administrativos e Fiscais, para um mandato de três anos, que pode ser renovado por uma só vez, mediante avaliação favorável, resultante de auditoria sobre os termos em que foram exercidos os poderes de gestão do movimento processual do tribunal, a realizar por entidade externa, designada para o efeito pelo Conselho Superior dos Tribunais Administrativos e Fiscais.

5 – A nomeação a que se refere o número anterior, para o exercício de funções de presidente dos tribunais administrativos de círculo com mais de três juízes, pressupõe habilitação prévia com curso de formação próprio ministrado pelo Centro de Estudos Judiciários, com identificação das respetivas áreas de competência, nos termos a definir por portaria do membro do Governo responsável pela área da justiça, que aprova o respetivo regulamento.

6 – No caso previsto no nº 3, o tribunal administrativo e fiscal dispõe de um único presidente, designado pelo Conselho Superior dos Tribunais Administrativos e Fiscais.

7 – Mediante decreto-lei, podem ser criadas secções especializadas ou tribunais especializados.

ARTIGO 9º-A
Desdobramento dos tribunais tributários

1 – Os tribunais tributários podem ser desdobrados, por decreto-lei, quando o volume ou a complexidade do serviço o justifiquem, em juízos especializados e estes podem funcionar em local diferente da sede, dentro da respetiva área de jurisdição.

2 – Podem ser criados os seguintes juízos de competência especializada tributária:

a) Juízo de pequena instância tributária;

b) Juízo de média instância tributária;
c) Juízo de grande instância tributária.

3 – Aos juízos de competência especializada tributária pode ser atribuída, por decreto-lei, jurisdição alargada em função da complexidade e do volume de serviço.

4 – Podem ser criados juízos de média e pequena instância tributária, quando o volume do serviço o aconselhar.

5 – Podem ainda ser criados, por decreto-lei, secções especializadas em função da matéria ou valor das ações, nos tribunais superiores.

ARTIGO 10º
Turnos

A existência e organização de turnos de juízes para assegurar o serviço urgente rege-se, com as devidas adaptações, pelo disposto na lei a respeito dos tribunais judiciais.

CAPÍTULO III
Supremo Tribunal Administrativo

SECÇÃO I
Disposições gerais

ARTIGO 11º
Sede, jurisdição e funcionamento

1 – O Supremo Tribunal Administrativo é o órgão superior da hierarquia dos tribunais da jurisdição administrativa e fiscal.

2 – O Supremo Tribunal Administrativo tem sede em Lisboa e jurisdição em todo o território nacional.

ARTIGO 12º
Funcionamento e poderes de cognição

1 – O Supremo Tribunal Administrativo funciona por secções e em plenário.

2 – O Supremo Tribunal Administrativo compreende duas secções, uma de contencioso administrativo e outra de contencioso tributário, que funcionam em formação de três juízes ou em pleno.

3 – O plenário e o pleno de cada secção apenas conhecem de matéria de direito.

4 – A Secção de Contencioso Administrativo conhece apenas de matéria de direito nos recursos de revista.

5 – A Secção de Contencioso Tributário conhece apenas de matéria de direito nos recursos diretamente interpostos de decisões proferidas pelos tribunais tributários.

ARTIGO 13º
Presidência

1 – O Supremo Tribunal Administrativo tem um presidente, que é coadjuvado por dois vice-presidentes, eleitos de modo e por períodos idênticos aos previstos para aquele.

2 – Um vice-presidente é eleito de entre e pelos juízes da Secção de Contencioso Administrativo, sendo o outro vice-presidente eleito de entre e pelos juízes da Secção de Contencioso Tributário.

ARTIGO 14º
Composição das secções

1 – Cada Secção do Supremo Tribunal Administrativo é composta pelo presidente do Tribunal, pelo respetivo vice-presidente e pelos restantes juízes para ela nomeados.

2 – Cada uma das secções pode dividir-se por subsecções, às quais se aplica o disposto para a secção respetiva.

ARTIGO 15º
Preenchimento das Secções

1 – Os juízes são nomeados para cada uma das secções e distribuídos pelas subsecções respetivas, se as houver.

2 – O Presidente do Tribunal pode determinar que um juiz seja agregado a outra secção, a fim de acorrer a necessidades temporárias de serviço, com ou sem dispensa ou redução do serviço da secção de que faça parte, conforme os casos.

3 – A agregação pode ser determinada para o exercício integral de funções ou apenas para as de relator ou de adjunto.

4 – O juiz que mude de secção mantém a sua competência nos processos já inscritos para julgamento em que seja relator e naqueles em que, como adjunto, já tenha aposto o seu visto para julgamento.

ARTIGO 16º
Sessões de julgamento

1 – As sessões de julgamento realizam-se nos mesmos termos e condições

que no Supremo Tribunal de Justiça, sendo aplicável, com as devidas adaptações, o disposto quanto a este Tribunal.

2 – O Presidente do Supremo Tribunal Administrativo pode determinar que em certas sessões de julgamento intervenham todos os juízes da secção, quando o considere necessário ou conveniente para assegurar a uniformidade da jurisprudência.

3 – Na falta ou impedimento do Presidente e dos vice-presidentes, a presidência das sessões é assegurada pelo juiz mais antigo que se encontre presente.

4 – Quando esteja em causa a impugnação de deliberação do Conselho Superior dos Tribunais Administrativos e Fiscais ou decisão do seu Presidente, a sessão realiza-se sem a presença do Presidente do Supremo Tribunal Administrativo, sendo presidida pelo mais antigo dos vice-presidentes que não seja membro do Conselho Superior dos Tribunais Administrativos e Fiscais ou pelo juiz mais antigo que se encontre presente.

ARTIGO 17º
Formações de julgamento

1 – O julgamento em cada secção compete ao relator e a dois juízes.

2 – O julgamento no pleno compete ao relator e aos demais juízes em exercício na secção.

3 – O pleno da secção só pode funcionar com a presença de, pelo menos, dois terços dos juízes.

4 – Salvo no caso de recurso para a uniformização de jurisprudência ou quando tal seja necessário à observância do disposto no número anterior, não podem intervir no julgamento no Pleno os juízes que tenham votado a decisão recorrida.

5 – As decisões são tomadas em conferência.

6 – Nos processos da competência do Pleno da Secção, dos despachos do relator que versem apenas sobre questões processuais e não ponham termo ao processo cabe reclamação para uma formação de cinco juízes, designados anualmente de entre os mais antigos pelo Presidente do Tribunal.

ARTIGO 18º
Adjuntos

1 – Entre os juízes que integram cada formação de julgamento deve existir uma diferença de três posições quanto ao lugar que lhes corresponde na escala da distribuição no Tribunal ou na secção, sendo a contagem dos lugares realizada a partir da posição que corresponde ao relator.

2 – Cada adjunto é substituído, em caso de falta ou impedimento, pelo juiz que imediatamente se lhe segue.

ARTIGO 19º
Eleição do Presidente e dos vice-presidentes

1 – O Presidente do Supremo Tribunal Administrativo é eleito, por escrutínio secreto, pelos juízes em exercício efetivo de funções no Tribunal.

2 – Os vice-presidentes são eleitos, por escrutínio secreto, pelos juízes que exerçam funções na secção respetiva e de entre os que se encontrem nas condições referidas no número anterior.

3 – É eleito o juiz que obtenha mais de metade dos votos validamente expressos e, se nenhum obtiver esse número de votos, procede-se a segunda votação, apenas entre os dois juízes mais votados.

4 – Em caso de empate, são admitidos a segundo sufrágio os dois juízes mais antigos que tenham sido mais votados e, verificando-se novo empate, considera-se eleito o juiz mais antigo.

ARTIGO 20º
Duração do mandato

1 – O mandato do Presidente e dos vice-presidentes do Supremo Tribunal Administrativo tem a duração de cinco anos, sem lugar a reeleição.

2 – O Presidente e os vice-presidentes mantêm-se em funções até à tomada de posse dos novos eleitos.

ARTIGO 21º
Substituição do Presidente e dos vice-presidentes

1 – O Presidente é substituído pelo vice-presidente mais antigo.

2 – Na ausência, falta ou impedimento do Presidente e dos vice-presidentes, a substituição cabe ao juiz mais antigo no Tribunal.

ARTIGO 22º
Gabinete do Presidente

1 – Junto do Presidente funciona um gabinete dirigido por um chefe de gabinete e composto por adjuntos e secretários pessoais, em número e com estatuto definidos na lei.

2 – O Gabinete coadjuva o Presidente no exercício das suas funções administrativas e presta-lhe assessoria técnica.

ARTIGO 23º
Competência do Presidente

1 – Compete ao Presidente do Supremo Tribunal Administrativo:

a) Representar o Tribunal e assegurar as suas relações com os demais órgãos de soberania e quaisquer autoridades;

b) Dirigir o Tribunal, superintender nos seus serviços e assegurar o seu funcionamento normal, emitindo as ordens de serviço que tenha por necessárias;

c) Propor ao Conselho Superior dos Tribunais Administrativos e Fiscais os critérios que devem presidir à distribuição, no respeito pelo princípio do juiz natural;

d) Planear e organizar os recursos humanos do Tribunal, assegurando uma equitativa distribuição de processos pelos juízes e o acompanhamento do seu trabalho;

e) Providenciar pela redistribuição equitativa dos processos, no caso de alteração do número de juízes;

f) Determinar os casos em que, por razões de uniformização de jurisprudência, no julgamento devem intervir todos os juízes da secção;

g) Fixar o dia e a hora das sessões;

h) Presidir às sessões e apurar o vencimento nas conferências;

i) Votar as decisões, em caso de empate;

j) Assegurar o andamento dos processos no respeito pelos prazos estabelecidos, podendo determinar a substituição provisória do relator, por redistribuição, em caso de impedimento prolongado;

l) Dar posse aos juízes do Supremo Tribunal Administrativo e aos presidentes dos tribunais centrais administrativos;

m) Solicitar o suprimento de necessidades de resposta adicional através do recurso à bolsa de juízes;

n) Estabelecer a forma mais equitativa de intervenção dos juízes-adjuntos;

o) Agregar transitoriamente a uma secção juízes de outra secção, a fim de acorrerem a necessidades temporárias de serviço;

p) Fixar os turnos de juízes;

q) Exercer a ação disciplinar sobre os funcionários de justiça em serviço no Tribunal, relativamente a penas de gravidade inferior à de multa;

r) Dar posse ao secretário do Tribunal;

s) Elaborar um relatório anual sobre o estado dos serviços;

t) Exercer as demais funções que lhe sejam atribuídas por lei.

2 – O Presidente pode delegar nos vice-presidentes a competência para a prática de determinados atos ou sobre certas matérias e para presidir às sessões do pleno da secção e no secretário do Tribunal a competência para a correção dos processos.

SECÇÃO II
Secção de Contencioso Administrativo

ARTIGO 24º
Competência da Secção de Contencioso Administrativo

1 – Compete à Secção de Contencioso Administrativo do Supremo Tribunal Administrativo conhecer:

a) Dos processos em matéria administrativa relativos a ações ou omissões das seguintes entidades:
    i) Presidente da República;
    ii) Assembleia da República e seu Presidente;
    iii) Conselho de Ministros;
    iv) Primeiro-Ministro;
    v) Tribunal Constitucional, Supremo Tribunal Administrativo, Tribunal de Contas, Tribunais Centrais Administrativos, assim como dos respetivos Presidentes;
    vi) Conselho Superior de Defesa Nacional;
    vii) Conselho Superior dos Tribunais Administrativos e Fiscais e seu Presidente;
    viii) Procurador-Geral da República;
    ix) Conselho Superior do Ministério Público;

b) Dos processos relativos a eleições previstas nesta lei;
c) Dos pedidos de adoção de providências cautelares relativos a processos da sua competência;
d) Dos pedidos relativos à execução das suas decisões;
e) Dos pedidos cumulados nos processos referidos na alínea *a*);
f) Das ações de regresso, fundadas em responsabilidade por danos resultantes do exercício das suas funções, propostas contra juízes do Supremo Tribunal Administrativo e dos tribunais centrais administrativos e magistrados do Ministério Público que exerçam funções junto destes tribunais, ou equiparados;
g) Dos recursos dos acórdãos que aos tribunais centrais administrativos caiba proferir em primeiro grau de jurisdição;
h) Dos conflitos de competência entre tribunais administrativos;
i) De outros processos cuja apreciação lhe seja deferida por lei.

2 – Compete ainda à Secção de Contencioso Administrativo do Supremo Tribunal Administrativo conhecer dos recursos de revista sobre matéria de direito interpostos de acórdãos da Secção de Contencioso Administrativo dos tribunais centrais administrativos e de decisões dos tribunais administrativos de círculo, segundo o disposto na lei de processo.

ARTIGO 25º
Competência do pleno da Secção

1 – Compete ao pleno da Secção de Contencioso Administrativo do Supremo Tribunal Administrativo conhecer:

a) Dos recursos de acórdãos proferidos pela Secção em 1º grau de jurisdição;
b) Dos recursos para uniformização de jurisprudência.

2 – Compete ainda ao pleno da Secção de Contencioso Administrativo do Supremo Tribunal Administrativo pronunciar-se, nos termos estabelecidos na lei de processo, relativamente ao sentido em que deve ser resolvida, por um tribunal administrativo de círculo, questão de direito nova que suscite dificuldades sérias e se possa vir a colocar noutros litígios.

SECÇÃO III
Secção de Contencioso Tributário

ARTIGO 26º
Competência da Secção de Contencioso Tributário

Compete à Secção de Contencioso Tributário do Supremo Tribunal Administrativo conhecer:

a) Dos recursos dos acórdãos da Secção de Contencioso Tributário dos tribunais centrais administrativos, proferidos em 1º grau de jurisdição;
b) Dos recursos interpostos de decisões dos tribunais tributários com exclusivo fundamento em matéria de direito;
c) Dos recursos de atos administrativos do Conselho de Ministros respeitantes a questões fiscais;
d) Dos requerimentos de adoção de providências cautelares respeitantes a processos da sua competência;
e) Dos pedidos relativos à execução das suas decisões;
f) Dos pedidos de produção antecipada de prova, formulados em processo nela pendente;
g) Dos conflitos de competência entre tribunais tributários;
h) De outras matérias que lhe sejam deferidas por lei.

ARTIGO 27º
Competência do pleno da Secção

1 – Compete ao pleno da Secção de Contencioso Tributário do Supremo Tribunal Administrativo conhecer:

a) Dos recursos de acórdãos proferidos pela Secção em 1º grau de jurisdição;

b) Dos recursos para uniformização de jurisprudência.

2 – Compete ainda ao pleno da Secção de Contencioso Tributário do Supremo Tribunal Administrativo pronunciar-se, nos termos estabelecidos na lei de processo, relativamente ao sentido em que deve ser resolvida, por um tribunal tributário, questão de direito nova que suscite dificuldades sérias e se possa vir a colocar noutros litígios.

SECÇÃO IV
Plenário

ARTIGO 28º
Composição

O plenário do Supremo Tribunal Administrativo é composto pelo Presidente, pelos vice-presidentes e pelos três juízes mais antigos de cada uma das secções.

ARTIGO 29º
Competência

Compete ao Plenário do Supremo Tribunal Administrativo conhecer dos conflitos de competência entre tribunais administrativos de círculo e tribunais tributários ou entre as Secções de Contencioso Administrativo e de Contencioso Tributário.

ARTIGO 30º
Funcionamento

1 – O plenário só pode funcionar com a presença de, pelo menos, quatro quintos dos juízes que devam intervir na conferência, com arredondamento por defeito.

2 – A distribuição dos processos é feita entre os juízes, incluindo os vice-presidentes.

3 – Não podem intervir os juízes que tenham votado as decisões em conflito, sendo nesse caso chamado, para completar a formação de julgamento, o juiz que, na respetiva secção, se siga ao último juiz com intervenção no plenário.

CAPÍTULO IV
Tribunais centrais administrativos

SECÇÃO I
Disposições gerais

ARTIGO 31º
Sede, jurisdição e poderes de cognição

1 – São tribunais centrais administrativos o Tribunal Central Administrativo Sul, com sede em Lisboa, e o Tribunal Central Administrativo Norte, com sede no Porto.

2 – As áreas de jurisdição dos tribunais centrais administrativos são determinadas por decreto-lei.

3 – Os tribunais centrais administrativos conhecem de matéria de facto e de direito.

4 – Os tribunais centrais administrativos são declarados instalados por portaria do Ministro da Justiça, que fixa os respetivos quadros.

ARTIGO 32º
Organização

1 – Cada tribunal central administrativo compreende duas secções, uma de contencioso administrativo e outra de contencioso tributário.

2 – Cada uma das secções pode dividir-se por subsecções, às quais se aplica o disposto para a secção respetiva.

ARTIGO 33º
Presidência dos tribunais centrais administrativos

1 – Cada tribunal central administrativo tem um presidente, coadjuvado por dois vice-presidentes, um por cada secção.

2 – Salvo se não existirem juízes com essa categoria, os presidentes dos tribunais centrais administrativos são eleitos de entre os juízes com a categoria de conselheiro que exerçam funções no tribunal.

3 – À eleição do presidente e dos vice-presidentes são aplicáveis, com as necessárias adaptações, as disposições estabelecidas para idênticos cargos no Supremo Tribunal Administrativo.

4 – O mandato do presidente e dos vice-presidentes dos tribunais centrais administrativos tem a duração de cinco anos, não sendo permitida a reeleição.

5 – A substituição do presidente é assegurada pelos vice-presidentes, a começar pelo mais antigo.

6 – Os vice-presidentes substituem-se reciprocamente e a substituição destes cabe ao juiz mais antigo da respetiva secção.

ARTIGO 34º
Composição, preenchimento das secções e regime das sessões

1 – As secções dos tribunais centrais administrativos são compostas pelo presidente do tribunal, pelo vice-presidente respetivo e pelos restantes juízes.

2 – São aplicáveis aos tribunais centrais administrativos, com as necessárias adaptações, as disposições estabelecidas para o Supremo Tribunal Administrativo quanto ao preenchimento das secções e ao regime das sessões de julgamento.

ARTIGO 35º
Formação de julgamento

1 – O julgamento em cada secção compete ao relator e a dois outros juízes.

2 – As decisões são tomadas em conferência.

3 – É aplicável aos adjuntos o disposto no artigo 18º

ARTIGO 36º
Competência dos presidentes dos tribunais centrais administrativos

1 – Compete ao presidente de cada tribunal central administrativo:

a) Representar o tribunal e assegurar as relações deste com os demais órgãos de soberania e quaisquer autoridades;

b) Dirigir o tribunal, superintender nos seus serviços e assegurar o seu funcionamento normal, emitindo as ordens de serviço que tenha por necessárias;

c) Nomear, no âmbito do contencioso administrativo, os árbitros que, segundo a lei de arbitragem voluntária, são designados pelo presidente do tribunal da Relação;

d) Propor ao Conselho Superior dos Tribunais Administrativos e Fiscais os critérios que devem presidir à distribuição, no respeito pelo princípio do juiz natural;

e) Planear e organizar os recursos humanos do tribunal, assegurando uma equitativa distribuição de processos pelos juízes e o acompanhamento do seu trabalho;

f) Providenciar pela redistribuição equitativa dos processos, no caso de alteração do número de juízes;

g) Determinar os casos em que, por razões de uniformização de jurisprudência, no julgamento devem intervir todos os juízes da secção;
h) Fixar o dia e a hora das sessões;
i) Presidir às sessões e apurar o vencimento nas conferências;
j) Votar as decisões em caso de empate;
l) Assegurar o andamento dos processos no respeito pelos prazos estabelecidos, podendo determinar a substituição provisória do relator, por redistribuição, em caso de impedimento prolongado;
m) Solicitar o suprimento de necessidades de resposta adicional através do recurso à bolsa de juízes;
n) Estabelecer a forma mais equitativa de intervenção dos juízes-adjuntos;
o) Agregar transitoriamente a uma secção juízes de outra secção, a fim de acorrerem a necessidades temporárias de serviço;
p) Fixar os turnos de juízes;
q) Exercer a ação disciplinar sobre os funcionários de justiça em serviço no tribunal, relativamente a penas de gravidade inferior à de multa;
r) Dar posse ao secretário do tribunal;
s) Elaborar um relatório anual sobre o estado dos serviços;
t) Exercer as demais funções que lhe sejam atribuídas por lei.

2 – O presidente é apoiado administrativamente por um secretário pessoal, nos termos a fixar em diploma complementar.

3 – O presidente pode delegar nos vice-presidentes a competência para a prática de determinados atos ou sobre certas matérias e no secretário do tribunal a competência para a correção dos processos.

SECÇÃO II
Secção de Contencioso Administrativo

ARTIGO 37º
Competência da Secção de Contencioso Administrativo

Compete à Secção de Contencioso Administrativo de cada tribunal central administrativo conhecer:

a) Dos recursos das decisões dos tribunais administrativos de círculo para os quais não seja competente o Supremo Tribunal Administrativo, segundo o disposto na lei de processo;
b) Dos recursos de decisões proferidas por tribunal arbitral sobre matérias de contencioso administrativo, salvo o disposto em lei especial;

c) Das ações de regresso, fundadas em responsabilidade por danos resultantes do exercício das suas funções, propostas contra juízes dos tribunais administrativos de círculo e dos tribunais tributários, bem como dos magistrados do Ministério Público que prestem serviço junto desses tribunais;

d) Dos demais processos que por lei sejam submetidos ao seu julgamento.

SECÇÃO III
Secção de Contencioso Tributário

ARTIGO 38º
Competência da Secção de Contencioso Tributário

Compete à Secção de Contencioso Tributário de cada tribunal central administrativo conhecer:

a) Dos recursos de decisões dos tribunais tributários, salvo o disposto na alínea *b)* do artigo 26º;

b) Dos recursos de atos administrativos respeitantes a questões fiscais praticados por membros do Governo;

c) Dos pedidos de declaração de ilegalidade de normas administrativas de âmbito nacional, emitidas em matéria fiscal;

d) Dos pedidos de adoção de providências cautelares relativos a processos da sua competência;

e) Dos pedidos de execução das suas decisões;

f) Dos pedidos de produção antecipada de prova formulados em processo nela pendente;

g) Dos demais meios processuais que por lei sejam submetidos ao seu julgamento.

CAPÍTULO V
Tribunais administrativos de círculo

ARTIGO 39º
Sede, área de jurisdição e instalação

1 – A sede dos tribunais administrativos de círculo e as respetivas áreas de jurisdição são determinadas por decreto-lei.

2 – O número de juízes em cada tribunal administrativo de círculo é fixado por portaria do Ministro da Justiça.

3 – Os tribunais administrativos de círculo são declarados instalados por portaria do Ministro da Justiça.

ARTIGO 40º
Funcionamento

1 – Exceto nos casos em que a lei processual administrativa preveja o julgamento em formação alargada, os tribunais administrativos de círculo funcionam apenas com juiz singular, a cada juiz competindo a decisão, de facto e de direito, dos processos que lhe sejam distribuídos.
2 – *[Revogado]*.
3 – *[Revogado]*.

ARTIGO 41º
Intervenção de todos os juízes do tribunal

1 – Quando à sua apreciação se coloque uma questão de direito nova que suscite dificuldades sérias e se possa vir a colocar noutros litígios, pode o presidente do tribunal determinar que o julgamento se faça com a intervenção de todos os juízes do tribunal, sendo o quórum de dois terços.
2 – O procedimento previsto no número anterior tem obrigatoriamente lugar quando esteja em causa uma situação de seleção de processos com andamento prioritário, nos termos previstos na lei de processo.

ARTIGO 42º
Substituição dos juízes

1 – Os juízes são substituídos pelo que imediatamente se lhes segue na ordem de antiguidade em cada tribunal.
2 – Quando não se possa efetuar segundo o disposto no número anterior, designadamente para a formação de coletivos em tribunais com reduzido número de juízes, a substituição defere-se a juízes de qualquer dos outros tribunais administrativos e tributários.
3 – Nos tribunais localizados nas Regiões Autónomas dos Açores e da Madeira, verificando-se a impossibilidade de substituição nos termos do número anterior, a substituição defere-se, sucessivamente, ao juiz do tribunal judicial, ao conservador do registo predial, ao conservador do registo comercial ou ao conservador do registo civil em serviço nos tribunais ou conservatórias sediados na mesma localidade.

ARTIGO 43º
Presidente do tribunal

1 – Os presidentes dos tribunais administrativos de círculo são nomeados

pelo Conselho Superior dos Tribunais Administrativos e Fiscais para um mandato de três anos.

2 – O mandato pode ser renovado uma vez, mediante avaliação favorável, resultante de auditoria sobre os moldes em que foram exercidos os poderes de gestão do movimento processual do tribunal, a realizar por entidade externa, designada para o efeito pelo Conselho Superior dos Tribunais Administrativos e Fiscais.

3 – Os presidentes dos tribunais administrativos de círculo com mais de três juízes são nomeados em comissão de serviço, que não dá lugar à abertura de vaga, de entre juízes que:

a) Exerçam funções efetivas como juízes desembargadores e possuam classificação não inferior a Bom com distinção; ou

b) Exerçam funções efetivas como juízes de Direito e possuam 10 anos de serviço efetivo nos tribunais administrativos e classificação não inferior a Bom com distinção.

4 – A nomeação para o exercício das funções de presidente em tribunais administrativos de círculo com mais de três juízes pressupõe a habilitação prévia com curso de formação próprio, o qual inclui as seguintes áreas de competências:

a) Organização e atividade administrativa;
b) Organização do sistema judicial e administração do tribunal;
c) Gestão do tribunal e gestão processual;
d) Simplificação e agilização processuais;
e) Avaliação e planeamento;
f) Gestão de recursos humanos e liderança;
g) Gestão dos recursos orçamentais, materiais e tecnológicos;
h) Informação e conhecimento;
i) Qualidade, inovação e modernização.

5 – O curso de formação a que se refere o número anterior é ministrado pelo Centro de Estudos Judiciários com a colaboração de outras entidades formadoras, nos termos definidos por portaria do membro do Governo responsável pela área da justiça, que aprova o respetivo regulamento.

ARTIGO 43º-A
Competência do presidente do tribunal

1 – Sem prejuízo da autonomia do Ministério Público e do poder de delegação, o presidente do tribunal administrativo de círculo possui poderes de representação e direção, de gestão processual, administrativas e funcionais.

2 – O presidente do tribunal possui os seguintes poderes de representação e direção:

a) Representar e dirigir o tribunal;
b) Acompanhar a realização dos objetivos fixados para os serviços do tribunal por parte dos funcionários;
c) Promover a realização de reuniões de planeamento e de avaliação dos resultados do tribunal, com a participação dos juízes e funcionários;
d) Adotar ou propor às entidades competentes medidas, nomeadamente, de desburocratização, simplificação de procedimentos, utilização das tecnologias de informação e transparência do sistema de justiça;
e) Ser ouvido pelo Conselho Superior dos Tribunais Administrativos e Fiscais, sempre que seja ponderada a realização de sindicâncias relativamente ao tribunal;
f) Ser ouvido pelo Conselho dos Oficiais de Justiça, sempre que seja ponderada a realização de inspeções extraordinárias quanto aos funcionários do tribunal ou de sindicâncias relativamente às respetivas secretarias;
g) Elaborar, para apresentação ao Conselho Superior dos Tribunais Administrativos e Fiscais, um relatório semestral sobre o estado dos serviços e a qualidade da resposta, dando conhecimento do mesmo à Procuradoria-Geral da República e à Direção-Geral da Administração da Justiça (DGAJ).

3 – O presidente do tribunal possui as seguintes competências funcionais:

a) Dar posse aos juízes e funcionários;
b) Elaborar os mapas e turnos de férias dos juízes e submetê-los a aprovação do Conselho Superior dos Tribunais Administrativos e Fiscais;
c) Autorizar o gozo de férias dos funcionários e aprovar os respetivos mapas anuais;
d) Exercer a ação disciplinar sobre os funcionários em serviço no tribunal, relativamente a pena de gravidade inferior à de multa e, nos restantes casos, instaurar processo disciplinar, se a infração ocorrer no respetivo tribunal;
e) Nomear um juiz substituto, em caso de impedimento do substituto legal.

4 – O presidente do tribunal possui as seguintes competências de gestão processual:

a) Implementar métodos de trabalho e objetivos mensuráveis para cada unidade orgânica, sem prejuízo das competências e atribuições nessa matéria por parte do Conselho Superior dos Tribunais Administrativos e Fiscais, designadamente na fixação dos indicadores do volume processual adequado;

b) Acompanhar e avaliar a atividade do tribunal, nomeadamente a qualidade do serviço de justiça prestado aos cidadãos;

c) Acompanhar o movimento processual do tribunal, designadamente assegurando uma equitativa distribuição de processos pelos juízes e identificando os processos pendentes por tempo considerado excessivo ou que não são resolvidos em prazo considerado razoável, e informar o Conselho Superior dos Tribunais Administrativos e Fiscais, propondo as medidas que se justifiquem, designadamente o suprimento de necessidades de resposta adicional através do recurso à bolsa de juízes;

d) Promover a aplicação de medidas de simplificação e agilização processuais, designadamente determinando os casos em que, para uniformização de jurisprudência, devem intervir no julgamento todos os juízes do tribunal, presidindo às respetivas sessões e votando as decisões em caso de empate;

e) Propor ao Conselho Superior dos Tribunais Administrativos e Fiscais a especialização de secções;

f) Propor ao Conselho Superior dos Tribunais Administrativos e Fiscais a reafetação dos juízes, tendo em vista uma distribuição racional e eficiente do serviço;

g) Proceder à reafetação de funcionários, dentro dos limites legalmente definidos;

h) Solicitar o suprimento de necessidades de resposta adicional, nomeadamente através do recurso ao quadro complementar de juízes.

5 – O presidente do tribunal possui as seguintes competências administrativas:

a) Elaborar o projeto de orçamento;

b) Elaborar os planos anuais e plurianuais de atividades e relatórios de atividades;

c) Elaborar os regulamentos internos do tribunal;

d) Propor as alterações orçamentais consideradas adequadas;

e) Participar na conceção e execução das medidas de organização e modernização dos tribunais;

f) Planear as necessidades de recursos humanos.

6 – O presidente exerce ainda as competências que lhe forem delegadas pelo Conselho Superior dos Tribunais Administrativos e Fiscais.

7 – As competências referidas no nº 5 são exercidas por delegação do presidente, sem prejuízo do poder de avocação e de recurso.

8 – Dos atos administrativos praticados ao abrigo dos nºs 3 e 4 cabe recurso necessário, no prazo de 20 dias, para o Conselho Superior dos Tribunais Administrativos e Fiscais.

9 – Para efeitos do acompanhamento da atividade do tribunal, incluindo os elementos relativos à duração dos processos e à produtividade, são disponibilizados dados informatizados do sistema judicial, no respeito pela proteção dos dados pessoais.

ARTIGO 44º
Competência dos tribunais administrativos de círculo

1 – Compete aos tribunais administrativos de círculo conhecer, em primeira instância, de todos os processos do âmbito da jurisdição administrativa e fiscal que incidam sobre matéria administrativa e cuja competência, em primeiro grau de jurisdição, não esteja reservada aos tribunais superiores.

2 – Compete ainda aos tribunais administrativos de círculo satisfazer as diligências pedidas por carta, ofício ou outros meios de comunicação que lhes sejam dirigidos por outros tribunais administrativos.

3 – Os agentes de execução desempenham as suas funções nas execuções que sejam da competência dos tribunais administrativos.

CAPÍTULO VI
Tribunais tributários

ARTIGO 45º
Sede, área de jurisdição e instalação

1 – A sede dos tribunais tributários, e as respetivas áreas de jurisdição, são determinadas por decreto-lei.

2 – O número de juízes em cada tribunal tributário é fixado por portaria do Ministro da Justiça.

3 – Os tribunais tributários são declarados instalados por portaria do Ministro da Justiça.

ARTIGO 46º
Funcionamento

1 – Os tribunais tributários funcionam com juiz singular, a cada juiz competindo o julgamento, de facto e de direito, dos processos que lhe sejam distribuídos.

2 – Quando à sua apreciação se coloque uma questão de direito nova que suscite dificuldades sérias e se possa vir a colocar noutros litígios, pode o presidente do tribunal determinar que o julgamento se faça com a intervenção de todos os juízes do tribunal, sendo o quórum de dois terços.

3 – O procedimento previsto no número anterior tem obrigatoriamente lugar quando esteja em causa uma situação de processos com andamento prioritário, nos termos previstos na lei de processo.

ARTIGO 47º
Substituição dos juízes

1 – Os juízes são substituídos pelo que imediatamente se lhes segue na ordem de antiguidade em cada tribunal.

2 – Quando não se possa efetuar segundo o disposto no número anterior, designadamente para a formação de coletivos em tribunais com reduzido número de juízes, a substituição defere-se a juízes de qualquer dos outros tribunais administrativos e tributários.

3 – Nos tribunais localizados nas Regiões Autónomas dos Açores e da Madeira, verificando-se a impossibilidade de substituição nos termos do número anterior, a substituição defere-se, sucessivamente, ao juiz do tribunal judicial, ao conservador do registo predial, ao conservador do registo comercial ou ao conservador do registo civil em serviço nos tribunais ou conservatórias sediados na mesma localidade.

ARTIGO 48º
Presidente do tribunal

1 – É aplicável, quanto à nomeação e competências dos presidentes dos tribunais tributários, o disposto no presente Estatuto para os presidentes dos tribunais administrativos de círculo.

2 – *[Revogado]*.
3 – *[Revogado]*.
4 – *[Revogado]*.

ARTIGO 49º
Competência dos tribunais tributários

1 – Sem prejuízo do disposto no artigo seguinte, compete aos tribunais tributários conhecer:

a) Das ações de impugnação:
  i) Dos atos de liquidação de receitas fiscais estaduais, regionais ou locais, e parafiscais, incluindo o indeferimento total ou parcial de reclamações desses atos;
  ii) Dos atos de fixação dos valores patrimoniais e dos atos de determinação de matéria tributável suscetíveis de impugnação judicial autónoma;

iii) Dos atos praticados pela entidade competente nos processos de execução fiscal;
iv) Dos atos administrativos respeitantes a questões fiscais que não sejam atribuídos à competência de outros tribunais;
 b) Da impugnação de decisões de aplicação de coimas e sanções acessórias em matéria fiscal;
 c) Das ações destinadas a obter o reconhecimento de direitos ou interesses legalmente protegidos em matéria fiscal;
 d) Dos incidentes, embargos de terceiro, reclamação da verificação e graduação de créditos, anulação da venda, oposições e impugnação de atos lesivos, bem como de todas as questões relativas à legitimidade dos responsáveis subsidiários, levantadas nos processos de execução fiscal;
 e) Dos seguintes pedidos:
i) De declaração da ilegalidade de normas administrativas de âmbito regional ou local, emitidas em matéria fiscal;
ii) De produção antecipada de prova, formulados em processo neles pendente ou a instaurar em qualquer tribunal tributário;
iii) De providências cautelares para garantia de créditos fiscais;
iv) De providências cautelares relativas aos atos administrativos impugnados ou impugnáveis e as normas referidas na subalínea *i)* desta alínea;
v) De execução das suas decisões;
vi) De intimação de qualquer autoridade fiscal para facultar a consulta de documentos ou processos, passar certidões e prestar informações;
 f) Das demais matérias que lhes sejam deferidas por lei.

2 – Compete ainda aos tribunais tributários cumprir os mandatos emitidos pelo Supremo Tribunal Administrativo ou pelos tribunais centrais administrativos e satisfazer as diligências pedidas por carta, ofício ou outros meios de comunicação que lhe sejam dirigidos por outros tribunais tributários.

3 – Os agentes de execução desempenham as suas funções nas execuções que sejam da competência dos tribunais tributários, sem prejuízo das competências próprias dos órgãos da administração tributária.

ARTIGO 49º-A
Competência das instâncias especializadas

1 – Quando tenha havido desdobramento, nos termos do disposto no artigo 9º-A, compete ao juízo de grande instância tributária decidir:

a) Das ações de impugnação, cujo valor ultrapasse 10 vezes o valor da alçada dos Tribunais da Relação:

    i) Dos atos de liquidação de receitas fiscais estaduais, regionais ou locais, e parafiscais, incluindo o indeferimento total ou parcial de reclamações desses atos;
    ii) Dos atos de fixação dos valores patrimoniais e dos atos de determinação de matéria tributável suscetíveis de impugnação judicial autónoma;
    iii) Dos atos administrativos respeitantes a questões fiscais que não sejam atribuídos à competência de outros tribunais;
b) Das ações destinadas a obter o reconhecimento de direitos ou interesses legalmente protegidos em matéria fiscal, cujo valor ultrapasse 10 vezes o valor da alçada dos Tribunais da Relação;
c) Dos incidentes, embargos de terceiro, reclamação da verificação e graduação de créditos, anulação da venda, oposições e impugnação de atos lesivos, bem como de todas as questões relativas à legitimidade dos responsáveis subsidiários, levantadas nos processos de execução fiscal, cujo valor ultrapasse dez vezes o valor da alçada dos Tribunais da Relação;
d) Dos seguintes pedidos:
    i) De produção antecipada de prova, formulados em processo neles pendente ou a instaurar que seja da sua competência;
    ii) De providências cautelares relativas a atos administrativos cuja ação de impugnação, pendente ou a instaurar, seja da sua competência;
    iii) De execução das suas decisões;
    iv) Das demais matérias que lhes sejam deferidas por lei.

2 – Quando tenha havido desdobramento, nos termos do disposto no artigo 9º-A, compete ao juízo de média instância tributária:

a) Das ações de impugnação, cujo valor ultrapasse duas vezes o valor da alçada dos Tribunais da Relação:
    i) Dos atos de liquidação de receitas fiscais estaduais, regionais ou locais, e parafiscais, incluindo o indeferimento total ou parcial de reclamações desses atos;
    ii) Dos atos de fixação dos valores patrimoniais e dos atos de determinação de matéria tributável suscetíveis de impugnação judicial autónoma;
    iii) Dos atos praticados pela entidade competente nos processos de execução fiscal;
    iv) Da impugnação de decisões de aplicação de coimas e sanções acessórias em matéria fiscal;
    v) Dos atos administrativos respeitantes a questões fiscais que não sejam atribuídos à competência de outros tribunais;

b) Das ações destinadas a obter o reconhecimento de direitos ou interesses legalmente protegidos em matéria fiscal, cujo valor ultrapasse duas vezes o valor da alçada dos Tribunais da Relação;

c) Dos incidentes, embargos de terceiro, reclamação da verificação e graduação de créditos, anulação da venda, oposições e impugnação de atos lesivos, bem como de todas as questões relativas à legitimidade dos responsáveis subsidiários, levantadas nos processos de execução fiscal, cujo valor ultrapasse duas vezes o valor da alçada dos Tribunais da Relação;

d) De providências cautelares para garantia de créditos fiscais, cujo valor ultrapasse duas vezes o valor da alçada dos Tribunais da Relação;

e) De declaração da ilegalidade de normas administrativas de âmbito regional ou local, emitidas em matéria fiscal;

f) Dos seguintes pedidos:
- *i)* De produção antecipada de prova, formulados em processo neles pendente ou a instaurar que seja da sua competência;
- *ii)* De providências cautelares relativas a atos administrativos cuja ação de impugnação, pendente ou a instaurar, seja da sua competência;
- *iii)* De execução das suas decisões;

g) Dos pedidos que não recaiam no âmbito de competência definido nos n.ºs 1 e 3 e das demais matérias que lhes sejam deferidas por lei.

3 – Quando tenha havido desdobramento, nos termos do disposto no artigo 9.º-A, compete ao juízo de pequena instância tributária decidir:

a) Das ações de impugnação, cujo valor não ultrapasse duas vezes o valor da alçada dos Tribunais da Relação:
- *i)* Dos atos de liquidação de receitas fiscais estaduais, regionais ou locais, e parafiscais, incluindo o indeferimento total ou parcial de reclamações desses atos;
- *ii)* Dos atos de fixação dos valores patrimoniais e dos atos de determinação de matéria tributável suscetíveis de impugnação judicial autónoma;
- *iii)* Dos atos praticados pela entidade competente nos processos de execução fiscal;
- *iv)* Da impugnação de decisões de aplicação de coimas e sanções acessórias em matéria fiscal;
- *v)* Dos atos administrativos respeitantes a questões fiscais que não sejam atribuídos à competência de outros tribunais;

b) Das ações destinadas a obter o reconhecimento de direitos ou interesses legalmente protegidos em matéria fiscal, cujo valor não ultrapasse duas vezes o valor da alçada dos Tribunais da Relação;

c) Dos incidentes, embargos de terceiro, reclamação da verificação e graduação de créditos, anulação da venda, oposições e impugnação de atos lesivos, bem como de todas as questões relativas à legitimidade dos responsáveis subsidiários, levantadas nos processos de execução fiscal, cujo valor não ultrapasse duas vezes o valor da alçada dos Tribunais da Relação;
d) De providências cautelares para garantia de créditos fiscais, cujo valor não ultrapasse duas vezes o valor da alçada dos Tribunais da Relação;
e) Dos seguintes pedidos:
   i) De produção antecipada de prova, formulados em processo neles pendente ou a instaurar que seja da sua competência;
   ii) De providências cautelares relativas a atos administrativos cuja ação de impugnação, pendente ou a instaurar, seja da sua competência;
   iii) De execução das suas decisões;
   iv) De intimação de qualquer autoridade fiscal para facultar a consulta de documentos ou processos, passar certidões e prestar informações;
f) Das demais matérias que lhes sejam deferidas por lei.

4 – O juízo de pequena instância tributária funciona sempre com juiz singular.

5 – As competências referidas no nº 2 do artigo anterior consideram-se deferidas ao juízo de média instância tributária.

ARTIGO 50º
Competência territorial

À determinação da competência territorial dos tribunais tributários são subsidiariamente aplicáveis os critérios definidos para os tribunais administrativos de círculo.

CAPÍTULO VII
Ministério Público

ARTIGO 51º
Funções

Compete ao Ministério Público representar o Estado, defender a legalidade democrática e promover a realização do interesse público, exercendo, para o efeito, os poderes que a lei lhe confere.

ARTIGO 52º
Representação

1 – O Ministério Público é representado:

a) No Supremo Tribunal Administrativo, pelo Procurador-Geral da República, que pode fazer-se substituir por procuradores-gerais-adjuntos;
b) Nos tribunais centrais administrativos, por procuradores-gerais-adjuntos;
c) Nos tribunais administrativos de círculo e nos tribunais tributários, por procuradores da República e por procuradores-adjuntos.

2 – Os procuradores-gerais-adjuntos em serviço no Supremo Tribunal Administrativo e nos tribunais centrais administrativos podem ser coadjuvados por procuradores da República.

3 – Na colocação e provimento dos magistrados nesta jurisdição, deve ser ponderada a formação especializada, de acordo com o disposto nos n.ºs 1 e 2 do artigo 136º do Estatuto do Ministério Público.

CAPÍTULO VIII
Fazenda Pública

ARTIGO 53º
Intervenção da Fazenda Pública

A Fazenda Pública defende os seus interesses nos tribunais tributários através de representantes seus.

ARTIGO 54º
Representação da Fazenda Pública

1 – A representação da Fazenda Pública compete:

a) Nas secções de contencioso tributário do Supremo Tribunal Administrativo e dos tribunais centrais administrativos, ao diretor-geral da Autoridade Tributária e Aduaneira que pode ser representado pelos respetivos subdiretores-gerais ou por trabalhadores em funções públicas daquela Autoridade licenciados em Direito;
b) *[Revogada]*;
c) Nos tribunais tributários, ao diretor-geral da Autoridade Tributária e Aduaneira, que pode ser representado pelos diretores de finanças e diretores de alfândega da respetiva área de jurisdição ou por funcionários daquela Autoridade licenciados em Direito.

2 – Os diretores de finanças e os diretores de alfândega podem ser representados por funcionários da Autoridade Tributária e Aduaneira licenciados em Direito.

3 – Quando estejam em causa receitas fiscais lançadas e liquidadas pelas autarquias locais, a Fazenda Pública é representada por licenciado em Direito ou por advogado designado para o efeito pela respetiva autarquia.

ARTIGO 55º
Poderes dos representantes

Os representantes da Fazenda Pública gozam dos poderes e faculdades previstos na lei.

CAPÍTULO IX
Serviços administrativos

ARTIGO 56º
Administração, serviços de apoio e assessores

1 – Nos tribunais administrativos de círculo e nos tribunais tributários com mais de uma dezena de magistrados existe um administrador do tribunal, sendo aplicável o disposto a propósito dos tribunais judiciais.

2 – No Supremo Tribunal Administrativo e nos tribunais centrais administrativos existe um conselho de administração, constituído pelo presidente do tribunal, pelos vice-presidentes, pelo secretário do tribunal e pelo responsável pelos serviços de apoio administrativo e financeiro, sendo aplicável o disposto a propósito dos tribunais judiciais.

3 – Os tribunais da jurisdição administrativa e fiscal dispõem de serviços administrativos de apoio, regulados na lei.

4 – Sem prejuízo do disposto no artigo seguinte, os tribunais da jurisdição administrativa e fiscal dispõem de assessores que coadjuvam os magistrados judiciais.

ARTIGO 56º-A
Gabinetes de apoio

1 – É criado, na dependência orgânica do Conselho Superior dos Tribunais Administrativos e Fiscais, um gabinete de apoio aos magistrados da jurisdição administrativa e fiscal.

2 – Cada tribunal de jurisdição administrativa e fiscal pode ser dotado de um gabinete de apoio destinado a assegurar assessoria e consultadoria téc-

nica aos magistrados e ao presidente do respetivo tribunal, nos termos definidos para os gabinetes de apoio dos tribunais das comarcas judiciais.

3 – O gabinete de apoio em cada tribunal é dirigido pelo respetivo presidente.

4 – A criação do gabinete de apoio em cada tribunal da jurisdição administrativa e fiscal é efetuada por portaria conjunta dos membros do Governo responsáveis pelas áreas das finanças, da Administração Pública e da justiça, que fixa igualmente o número de especialistas com formação científica e experiência profissional adequada que constitui o gabinete.

5 – O recrutamento do pessoal a que se refere o número anterior é efetuado pelo Conselho Superior dos Tribunais Administrativos e Fiscais, através de comissão de serviço.

6 – Os níveis remuneratórios do pessoal previsto no presente artigo são os fixados no Regulamento da Lei de Organização e Funcionamento dos Tribunais Judiciais, aprovado pelo Decreto-Lei nºs 28/2009, de 28 de Janeiro, sendo os respetivos encargos suportados pelo Conselho Superior dos Tribunais Administrativos e Fiscais.

TÍTULO II
Estatuto dos juízes

CAPÍTULO I
Disposições gerais

ARTIGO 57º
Regras estatutárias

Os juízes da jurisdição administrativa e fiscal formam um corpo único e regem-se pelo disposto na Constituição da República Portuguesa, por este Estatuto e demais legislação aplicável e, subsidiariamente, pelo Estatuto dos Magistrados Judiciais, com as necessárias adaptações.

ARTIGO 58º
Categoria e direitos dos juízes

1 – O Presidente, os vice-presidentes e os juízes do Supremo Tribunal Administrativo têm as honras, precedências, categorias, direitos, vencimentos e abonos que competem, respetivamente, ao Presidente, aos vice-presidentes e aos juízes do Supremo Tribunal de Justiça.

2 – Os presidentes, os vice-presidentes e os juízes dos tribunais centrais administrativos têm as honras, precedências, categorias, direitos, vencimentos e abonos que competem, respetivamente, aos presidentes, aos vice-presidentes e aos juízes dos tribunais da Relação.

3 – Os juízes dos tribunais administrativos de círculo e dos tribunais tributários têm as honras, precedências, categorias, direitos, vencimentos e abonos que competem aos juízes de direito.

4 – A progressão na carreira dos juízes da jurisdição administrativa e fiscal não depende do tribunal em que exercem funções.

5 – Os juízes dos tribunais administrativos e dos tribunais tributários ascendem à categoria de juiz de círculo após cinco anos de serviço nesses tribunais com a classificação de Bom com distinção.

ARTIGO 59º
Distribuição de publicações oficiais

1 – Os juízes da jurisdição administrativa e fiscal têm direito a receber gratuitamente o Diário da República, 1ª e 2ª séries e apêndices, o Diário da Assembleia da República e o Boletim do Ministério da Justiça, ou, em alternativa, têm acesso eletrónico gratuito aos suportes informáticos das publicações referidas.

2 – Os juízes dos tribunais sediados nas Regiões Autónomas também têm direito a receber as publicações oficiais das Regiões ou a ter acesso eletrónico gratuito aos respetivos suportes informáticos.

CAPÍTULO II
Recrutamento e provimento

SECÇÃO I
Disposições comuns

ARTIGO 60º
Requisitos e regime de provimento

[Revogado].

ARTIGO 61º
Provimento das vagas

1 – As vagas de juízes dos tribunais superiores são preenchidas por transferência de outra secção ou de outro tribunal de idêntica categoria da jurisdição administrativa e fiscal, bem como por concurso.

2 – A admissão ao concurso, quando se trate do provimento das vagas referidas no número anterior, depende de graduação baseada na ponderação global dos seguintes fatores:

a) Classificação positiva obtida em prova escrita de acesso;
b) Anteriores classificações de serviço, no caso de o candidato ser um magistrado;
c) Graduação obtida em concurso;
d) Currículo universitário e pós-universitário;
e) Trabalhos científicos ou profissionais;
f) Atividade desenvolvida no foro, no ensino jurídico ou na Administração Pública;
g) Antiguidade;
h) Entrevista;
i) Outros fatores relevantes que respeitem à preparação específica, idoneidade e capacidade do candidato para o cargo.

3 – As vagas de juízes dos tribunais administrativos de círculo e dos tribunais tributários são preenchidas por transferência de outros tribunais administrativos de círculo ou tribunais tributários, bem como por concurso nos termos da lei que define o regime de ingresso nas magistraturas e de formação de magistrados.

ARTIGO 62º
Permuta

1 – É permitida a permuta entre juízes dos tribunais administrativos de círculo e dos tribunais tributários, bem como, nos tribunais superiores, entre juízes de diferentes secções do mesmo tribunal, quando tal não prejudique direitos de terceiros nem o andamento dos processos que lhes estejam distribuídos, e desde que tenham mais de dois anos de serviço no respetivo lugar.

2 – Em casos devidamente justificados, pode o Conselho Superior dos Tribunais Administrativos e Fiscais autorizar a permuta com dispensa do requisito temporal referido no número anterior.

ARTIGO 63º
Quadro complementar de juízes

1 – Na jurisdição administrativa e fiscal existe uma bolsa de juízes para destacamento em tribunais, quando se verifique uma das seguintes circunstâncias e o período de tempo previsível da sua duração, conjugado com o volume de serviço, desaconselhem o recurso ao regime de substituição ou o alargamento do quadro do tribunal:

a) Falta ou impedimento de titular do tribunal ou vacatura do lugar;

b) Necessidade pontual de reforço do número de juízes no tribunal para acorrer a acréscimo temporário de serviço.

2 – Cabe ao Conselho Superior dos Tribunais Administrativos e Fiscais efetuar a gestão da bolsa de juízes.

3 – O destacamento é feito por período certo a fixar pelo Conselho, renovável enquanto se verifique a necessidade que o ditou, podendo cessar antes do prazo ou da sua renovação, a requerimento do interessado ou em consequência de aplicação de pena disciplinar de suspensão ou superior.

4 – À matéria do presente artigo é aplicável, com as devidas adaptações, o disposto no domínio da organização e funcionamento dos tribunais judiciais.

ARTIGO 64º
Posse

1 – O Presidente do Supremo Tribunal Administrativo toma posse perante os juízes do Tribunal.

2 – Tomam posse perante o Presidente do Supremo Tribunal Administrativo:

a) Os vice-presidentes e os restantes juízes do Tribunal;

b) Os presidentes dos tribunais centrais administrativos.

3 – Tomam posse perante o presidente do tribunal central administrativo da respetiva jurisdição os vice-presidentes e os restantes juízes do tribunal.

4 – Os juízes dos tribunais administrativos de círculo e dos tribunais tributários tomam posse perante os respetivos presidentes e estes perante os seus substitutos.

SECÇÃO II
Supremo Tribunal Administrativo

ARTIGO 65º
Provimento

O provimento de vagas no Supremo Tribunal Administrativo é feito:

a) Por transferência de juízes de outra secção do Tribunal;

b) Por nomeação de juízes do Supremo Tribunal de Justiça, a título definitivo ou em comissão permanente de serviço;

c) Por concurso.

ARTIGO 66º
Avaliação curricular, graduação e preenchimento de vagas

1 – Ao concurso para juiz do Supremo Tribunal Administrativo podem candidatar-se:

a) Juízes dos tribunais centrais administrativos com cinco anos de serviço nesses tribunais;

b) Juízes dos tribunais da Relação que tenham exercido funções na jurisdição administrativa e fiscal durante cinco anos;

c) Procuradores-gerais-adjuntos com 10 anos de serviço, 5 dos quais junto da jurisdição administrativa e fiscal, no Conselho Consultivo da Procuradoria-Geral da República ou em auditorias jurídicas;

d) Juristas com pelo menos 10 anos de comprovada experiência profissional, na área do direito público, nomeadamente através do exercício de funções públicas, da advocacia, da docência no ensino superior ou da investigação, ou ao serviço da Administração Pública.

2 – A graduação faz-se segundo o mérito relativo dos concorrentes de cada classe, tomando-se globalmente em conta a avaliação curricular, com prévia observância do disposto no número seguinte e, nomeadamente, tendo em consideração os seguintes fatores:

a) Anteriores classificações de serviço;

b) Graduação obtida em concursos de habilitação ou cursos de ingresso em cargos judiciais;

c) Currículo universitário e pós-universitário;

d) Trabalhos científicos realizados;

e) Atividade desenvolvida no âmbito forense ou no ensino jurídico;

f) Outros fatores que abonem a idoneidade dos requerentes para o cargo a prover.

3 – Os concorrentes defendem publicamente os seus currículos perante um júri com a seguinte composição:

a) Presidente do júri – o Presidente do Supremo Tribunal Administrativo, na qualidade de presidente do Conselho Superior dos Tribunais Administrativos e Fiscais;

b) Vogais:
- *i)* O juiz conselheiro mais antigo na categoria que seja membro do Conselho Superior dos Tribunais Administrativos e Fiscais;
- *ii)* Um membro do Conselho Superior dos Tribunais Administrativos e Fiscais, não pertencente à magistratura, a eleger por este órgão;
- *iii)* Um membro do Conselho Superior do Ministério Público, a eleger por este órgão;

iv) Um professor universitário de Direito, com a categoria de professor catedrático, escolhido, nos termos do n.º 6, pelo Conselho Superior dos Tribunais Administrativos e Fiscais;

v) Um advogado com funções no Conselho Superior da Ordem dos Advogados, cabendo ao Conselho Superior dos Tribunais Administrativos e Fiscais solicitar à Ordem dos Advogados a respetiva indicação.

4 – O júri emite parecer sobre a prestação de cada um dos candidatos, a qual deve ser tomada em consideração pelo Conselho Superior dos Tribunais Administrativos e Fiscais na elaboração do acórdão definitivo sobre a lista de candidatos, devendo fundamentar a decisão sempre que houver discordância face ao parecer do júri.

5 – As deliberações são tomadas por maioria simples de votos, tendo o presidente do júri voto de qualidade em caso de empate.

6 – O Conselho Superior dos Tribunais Administrativos e Fiscais solicita, a cada uma das universidades, institutos universitários e outras escolas universitárias, públicos e privados, que ministrem o curso de Direito, a indicação, no prazo de 20 dias úteis, do nome de um professor de Direito, com a categoria de professor catedrático, procedendo, subsequentemente, à escolha do vogal a que se refere a subalínea *iv*) da alínea *b*) do n.º 3, por votação, por voto secreto, de entre os indicados.

7 – O concurso é aberto para cada uma das secções e tem a validade de um ano, prorrogável até seis meses.

ARTIGO 67º
Quotas para o provimento

1 – O provimento de lugares no Supremo Tribunal Administrativo é efetuado por cada grupo de seis vagas em cada secção, pela ordem seguinte:

a) Um juiz, de entre os referidos na alínea *b*) do artigo 65º e na alínea *b*) do n.º 1 do artigo 66º, preferindo os primeiros aos segundos;

b) Três juízes de entre os indicados na alínea *a*) do artigo 65º e na alínea *a*) do n.º 1 do artigo 66º, preferindo os primeiros aos segundos;

c) Um magistrado, dos referidos na alínea *c*) do n.º 1 do artigo 66º;

d) Um jurista, de entre os referidos na alínea *d*) do n.º 1 do artigo 66º

2 – Na impossibilidade de observar a ordem indicada, são nomeados candidatos de outra alínea, sem prejuízo do restabelecimento, logo que possível, mas limitado ao período de quatro anos, da ordem estabelecida.

3 – O disposto no número anterior não é aplicável às vagas não preenchidas nos termos da alínea *d*) do n.º 1, que não podem ser preenchidas por outros candidatos.

4 – O disposto nos nºs 3 a 5 do artigo 67º do Estatuto dos Magistrados Judiciais é aplicável ao exercício de funções no Supremo Tribunal Administrativo.

SECÇÃO III
Tribunais centrais administrativos

ARTIGO 68º
Provimento

O provimento de vagas nos tribunais centrais administrativos é feito:

a) Por transferência de juízes de outra secção do tribunal;
b) Por concurso.

ARTIGO 69º
Concurso

1 – Ao concurso para juiz dos tribunais centrais administrativos podem candidatar-se juízes dos tribunais administrativos de círculo e dos tribunais tributários com cinco anos de serviço nesses tribunais e classificação não inferior a Bom com distinção.

2 – A graduação faz-se segundo o mérito dos concorrentes de cada classe, tomando-se globalmente a avaliação curricular, com prévia observância do disposto no número seguinte, e, nomeadamente, tendo em consideração os seguintes fatores:

a) Anteriores classificações de serviço;
b) Graduação obtida em concursos de habilitação ou cursos de ingresso em cargos judiciais;
c) Currículo universitário e pós-universitário;
d) Trabalhos científicos realizados;
e) Atividade desenvolvida no âmbito forense ou no ensino jurídico;
f) Outros fatores que abonem a idoneidade dos requerentes para o cargo a prover.

3 – Os concorrentes defendem os seus currículos perante um júri com a seguinte composição:

a) Presidente do júri – o Presidente do Supremo Tribunal Administrativo, podendo fazer-se substituir por um dos vice-presidentes ou por outro membro do Conselho Superior dos Tribunais Administrativos e Fiscais com categoria igual ou superior à de juiz desembargador.
b) Vogais:

i) Um magistrado membro do Conselho Superior dos Tribunais Administrativos e Fiscais com categoria não inferior à de juiz desembargador;
ii) Dois membros do Conselho Superior dos Tribunais Administrativos e Fiscais, não pertencentes à magistratura, a eleger por aquele órgão;
iii) Um professor universitário de Direito, com categoria não inferior à de professor associado, escolhido, nos termos do n.º 5, pelo Conselho Superior dos Tribunais Administrativos e Fiscais.

4 – O júri elabora parecer sobre a prestação de cada um dos candidatos, a qual deve ser tomada em consideração pelo Conselho Superior dos Tribunais Administrativos e Fiscais na elaboração do acórdão definitivo sobre a lista de candidatos, devendo fundamentar a decisão sempre que houver discordância face ao parecer do júri.

5 – O Conselho Superior dos Tribunais Administrativos e Fiscais solicita, a cada uma das universidades, institutos universitários e outras escolas universitárias, públicos e privados, que ministrem o curso de Direito, a indicação, no prazo de 20 dias úteis, do nome de um professor de Direito, com categoria não inferior à de professor associado, procedendo, subsequentemente, à escolha do vogal a que se refere a subalínea *iii)* da alínea *b)* do n.º 3, por votação, por voto secreto, de entre os indicados.

6 – O concurso é aberto para cada uma das secções e tem a validade de um ano, prorrogável até seis meses.

SECÇÃO IV
Tribunais administrativos de círculo e tribunais tributários

ARTIGO 70º
Provimento

O provimento de vagas nos tribunais administrativos de círculo e nos tribunais tributários é feito:

a) Por transferência de juízes de qualquer daqueles tribunais com mais de 2 anos de serviço no lugar em que se encontrem;
b) Por concurso.

ARTIGO 71º
Concurso

Ao concurso para juiz dos tribunais administrativos de círculo e dos tribunais tributários são aplicáveis as normas previstas na lei que define o regime de ingresso nas magistraturas e de formação de magistrados.

ARTIGO 72º
Formação dos juízes administrativos e fiscais

À formação, inicial e contínua, dos juízes administrativos e fiscais são aplicáveis as normas previstas na lei que define o regime de ingresso nas magistraturas e de formação de magistrados.

ARTIGO 73º
Formação complementar periódica dos juízes administrativos e fiscais

[Revogado].

TÍTULO III
Conselho Superior dos Tribunais Administrativos e Fiscais

ARTIGO 74º
Definição e competência

1 – O Conselho Superior dos Tribunais Administrativos e Fiscais é o órgão de gestão e disciplina dos juízes da jurisdição administrativa e fiscal.

2 – Compete ao Conselho:

a) Nomear, colocar, transferir, promover, exonerar e apreciar o mérito profissional dos juízes da jurisdição administrativa e fiscal e exercer a ação disciplinar relativamente a eles;

b) Apreciar, admitir, excluir e graduar os candidatos em concurso;

c) Conhecer das impugnações administrativas interpostas de decisões materialmente administrativas proferidas, em matéria disciplinar, pelos presidentes dos tribunais centrais administrativos, pelos presidentes dos tribunais administrativos de círculo e pelos presidentes dos tribunais tributários, bem como de outras que a lei preveja;

d) Ordenar averiguações, inquéritos, sindicâncias e inspeções aos serviços dos tribunais da jurisdição administrativa e fiscal;

e) Elaborar o plano anual de inspeções;

f) Elaborar as listas de antiguidade dos juízes;

g) Suspender ou reduzir a distribuição de processos aos juízes que sejam incumbidos de outros serviços de reconhecido interesse para a jurisdição administrativa e fiscal ou em outras situações que justifiquem a adoção dessas medidas;

h) Aprovar o seu regulamento interno, concursos e inspeções;

i) Emitir os cartões de identidade dos juízes, de modelo idêntico aos dos juízes dos tribunais judiciais;

j) Propor ao Ministro da Justiça providências legislativas com vista ao aperfeiçoamento e à maior eficiência da jurisdição administrativa e fiscal;

l) Emitir parecer sobre as iniciativas legislativas que se relacionem com a jurisdição administrativa e fiscal;

m) Fixar anualmente, com o apoio do departamento do Ministério da Justiça com competência no domínio da auditoria e modernização, o número máximo de processos a distribuir a cada magistrado e o prazo máximo admissível para os respetivos atos processuais cujo prazo não esteja estabelecido na lei;

n) Gerir a bolsa de juízes;

o) Estabelecer os critérios que devem presidir à distribuição nos tribunais administrativos, no respeito pelo princípio do juiz natural;

p) Nomear, de entre juízes jubilados que tenham exercido funções nos tribunais superiores da jurisdição administrativa e fiscal, o presidente do órgão deontológico no âmbito da arbitragem administrativa e tributária sob a organização do Centro de Arbitragem Administrativa;

q) Exercer os demais poderes conferidos no presente Estatuto e na lei.

3 – O Conselho pode delegar no presidente, ou em outros dos seus membros, a competência para:

a) Praticar atos de gestão corrente e aprovar inspeções;

b) Nomear os juízes para uma das secções do Supremo Tribunal Administrativo e dos tribunais centrais administrativos;

c) Ordenar inspeções extraordinárias, averiguações, inquéritos e sindicâncias.

ARTIGO 75º
Composição

1 – O Conselho Superior dos Tribunais Administrativos e Fiscais é presidido pelo Presidente do Supremo Tribunal Administrativo e composto pelos seguintes vogais:

a) Dois designados pelo Presidente da República;

b) Quatro eleitos pela Assembleia da República;

c) Quatro juízes eleitos pelos seus pares, de harmonia com o princípio da representação proporcional.

2 – É reconhecido de interesse para a jurisdição administrativa e fiscal o desempenho de funções de membro do Conselho.

3 – O mandato dos membros eleitos para o Conselho é de quatro anos, só podendo haver lugar a uma reeleição.

4 – A eleição dos juízes a que se refere a alínea *c*) do n.º 1 abrange dois juízes suplentes, que substituem os respetivos titulares nas suas ausências, faltas ou impedimentos.

5 – Para a eleição dos juízes referidos na alínea *c*) do n.º 1 têm capacidade eleitoral ativa todos os juízes que prestem serviço na jurisdição administrativa e fiscal e capacidade eleitoral passiva só os que nele se encontrem providos a título definitivo ou em comissão de serviço.

6 – Quando necessidades de funcionamento o exijam, o Conselho pode afetar, em exclusivo, ao seu serviço um ou mais dos seus membros referidos na alínea *c*) do n.º 1, designando para substituir cada um deles, no tribunal respetivo, um juiz auxiliar.

ARTIGO 76º
Funcionamento

1 – O Conselho reúne ordinariamente uma vez por mês e extraordinariamente sempre que convocado pelo presidente, por sua iniciativa ou a solicitação de pelo menos um terço dos seus membros.

2 – O Conselho só pode funcionar com a presença de dois terços dos seus membros.

ARTIGO 77º
Presidência

1 – O presidente do Conselho Superior dos Tribunais Administrativos e Fiscais é substituído pela ordem seguinte:

a) Pelo mais antigo dos vice-presidentes do Supremo Tribunal Administrativo que faça parte do Conselho;

b) Pelo mais antigo dos juízes do Supremo Tribunal Administrativo que faça parte do Conselho.

2 – Em caso de urgência, o presidente pode praticar atos da competência do Conselho, sujeitando-os a ratificação deste na primeira sessão.

ARTIGO 78º
Competência do presidente

Compete ao presidente do Conselho Superior dos Tribunais Administrativos e Fiscais:

a) Dirigir as sessões do Conselho e superintender nos respetivos serviços;

b) Fixar o dia e a hora das sessões ordinárias e convocar as sessões extraordinárias;

c) Dar posse aos inspetores e ao secretário do Conselho;
d) Dirigir e coordenar os serviços de inspeção;
e) Elaborar, por sua iniciativa ou mediante proposta do secretário, as instruções de execução permanente;
f) Exercer os poderes que lhe sejam delegados pelo Conselho;
g) Exercer as demais funções que lhe sejam deferidas por lei.

ARTIGO 79º
Serviços de apoio

1 – O Conselho Superior dos Tribunais Administrativos e Fiscais dispõe de uma secretaria com a organização, quadro e regime de provimento do pessoal a fixar em diploma complementar.

2 – O Conselho tem um secretário, por si designado, de preferência entre juízes que prestem serviço nos tribunais administrativos de círculo ou nos tribunais tributários.

ARTIGO 80º
Funções da secretaria

À secretaria do Conselho Superior dos Tribunais Administrativos e Fiscais incumbe prestar o apoio administrativo e a assessoria necessários ao normal desenvolvimento da atividade do Conselho e à preparação e execução das suas deliberações, nos termos previstos em diploma complementar e no regulamento interno.

ARTIGO 81º
Competência do secretário

Compete ao secretário do Conselho:

a) Orientar e dirigir os serviços da secretaria, sob a superintendência do presidente e conforme o regulamento interno;
b) Submeter a despacho do presidente os assuntos da sua competência e os que justifiquem a convocação do Conselho;
c) Propor ao presidente a elaboração de instruções de execução permanente;
d) Promover a execução das deliberações do Conselho e das ordens e instruções do presidente;
e) Preparar a proposta de orçamento do Conselho;
f) Elaborar os planos de movimentação dos magistrados;
g) Assistir às reuniões do Conselho e elaborar as respetivas atas;
h) Promover a recolha junto de quaisquer entidades de informações ou outros elementos necessários ao funcionamento dos serviços;

i) Dar posse ou receber a declaração de aceitação do cargo quanto aos funcionários ao serviço do Conselho;

j) Exercer as demais funções que lhe sejam deferidas por lei.

ARTIGO 82º
Inspetores

1 – O Conselho Superior dos Tribunais Administrativos e Fiscais dispõe de inspetores com quadro a fixar em diploma próprio.

2 – O provimento de lugares de inspetor é feito por nomeação e em comissão de serviço, por três anos, renovável, de entre juízes conselheiros com mais de dois anos na categoria.

3 – A comissão de serviço rege-se pelo disposto no Estatuto dos Magistrados Judiciais.

4 – Os inspetores são apoiados pelos serviços do Conselho Superior dos Tribunais Administrativos e Fiscais.

ARTIGO 83º
Competência dos inspetores

1 – Compete aos inspetores:

a) Averiguar do estado, necessidades e deficiências dos serviços dos tribunais da jurisdição administrativa e fiscal, propondo as medidas convenientes;

b) Colher, por via de inspeção, elementos esclarecedores do serviço e do mérito dos magistrados e em função deles propor a adequada classificação;

c) Proceder à realização de inquéritos e sindicâncias e à instrução de processos disciplinares.

2 – O processo será dirigido por inspetor de categoria superior à do magistrado apreciado ou de categoria igual mas com maior antiguidade.

3 – Quando no respetivo quadro nenhum inspetor reúna as condições estabelecidas no número anterior, é nomeado juiz que preencha tais requisitos.

ARTIGO 84º
Recursos

1 – As deliberações do Conselho Superior dos Tribunais Administrativos e Fiscais relativas a magistrados são impugnáveis perante a Secção de Contencioso Administrativo do Supremo Tribunal Administrativo.

2 – São impugnáveis perante a mesma Secção as decisões do presidente do Conselho proferidas no exercício de competência delegada, sem prejuízo da respetiva impugnação administrativa perante o Conselho, no prazo de 15 dias.

TÍTULO IV
Disposições finais e transitórias

ARTIGO 85º
Competência administrativa do Governo

A competência administrativa do Governo, relativa aos tribunais da jurisdição administrativa e fiscal, é exercida pelo Ministro da Justiça.

ARTIGO 86º
Quadros

São fixados em diploma próprio os quadros dos magistrados e dos funcionários dos tribunais da jurisdição administrativa e fiscal.

ARTIGO 87º
Tempo de serviço

1 – O tempo de serviço prestado pelo Presidente do Supremo Tribunal Administrativo é contado a dobrar para efeitos de jubilação.

2 – O disposto no número anterior aplica-se às situações constituídas à data da entrada em vigor da presente lei.

ARTIGO 88º
Presidência dos tribunais superiores

O disposto no nº 1 do artigo 20º, no nº 4 do artigo 33º e no nº 1 do artigo 43º é apenas aplicável aos mandatos que se iniciem a partir da data da entrada em vigor da presente lei.

ARTIGO 89º
Funcionamento transitório do Conselho Superior dos Tribunais Administrativos e Fiscais

1 – O Conselho Superior dos Tribunais Administrativos e Fiscais mantém a sua composição anterior até ao 90º dia posterior à data do início de vigência desta lei.

2 – Até ao início de funcionamento da secretaria, os serviços do Conselho são assegurados pela secretaria do Supremo Tribunal Administrativo.

3 – O expediente pendente na secretaria deste Tribunal transita naquela data para a secretaria do Conselho.

ARTIGO 90º
Inspetores

1 – Até à criação do quadro de inspetores, as respetivas competências são

exercidas por juízes designados pelo Conselho Superior dos Tribunais Administrativos e Fiscais.

2 – Os processos que se encontrem pendentes naquela data transitam para os inspetores.

ARTIGO 91º
Estatística

Os tribunais da jurisdição administrativa e fiscal remetem ao respetivo Conselho Superior, nos termos por ele determinados, os elementos de informação estatística que sejam considerados necessários.

ARTIGO 92º
Publicações

1 – Os tribunais da jurisdição administrativa e fiscal recebem gratuitamente o Diário da República, 1ª e 2ª séries, e apêndices, o Diário da Assembleia da República, as publicações jurídicas da Imprensa Nacional e as publicações jurídicas periódicas dos serviços da Administração Pública ou, em alternativa, têm acesso eletrónico gratuito aos suportes informáticos das publicações referidas.

2 – Os tribunais sediados nas Regiões Autónomas recebem também as publicações oficiais das Regiões.

ARTIGO 93º
Salvaguarda de direitos adquiridos

1 – Os juízes dos tribunais administrativos de círculo e dos tribunais tributários em funções à data da entrada em vigor do presente Estatuto conservam a categoria de juízes de círculo.

2 – Os juízes do Supremo Tribunal Administrativo e dos tribunais centrais administrativos que venham a ser nomeados presidentes dos tribunais administrativos de círculo e dos tribunais tributários conservam aquele estatuto, podendo continuar a exercer funções nos primeiros, nos termos a determinar pelo Conselho Superior dos Tribunais Administrativos e Fiscais.

Lei nº 15/2002, de 22 de Fevereiro

Aprova o Código de Processo nos Tribunais Administrativos (revoga o Decreto-Lei nº 267/85, de 16 de Julho) e procede à quarta alteração do Decreto-Lei nº 555/99, de 16 de Dezembro, alterado pelas Leis nºs 13/2000, de 20 de Julho, e 30-A/2000, de 20 de Dezembro, e pelo Decreto-Lei nº 177/2001, de 4 de Julho

A Assembleia da República decreta, nos termos da alínea c) do artigo 161º da Constituição, para valer como lei geral da República, o seguinte:

ARTIGO 1º
Aprovação

É aprovado o Código de Processo nos Tribunais Administrativos, que se publica em anexo à presente lei e que dela faz parte integrante.

ARTIGO 2º
Comunicação à Comissão das Comunidades Europeias

1 – No caso de a Comissão das Comunidades Europeias notificar o Estado Português e a entidade adjudicante de que considera existir violação clara e manifesta de disposições comunitárias em qualquer procedimento de formação de contratos, deve o Estado, no prazo de 20 dias, comunicar à Comissão que a violação foi corrigida ou responder em exposição de que constem os fundamentos pelos quais não procede à correcção.

2 – Constitui fundamento invocável, para efeitos do disposto na parte final do nº 1, a circunstância de a violação alegada se encontrar sob apreciação dos tribunais, devendo o Estado comunicar à Comissão o resultado do processo, logo que concluído.

3 – Se tiver sido determinada a suspensão, administrativa ou judicial, do procedimento, o Estado Português deve dar conhecimento do facto à Comissão no prazo referido no nº 1, assim como deve informá-la do eventual levantamento da suspensão ou do início de outro procedimento de formação de contrato, total ou parcialmente relacionado com o procedimento anterior, esclarecendo se a alegada violação foi corrigida ou expondo as razões por que não o foi.

ARTIGO 3º [1]
Norma de alteração

O artigo 112º do Decreto-Lei nº 555/99, de 16 de Dezembro, que estabelece o regime jurídico da urbanização e da edificação, passa a ter a seguinte redacção:

«ARTIGO 112º
[...]

1 – No caso previsto na alínea *a*) do artigo 111º, pode o interessado pedir ao tribunal administrativo de círculo da área da sede da autoridade requerida a intimação da autoridade competente para proceder à prática do acto que se mostre devido.

2 – O requerimento de intimação deve ser apresentado em duplicado e instruído com cópia do requerimento para a prática do acto devido.

3 – A secretaria, logo que registe a entrada do requerimento, expede por via postal notificação à autoridade requerida, acompanhada do duplicado, para responder no prazo de 14 dias.

4 – Junta a resposta ou decorrido o respectivo prazo, o processo vai com vista ao Ministério Público, por dois dias, e seguidamente é concluso ao juiz, para decidir no prazo de cinco dias.

5 – Se não houver fundamento de rejeição, o requerimento só será indeferido quando a autoridade requerida faça prova da prática do acto devido até ao termo do prazo fixado para a resposta.

6 – Na decisão, o juiz estabelece prazo não superior a 30 dias para que a autoridade requerida pratique o acto devido e fixa sanção pecuniária compulsória, nos termos previstos no Código de Processo nos Tribunais Administrativos.

7 – Ao pedido de intimação é aplicável o disposto no Código de Processo nos Tribunais Administrativos quanto aos processos urgentes.

---

[1] Redacção da Lei nº 4-A/2003, de 19 de Fevereiro.

8 – O recurso da decisão tem efeito meramente devolutivo.

9 – Decorrido o prazo fixado pelo Tribunal sem que se mostre praticado o acto devido, o interessado pode prevalecer-se do disposto no artigo 113º, com excepção do disposto no número seguinte.

10 – Na situação prevista no número anterior, tratando-se de aprovação do projecto de arquitectura, o interessado pode juntar os projectos de especialidade ou, caso já o tenha feito no requerimento inicial, inicia-se a contagem do prazo previsto na alínea *c*) do nº 1 do artigo 23º.»

ARTIGO 4º
Revisão

O Código de Processo nos Tribunais Administrativos é revisto no prazo de três anos a contar da data da sua entrada em vigor, devendo ser recolhidos os elementos úteis resultantes da sua aplicação, para introdução das alterações que se mostrem necessárias.

ARTIGO 5º
Disposição transitória

1 – As disposições do Código de Processo nos Tribunais Administrativos não se aplicam aos processos que se encontrem pendentes à data da sua entrada em vigor.

2 – Podem ser requeridas providências cautelares ao abrigo do novo Código, como incidentes, de acções já pendentes à data da sua entrada em vigor.

3 – Não são aplicáveis aos processos pendentes as disposições que excluem recursos que eram admitidos na vigência da legislação anterior, tal como também não o são as disposições que introduzem novos recursos que não eram admitidos na vigência da legislação anterior.

4 – As novas disposições respeitantes à execução das sentenças são aplicáveis aos processos executivos que sejam instaurados após a entrada em vigor do novo Código.

ARTIGO 6º

São revogados:

a) A parte IV do Código Administrativo, aprovado pelo Decreto-Lei nº 31 095, de 31 de Dezembro de 1940;
b) O Decreto-Lei nº 40 768, de 8 de Setembro de 1956;
c) O Decreto-Lei nº 41 234, de 20 de Agosto de 1957;
d) O Decreto-Lei nº 256-A/77, de 17 de Junho;

e) A Lei de Processo nos Tribunais Administrativos, aprovada pelo Decreto-Lei nº 267/85, de 16 de Julho;

f) O Decreto-Lei nº 134/98, de 15 de Maio.

ARTIGO 7º [1]
Entrada em vigor

A presente lei entra em vigor em 1 de Janeiro de 2004.

---

[1] Redacção da Lei nº 4-A/2003, de 19 de Fevereiro.

Portaria nº 1417/2003, de 30 de Dezembro

A reforma do contencioso administrativo implicou um esforço de racionalização de meios materiais e de apetrechamento da nova rede de tribunais da jurisdição administrativa e fiscal, tendo em vista o combate à morosidade processual e a simplificação de procedimentos no tratamento dos processos.

Neste contexto, foi desenvolvida uma aplicação informática que permite o envio e recepção de peças processuais e documentos por via electrónica, a tramitação informática dos processos e o acesso aos mesmos via Internet e que visa maior celeridade e flexibilidade na tramitação dos processos instaurados nos tribunais administrativos e fiscais.

Ficando o Governo incumbido de regulamentar os aspectos específicos da aplicação do SITAF nos tribunais administrativos e fiscais, nos termos do artigo 4º do Decreto-Lei nº 325/2003, de 29 de Dezembro, urge proceder à sua regulamentação tendo em vista o seu pleno funcionamento a partir de 1 de Janeiro de 2004.

Nestes termos:

Manda o Governo, pela Ministra da Justiça, ao abrigo do disposto no artigo 4º do Decreto-Lei nº 325/2003, de 29 de Dezembro, o seguinte:

1º
Âmbito

A presente portaria regula o funcionamento do sistema informático dos Tribunais Administrativos e Fiscais (SITAF) e estabelece aspectos específicos da apresentação de peças processuais e documentos por via electrónica, da tramitação informática e do tratamento digital dos processos dos tribunais da jurisdição administrativa e fiscal.

2º
Apresentação de peças processuais e documentos por via electrónica

1 – A apresentação de peças processuais e documentos por via electrónica é efectuada por correio electrónico ou por transmissão electrónica de dados através do endereço http://www.taf.mj.pt

2 – A apresentação de peças processuais e documentos por transmissão electrónica de dados através do endereço supra-referido requer a utilização de assinatura electrónica avançada do signatário.

3 – As peças processuais apresentadas por via electrónica devem ser enviadas em ficheiro de formato RICH TEXT FORMAT (.rtf).

4 – Os documentos apresentados por via electrónica devem ser digitalizados e enviados como um só ficheiro de formato TAGGED IMAGE FILE FORMAT (.tif).

5 – A apresentação conjunta de peças processuais e documentos por via electrónica implica a sua digitalização e envio num único ficheiro de formato TAGGED IMAGE FILE FORMAT (.tif).

3º
Dispensa do suporte de papel e cópias dos documentos

1 – A parte que apresenta os documentos por via electrónica fica dispensada de remeter ao tribunal os documentos em suporte de papel e as respectivas cópias.

2 – A dispensa referida no número anterior não se aplica caso o total de cópias exceda as 100 páginas.

4º
Apresentação de peças processuais e de documentos em suporte físico

1 – Sem prejuízo do disposto no número seguinte, a apresentação de peças processuais e documentos em suporte físico implica a sua digitalização pela secretaria judicial, nos termos do nº 4 do artigo 2º

2 – Podem não ser digitalizados pela secretaria judicial os documentos:

a) Cujo suporte físico não seja em papel ou cujo papel tenha uma espessura superior a 127 g/m^2 ou inferior a 50 g/m^2;
b) Em formatos superiores a A4;
c) Que, individualmente considerados, excedam as 500 páginas.

5º
Devolução de peças processuais e de documentos

1 – Sem prejuízo do disposto no número seguinte, efectuada a digitalização, as peças processuais e os documentos são devolvidos às partes.

2 – Se a secretaria constatar que a digitalização não permite um adequado exame da peça processual ou do documento, arquiva e conserva o seu original, nos termos da lei.

6º
Consulta de processos

1 – A consulta de processos é efectuada em terminal informático, disponível nas secretarias judiciais, ou mediante acesso através do endereço http://www.taf.mj.pt

2 – O acesso através do endereço http://www.taf.mj.pt só pode ser feito por quem disponha de assinatura electrónica avançada.

3 – As peças processuais e os documentos não digitalizados são consultados nas secretarias judiciais, nos termos da lei.

4 – Para efeitos do disposto neste artigo, é mantido um ficheiro electrónico, permanentemente actualizado, com os dados relativos às pessoas autorizadas para a consulta, respectivo nível de acesso e o respectivo certificado digital.

7º
Actos processuais de magistrados e funcionários judiciais

1 – Os actos processuais dos magistrados são praticados em suporte informático, através do SITAF, com aposição de assinatura electrónica avançada.

2 – Os actos processuais das secretarias judiciais são igualmente praticados em suporte informático, através do SITAF, mediante a utilização de assinatura electrónica avançada.

8º
Aplicação no tempo

O disposto na presente portaria apenas se aplica a processos e incidentes instaurados ou deduzidos a partir de 1 de Janeiro de 2004.

Código de Processo nos Tribunais Administrativos

TÍTULO I
Parte geral

CAPÍTULO I
Disposições fundamentais

ARTIGO 1º
Direito aplicável

O processo nos tribunais administrativos rege-se pela presente lei, pelo Estatuto dos Tribunais Administrativos e Fiscais e, supletivamente, pelo disposto na lei de processo civil, com as necessárias adaptações.

ARTIGO 2º
Tutela jurisdicional efetiva

1 – O princípio da tutela jurisdicional efetiva compreende o direito de obter, em prazo razoável, e mediante um processo equitativo, uma decisão judicial que aprecie, com força de caso julgado, cada pretensão regularmente deduzida em juízo, bem como a possibilidade de a fazer executar e de obter as providências cautelares, antecipatórias ou conservatórias, destinadas a assegurar o efeito útil da decisão.

2 – A todo o direito ou interesse legalmente protegido corresponde a tutela adequada junto dos tribunais administrativos, designadamente para o efeito de obter:

a) A anulação ou a declaração de nulidade ou de inexistência de atos administrativos;

b) A condenação à prática de atos devidos, nos termos da lei ou de vínculo contratualmente assumido;

c) A condenação à não emissão de atos administrativos, nas condições admitidas neste Código;

d) A declaração de ilegalidade de normas emitidas ao abrigo de disposições de direito administrativo;

e) A condenação à emissão de normas devidas ao abrigo de disposições de direito administrativo;

f) O reconhecimento de situações jurídicas subjetivas diretamente decorrentes de normas jurídico-administrativas ou de atos jurídicos praticados ao abrigo de disposições de direito administrativo;

g) O reconhecimento de qualidades ou do preenchimento de condições;

h) A condenação à adoção ou abstenção de comportamentos, pela Administração Pública ou por particulares;

i) A condenação da Administração à adoção das condutas necessárias ao restabelecimento de direitos ou interesses violados, incluindo em situações de via de facto, desprovidas de título que as legitime;

j) A condenação da Administração ao cumprimento de deveres de prestar que diretamente decorram de normas jurídico-administrativas e não envolvam a emissão de um ato administrativo impugnável, ou que tenham sido constituídos por atos jurídicos praticados ao abrigo de disposições de direito administrativo, e que podem ter objeto o pagamento de uma quantia, a entrega de uma coisa ou a prestação de um facto;

k) A condenação à reparação de danos causados por pessoas coletivas e pelos titulares dos seus órgãos ou respetivos trabalhadores em funções públicas;

l) A apreciação de questões relativas à interpretação, validade ou execução de contratos;

m) A restituição do enriquecimento sem causa, incluindo a repetição do indevido;

n) A intimação da Administração a prestar informações, permitir a consulta de documentos ou passar certidões;

o) A intimação para proteção de direitos, liberdades e garantias;

p) A extensão dos efeitos de julgados;

q) A adoção das providências cautelares adequadas para assegurar o efeito útil das decisões a proferir em processo declarativo.

ARTIGO 3º
Poderes dos tribunais administrativos

1 – No respeito pelo princípio da separação e interdependência dos poderes, os tribunais administrativos julgam do cumprimento pela Administração

das normas e princípios jurídicos que a vinculam e não da conveniência ou oportunidade da sua atuação.

2 – Por forma a assegurar a efetividade da tutela, os tribunais administrativos podem fixar oficiosamente um prazo para o cumprimento dos deveres que imponham à Administração e aplicar, quando tal se justifique, sanções pecuniárias compulsórias.

3 – Os tribunais administrativos asseguram os meios declarativos urgentes necessários à obtenção da tutela adequada em situações de constrangimento temporal, assim como os meios cautelares destinados à salvaguarda da utilidade das sentenças a proferir nos processos declarativos.

4 – Os tribunais administrativos asseguram ainda a execução das suas sentenças, designadamente daquelas que proferem contra a Administração, seja através da emissão de sentença que produza os efeitos do ato administrativo devido, quando a prática e o conteúdo deste ato sejam estritamente vinculados, seja providenciando a concretização material do que foi determinado na sentença.

ARTIGO 4º
Cumulação de pedidos

1 – É permitida a cumulação de pedidos sempre que:

a) A causa de pedir seja a mesma e única ou os pedidos estejam entre si numa relação de prejudicialidade ou de dependência, nomeadamente por se inscreverem no âmbito da mesma relação jurídica material;

b) Sendo diferente a causa de pedir, a procedência dos pedidos principais dependa essencialmente da apreciação dos mesmos factos ou da interpretação e aplicação dos mesmos princípios ou regras de direito.

2 – É, designadamente, possível cumular:

a) O pedido de anulação ou declaração de nulidade ou inexistência de um ato administrativo com o pedido de condenação da Administração ao restabelecimento da situação que existiria se o ato não tivesse sido praticado;

b) O pedido de declaração da ilegalidade de uma norma com qualquer dos pedidos mencionados na alínea anterior;

c) O pedido de condenação da Administração à prática de um ato administrativo legalmente devido com qualquer dos pedidos mencionados na alínea *a)*;

d) O pedido de anulação ou declaração de nulidade ou inexistência de um ato administrativo com o pedido de anulação ou declaração de nulidade de contrato cuja validade dependa desse ato;

e) O pedido de anulação ou declaração de nulidade ou inexistência de um ato administrativo com o pedido de reconhecimento de uma situação jurídica subjetiva;

f) O pedido de condenação da Administração à reparação de danos causados com qualquer dos pedidos mencionados nas alíneas anteriores;

g) Qualquer pedido relacionado com questões de interpretação, validade ou execução de contratos com a impugnação de atos administrativos praticados no âmbito da relação contratual.

3 – Havendo cumulação sem que entre os pedidos exista a conexão exigida, o juiz notifica o autor ou autores para, no prazo de 10 dias, indicarem o pedido que pretendem ver apreciado no processo, sob cominação de, não o fazendo, haver absolvição da instância quanto a todos os pedidos.

4 – No caso de absolvição da instância por cumulação ilegal de pedidos, podem ser apresentadas novas petições no prazo de 30 dias a contar do trânsito em julgado, considerando-se estas apresentadas na data de entrada da primeira, para efeitos de tempestividade da sua apresentação.

5 – *[Revogado]*.

ARTIGO 5º
Cumulação de pedidos em processos urgentes

1 – A cumulação de pedidos é possível mesmo quando, nos termos deste Código, a algum dos pedidos cumulados corresponda uma das formas da ação administrativa urgente, que deve ser, nesse caso, observada com as adaptações que se revelem necessárias, devendo as adaptações que impliquem menor celeridade do processo cingir-se ao estritamente indispensável.

2 – Quando a complexidade da apreciação do pedido ou pedidos cumulados o justifiquem, o tribunal pode antecipar a decisão do pedido principal em relação à instrução respeitante ao pedido ou pedidos cumulados, que apenas tem lugar se a procedência destes pedidos não ficar prejudicada pela decisão tomada quanto ao pedido principal.

3 – Quando algum dos pedidos cumulados não pertença ao âmbito da competência dos tribunais administrativos, há lugar à absolvição da instância relativamente a esse pedido.

ARTIGO 6º
Igualdade das partes

O tribunal assegura um estatuto de igualdade efetiva das partes no processo, tanto no que se refere ao exercício de faculdades e ao uso de meios de defesa como no plano da aplicação de cominações ou de sanções processuais, designadamente por litigância de má-fé.

ARTIGO 7º
Promoção do acesso à justiça

Para efetivação do direito de acesso à justiça, as normas processuais devem ser interpretadas no sentido de promover a emissão de pronúncias sobre o mérito das pretensões formuladas.

ARTIGO 7º-A
Dever de gestão processual

1 – Cumpre ao juiz, sem prejuízo do ónus de impulso especialmente imposto pela lei às partes, dirigir ativamente o processo e providenciar pelo seu andamento célere, promovendo oficiosamente as diligências necessárias ao normal prosseguimento da ação, recusando o que for impertinente ou meramente dilatório e, ouvidas as partes, adotando mecanismos de simplificação e agilização processual que garantam a justa composição do litígio em prazo razoável.

2 – O juiz providencia oficiosamente pelo suprimento da falta de pressupostos processuais suscetíveis de sanação, determinando a realização dos atos necessários à regularização da instância ou, quando a sanação dependa de ato que deva ser praticado pelas partes, convidando-as a praticá-lo.

3 – Das decisões referidas no nº 1 não é admissível recurso, salvo se contenderem com os princípios da igualdade ou do contraditório, com a aquisição processual de factos ou com a admissibilidade de meios probatórios.

ARTIGO 8º
Princípio da cooperação e boa-fé processual

1 – Na condução e intervenção no processo, os magistrados, os mandatários judiciais e as partes devem cooperar entre si, concorrendo para que se obtenha, com brevidade e eficácia, a justa composição do litígio.

2 – Qualquer das partes deve abster-se de requerer a realização de diligências inúteis e de adotar expedientes dilatórios.

3 – As entidades administrativas têm o dever de remeter ao tribunal, em tempo oportuno, o processo administrativo e demais documentos respeitantes à matéria do litígio, bem como o dever de dar conhecimento, ao longo do processo, de superveniências resultantes da sua atuação, para que a respetiva existência seja comunicada aos demais intervenientes processuais.

4 – Para o efeito do disposto no número anterior, incumbe, nomeadamente, às entidades administrativas comunicar ao tribunal:

a) A emissão de novos atos administrativos no âmbito do procedimento no qual se inscreva o ato impugnado;

b) A celebração do contrato, quando esteja pendente processo de impugnação de ato administrativo praticado no âmbito de procedimento dirigido à formação desse contrato;
c) A emissão de novos atos administrativos cuja manutenção na ordem jurídica possa colidir com os efeitos a que se dirige o processo em curso;
d) A revogação ou anulação do ato impugnado.

5 – Todas as entidades públicas ou privadas devem fornecer os elementos e prestar a colaboração necessária ao exercício da ação pública pelo Ministério Público, podendo este, em caso de recusa, solicitar ao tribunal competente para o julgamento da ação proposta ou a propor a aplicação das sanções previstas na lei processual civil para as situações de recusa ilegítima de colaboração para a descoberta da verdade.

CAPÍTULO II
Das partes

ARTIGO 8º-A
Personalidade e capacidade judiciárias

1 – A personalidade e a capacidade judiciárias consistem, respetivamente, na suscetibilidade de ser parte e na de estar por si em juízo.

2 – Tem personalidade judiciária quem tenha personalidade jurídica, e capacidade judiciária quem tenha capacidade de exercício de direitos, sendo aplicável ao processo administrativo o regime de suprimento da incapacidade previsto na lei processual civil.

3 – Para além dos demais casos de extensão da personalidade judiciária estabelecidos na lei processual civil, os ministérios e os órgãos da Administração Pública têm personalidade judiciária correspondente à legitimidade ativa e passiva que lhes é conferida pelo presente Código.

4 – Nas ações indevidamente propostas contra ministérios, a respetiva falta de personalidade judiciária pode ser sanada pela intervenção do Estado e a ratificação ou repetição do processado.

5 – A propositura indevida de ação contra um órgão administrativo não tem consequências processuais, nos termos do nº 4 do artigo 10º

ARTIGO 9º
Legitimidade ativa

1 – Sem prejuízo do disposto no número seguinte e no capítulo II do título II, o autor é considerado parte legítima quando alegue ser parte na relação material controvertida.

2 – Independentemente de ter interesse pessoal na demanda, qualquer pessoa, bem como as associações e fundações defensoras dos interesses em causa, as autarquias locais e o Ministério Público têm legitimidade para propor e intervir, nos termos previstos na lei, em processos principais e cautelares destinados à defesa de valores e bens constitucionalmente protegidos, como a saúde pública, o ambiente, o urbanismo, o ordenamento do território, a qualidade de vida, o património cultural e os bens do Estado, das Regiões Autónomas e das autarquias locais, assim como para promover a execução das correspondentes decisões jurisdicionais.

ARTIGO 10º
Legitimidade passiva

1 – Cada ação deve ser proposta contra a outra parte na relação material controvertida e, quando for caso disso, contra as pessoas ou entidades titulares de interesses contrapostos aos do autor.

2 – Nos processos intentados contra entidades públicas, parte demandada é a pessoa coletiva de direito público, salvo nos processos contra o Estado ou as Regiões Autónomas que se reportem à ação ou omissão de órgãos integrados nos respetivos ministérios ou secretarias regionais, em que parte demandada é o ministério ou ministérios, ou a secretaria ou secretarias regionais, a cujos órgãos sejam imputáveis os atos praticados ou sobre cujos órgãos recaia o dever de praticar os atos jurídicos ou observar os comportamentos pretendidos.

3 – Os processos que tenham por objeto atos ou omissões de entidade administrativa independente, destituída de personalidade jurídica, são intentados contra o Estado ou a outra pessoa coletiva de direito público a que essa entidade pertença.

4 – O disposto nos nºs 2 e 3 não obsta a que se considere regularmente proposta a ação quando na petição tenha sido indicado como parte demandada um órgão pertencente à pessoa coletiva de direito público, ao ministério ou à secretaria regional que devem ser demandados.

5 – Quando, na situação prevista no número anterior, a citação for feita no órgão indicado na petição, considera-se citada a pessoa coletiva, o ministério ou a secretaria regional a que o órgão pertence.

6 – Havendo cumulação de pedidos, deduzidos contra diferentes pessoas coletivas ou Ministérios, devem ser demandados as pessoas coletivas ou os Ministérios contra quem sejam dirigidas as pretensões formuladas.

7 – Quando o pedido principal deva ser deduzido contra um Ministério, este também tem legitimidade passiva em relação aos pedidos que com aquele sejam cumulados.

8 – Nos processos respeitantes a litígios entre órgãos da mesma pessoa coletiva, a ação é proposta contra o órgão cuja conduta deu origem ao litígio.

9 – Podem ser demandados particulares ou concessionários, no âmbito de relações jurídico-administrativas que os envolvam com entidades públicas ou com outros particulares.

10 – Sem prejuízo da aplicação subsidiária, quando tal se justifique, do disposto na lei processual civil em matéria de intervenção de terceiros, quando a satisfação de uma ou mais pretensões deduzidas contra uma entidade pública exija a colaboração de outra ou outras entidades, cabe à entidade demandada promover a respetiva intervenção no processo.

ARTIGO 11º
Patrocínio judiciário e representação em juízo

1 – Nos tribunais administrativos é obrigatória a constituição de mandatário, nos termos previstos no Código do Processo Civil, podendo as entidades públicas fazer-se patrocinar em todos os processos por advogado, solicitador ou licenciado em direito ou em solicitadoria com funções de apoio jurídico, sem prejuízo da representação do Estado pelo Ministério Público.

2 – No caso de o patrocínio recair em licenciado em direito ou em solicitadoria com funções de apoio jurídico, expressamente designado para o efeito, a referida atuação no âmbito do processo fica vinculada à observância dos mesmos deveres deontológicos, designadamente de sigilo, que obrigam o mandatário da outra parte.

3 – Para o efeito do disposto no número anterior, e sem prejuízo do disposto nos dois números seguintes, o poder de designar o representante em juízo da pessoa coletiva de direito público ou, no caso do Estado, do ministério compete ao auditor jurídico ou ao responsável máximo pelos serviços jurídicos da pessoa coletiva ou do ministério.

4 – Nos processos em que esteja em causa a atuação ou omissão de uma entidade administrativa independente, ou outra que não se encontre integrada numa estrutura hierárquica, a designação do representante em juízo pode ser feita por essa entidade.

5 – Nos processos em que esteja em causa a atuação ou omissão de um órgão subordinado a poderes hierárquicos, a designação do representante em juízo pode ser feita por esse órgão, mas a existência do processo é imediatamente comunicada ao ministro ou ao órgão superior da pessoa coletiva.

6 – Os agentes de execução desempenham as suas funções nas execuções que sejam da competência dos tribunais administrativos.

ARTIGO 12º
Coligação

1 – Podem coligar-se vários autores contra um ou vários demandados e pode um autor dirigir a ação conjuntamente contra vários demandados, por pedidos diferentes, quando:

a) A causa de pedir seja a mesma e única ou os pedidos estejam entre si numa relação de prejudicialidade ou de dependência, nomeadamente por se inscreverem no âmbito da mesma relação jurídica material;

b) Sendo diferente a causa de pedir, a procedência dos pedidos principais depende essencialmente da apreciação dos mesmos factos ou da interpretação e aplicação dos mesmos princípios ou regras de direito.

2 – Nos processos impugnatórios, é possível a coligação de diferentes autores na impugnação, seja de um único, seja de vários atos jurídicos, desde que se preencha qualquer dos pressupostos estabelecidos no número anterior.

3 – Havendo coligação sem que entre os pedidos exista a conexão exigida pelo nº 1, o juiz notificará o autor ou autores para, no prazo de 10 dias, indicarem o pedido que pretendem ver apreciado no processo, sob cominação de, não o fazendo, haver absolvição da instância quanto a todos os pedidos.

4 – No caso previsto no número anterior, bem como quando haja coligação ilegal de autores, podem ser apresentadas novas petições, no prazo de 30 dias a contar do trânsito em julgado da decisão, considerando-se estas apresentadas na data de entrada da primeira, para efeitos da tempestividade da sua apresentação.

CAPÍTULO III
Da competência

SECÇÃO I
Disposições gerais

ARTIGO 13º
Conhecimento da competência e do âmbito da jurisdição

O âmbito da jurisdição administrativa e a competência dos tribunais administrativos, em qualquer das suas espécies, é de ordem pública e o seu conhecimento precede o de qualquer outra matéria.

ARTIGO 14º
Petição a tribunal incompetente

1 – Quando a petição seja dirigida a tribunal incompetente, o processo é oficiosamente remetido, se possível por via eletrónica, ao tribunal administrativo ou tributário competente.

2 – Quando a petição seja dirigida a tribunal incompetente, sem que o tribunal competente pertença à jurisdição administrativa e fiscal, pode o interessado, no prazo de 30 dias a contar do trânsito em julgado da decisão que declare a incompetência, requerer a remessa do processo ao tribunal competente, com indicação do mesmo.

3 – Em ambos os casos previstos nos números anteriores, a petição considera-se apresentada na data do primeiro registo de entrada, para efeitos da tempestividade da sua apresentação.

ARTIGO 15º
Extensão da competência à decisão de questões prejudiciais

1 – Quando o conhecimento do objeto da ação dependa, no todo ou em parte, da decisão de uma ou mais questões da competência de tribunal pertencente a outra jurisdição, pode o juiz sobrestar na decisão até que o tribunal competente se pronuncie.

2 – A suspensão fica sem efeito se a ação da competência do tribunal pertencente a outra jurisdição não for proposta no prazo de dois meses ou se ao respetivo processo não for dado andamento, por negligência das partes, durante o mesmo prazo.

3 – No caso previsto no número anterior, deve prosseguir o processo do contencioso administrativo, sendo a questão prejudicial decidida com efeitos a ele restritos.

SECÇÃO II
Da competência territorial

ARTIGO 16º
Regra geral

1 – Sem prejuízo do disposto nos artigos seguintes e das soluções que resultem da distribuição das competências em função da hierarquia, os processos são intentados no tribunal da área da residência habitual ou da sede do autor.

2 – Havendo pluralidade de autores, a ação pode ser proposta no tribunal da área da residência habitual ou da sede da maioria deles, ou, no caso de não haver maioria, no tribunal da área da residência habitual ou da sede de qualquer deles.

ARTIGO 17º
Processos relacionados com bens imóveis

Os processos relacionados com bens imóveis ou direitos a eles referentes são intentados no tribunal da situação dos bens.

ARTIGO 18º
Competência em matéria de responsabilidade civil

1 – As pretensões em matéria de responsabilidade civil extracontratual, incluindo ações de regresso, são deduzidas no tribunal do lugar em que se deu o facto constitutivo da responsabilidade.

2 – Quando o facto constitutivo de responsabilidade seja a prática ou a omissão de um ato administrativo ou de uma norma, a pretensão é deduzida no tribunal competente para se pronunciar sobre a legalidade da atuação ou da omissão.

ARTIGO 19º
Competência em matéria relativa a contratos

1 – As pretensões relativas a contratos são deduzidas no tribunal do lugar de cumprimento do contrato.

2 – Se as partes convencionarem o tribunal perante o qual se comprometem a deduzir as suas pretensões relativas ao contrato, o tribunal competente para o efeito é o tribunal convencionado.

3 – As ações que tenham por objeto litígios emergentes de vínculos de emprego público intentadas por trabalhador contra o empregador público podem ser propostas no tribunal do lugar da prestação de trabalho ou do domicílio do autor.

ARTIGO 20º
Outras regras de competência territorial

1 – Os processos respeitantes à prática ou à omissão de normas e de atos administrativos das Regiões Autónomas e das autarquias locais, assim como das entidades por elas instituídas, e das pessoas coletivas de utilidade pública são intentados no tribunal da área da sede da entidade demandada.

2 – *[Revogado]*.

3 – O contencioso eleitoral é da competência do tribunal da área da sede do órgão cuja eleição se impugna.

4 – O conhecimento dos pedidos de intimação para prestação de informações, consulta de documentos e passagem de certidões é da competência do tribunal da área onde deva ter lugar a prestação, consulta ou passagem pretendida.

5 – Os demais processos de intimação são intentados no tribunal da área onde deva ter lugar o comportamento ou a omissão pretendidos.

6 – Os pedidos dirigidos à adoção de providências cautelares são julgados pelo tribunal competente para decidir a causa principal.

7 – Os pedidos de produção antecipada de prova são deduzidos no tribunal em que a prova tenha de ser efetuada ou da área em que se situe o tribunal de comarca a que a diligência deva ser deprecada.

8 – A competência territorial para os processos executivos é determinada nos termos da lei processual civil.

9 – Para a execução jurisdicional de atos administrativos que não possam ser impostos coercivamente pela Administração, o tribunal competente é o da área da sede da residência ou sede do executado ou da localização dos bens a executar.

ARTIGO 21º
Cumulação de pedidos

1 – Nas situações de cumulação em que a competência para a apreciação de qualquer dos pedidos pertença a um tribunal superior, este também é competente para conhecer dos demais pedidos.

2 – Quando forem cumulados pedidos para cuja apreciação sejam territorialmente competentes diversos tribunais, o autor pode escolher qualquer deles para a propositura da ação, mas se a cumulação disser respeito a pedidos entre os quais haja uma relação de dependência ou de subsidiariedade, a ação deve ser proposta no tribunal competente para apreciar o pedido principal.

ARTIGO 22º
Competência supletiva

Quando não seja possível determinar a competência territorial por aplicação dos artigos anteriores, é competente o Tribunal Administrativo de Círculo de Lisboa.

CAPÍTULO IV
Dos atos processuais

ARTIGO 23º
Regime aplicável

É subsidiariamente aplicável ao processo administrativo o disposto na lei processual civil em matéria de entrega ou remessa das peças processuais, dos duplicados dos articulados e das cópias dos documentos apresentados, bem como em matéria de realização das citações e notificações.

ARTIGO 24º
Realização de atos processuais

1 – Os atos processuais, incluindo os atos das partes que devam ser praticados por escrito, e a tramitação do processo, são efetuados, preferencialmente, por via eletrónica, nos termos a definir por portaria do membro do Governo responsável pela área da justiça.

2 – A apresentação de peças processuais e documentos por via eletrónica dispensa a sua remessa ao tribunal, e a dos respetivos duplicados e cópias, em suporte de papel, sem prejuízo da possibilidade de o juiz exigir a apresentação do original, nos termos da lei processual civil.

3 – Apresentada a petição por via eletrónica, a citação das entidades públicas ou dos órgãos nela indicados é efetuada automaticamente por via eletrónica, sem necessidade de despacho do juiz, salvo nos casos expressamente previstos em que há lugar a despacho liminar.

4 – Na situação prevista no número anterior, a entidade pública demandada fica obrigada a apresentar as suas peças processuais, o eventual processo instrutor e demais documentos, preferencialmente, por via eletrónica, nas condições a definir por portaria do membro do Governo responsável pela área da justiça, devendo o autor, sempre que possível, receber as notificações judiciais pela mesma via, de modo automático.

5 – Os atos processuais referidos nos números anteriores podem, ainda, ser apresentados a juízo por uma das seguintes formas:

a) Entrega na secretaria judicial, em suporte de papel, valendo como data da prática do ato a da respetiva entrega;

b) Remessa pelo correio, sob registo, valendo como data da prática do ato a da expedição;

c) Envio através de telecópia, valendo como data da prática do ato a da expedição.

ARTIGO 25º
Citações e notificações

1 – Salvo disposição em contrário, as citações editais são realizadas mediante a publicação de anúncio em página informática de acesso público, nos termos a definir em portaria do membro do Governo responsável pela área da justiça.

2 – Em todas as formas de processo, todos os articulados e requerimentos autónomos e demais documentos apresentados após a notificação ao autor da contestação do demandado são notificados pelo mandatário judicial do apresentante ao mandatário judicial da contraparte nos termos da lei processual civil.

3 – A notificação determinada no número anterior pode realizar-se por meios eletrónicos, nos termos de portaria do membro do Governo responsável pela área da justiça.

ARTIGO 26º
Distribuição

1 – O sistema informático dos tribunais administrativos e fiscais assegura a distribuição diária dos processos e demais documentos sujeitos a distribuição, que se realiza automaticamente por forma eletrónica.

2 – Para o efeito do disposto no número anterior, são previamente introduzidos no sistema os dados necessários, determinados no respeito pelos princípios da imparcialidade e do juiz natural, de acordo com os seguintes critérios:

a) Espécies de processos, definidas pelo Conselho Superior dos Tribunais Administrativos e Fiscais, sob proposta do presidente do tribunal;

b) Carga de trabalho dos juízes e respetiva disponibilidade para o serviço;

c) Tipo de matéria a apreciar, desde que, no tribunal, haja um mínimo de três juízes afetos à apreciação de cada tipo de matéria.

3 – Em tudo o que não esteja expressamente regulado neste artigo, aplica-se, com as necessárias adaptações, o disposto no Código de Processo Civil quanto à distribuição.

ARTIGO 27º
Poderes do relator nos processos em primeiro grau de jurisdição em tribunais superiores

1 – Compete ao relator, sem prejuízo dos demais poderes que lhe são conferidos neste Código:

a) Deferir os termos do processo, proceder à sua instrução e prepará-lo para julgamento;
b) Dar por findos os processos;
c) Declarar a suspensão da instância;
d) Ordenar a apensação de processos;
e) Julgar extinta a instância por transação, deserção, desistência, impossibilidade ou inutilidade da lide;
f) Rejeitar liminarmente os requerimentos e incidentes de cujo objeto não deva tomar conhecimento;
g) Conhecer das nulidades dos atos processuais e dos próprios despachos;
h) Conhecer do pedido de adoção de providências cautelares ou submetê-lo à apreciação da conferência, quando o considere justificado;
i) Proferir decisão quando entenda que a questão a decidir é simples, designadamente por já ter sido judicialmente apreciada de modo uniforme e reiterado, ou que a pretensão é manifestamente infundada;
j) Admitir os recursos de acórdãos, declarando a sua espécie, regime de subida e efeitos, ou negar-lhes admissão.

2 – Dos despachos do relator cabe reclamação para a conferência, com exceção dos de mero expediente.

ARTIGO 28º
Apensação de processos

1 – Quando sejam separadamente propostas ações que, por se verificarem os pressupostos de admissibilidade previstos para a coligação e a cumulação de pedidos, possam ser reunidas num único processo, deve ser ordenada a apensação delas, ainda que se encontrem pendentes em tribunais diferentes, a não ser que o estado do processo ou outra razão torne especialmente inconveniente a apensação.

2 – Os processos são apensados ao que tiver sido intentado em primeiro lugar, considerando-se como tal o de numeração inferior, salvo se os pedidos forem dependentes uns dos outros, caso em que a apensação é feita na ordem da dependência.

3 – A apensação pode ser requerida ao tribunal perante o qual se encontre pendente o processo a que os outros tenham de ser apensados e, quando se trate de processos que estejam pendentes perante o mesmo juiz, deve ser por este oficiosamente determinada, ouvidas as partes.

4 – Importa baixa na distribuição a apensação de processo distribuído a juiz diferente.

ARTIGO 29º
Prazos processuais

1 – O prazo geral supletivo para os atos processuais das partes é de 10 dias.
2 – *[Revogado]*.
3 – Sem prejuízo do disposto nos números seguintes, são aplicáveis aos processos nos tribunais administrativos, em primeira instância ou em via de recurso, os prazos estabelecidos na lei processual civil para juízes, magistrados do Ministério Público e funcionários, com as devidas consequências legais.
4 – Na falta de disposição especial, os despachos judiciais são proferidos no prazo de 10 dias.
5 – Na falta de disposição especial, as promoções do Ministério Público são deduzidas no prazo de 10 dias.
6 – Os despachos ou promoções de mero expediente, bem como os considerados urgentes, devem ser proferidos no prazo máximo de dois dias.
7 – Decorridos três meses sobre o termo do prazo fixado para a prática de ato próprio do juiz sem que o mesmo tenha sido praticado, deve o juiz consignar a concreta razão da inobservância do prazo.
8 – A secretaria remete, mensalmente, ao presidente do tribunal informação discriminada dos casos em que se mostrem decorridos três meses sobre o termo do prazo fixado para a prática de ato próprio do juiz, ainda que o ato tenha sido entretanto praticado, incumbindo ao presidente do tribunal, no prazo de 10 dias contado da data de receção, remeter o expediente à entidade com competência disciplinar.

ARTIGO 30º
Publicidade do processo e das decisões

1 – O processo administrativo é público, com as restrições previstas na lei, processando-se o acesso nos termos e condições previstos na lei processual civil.
2 – Os acórdãos do Supremo Tribunal Administrativo, assim como os dos Tribunais Centrais Administrativos e dos tribunais administrativos de círculo que tenham transitado em julgado, são objeto de publicação obrigatória por via informática, em base de dados de jurisprudência.
3 – Do tratamento informático devem constar pelo menos a identificação do tribunal que proferiu a decisão e dos juízes que a subscreveram, a data e o sentido e os fundamentos da decisão.
4 – *[Revogado]*.
5 – *[Revogado]*.
6 – *[Revogado]*.

7 – *[Revogado]*.
8 – *[Revogado]*.

CAPÍTULO V
Do valor das causas e das formas do processo

SECÇÃO I
Do valor das causas

ARTIGO 31º
Atribuição de valor e suas consequências

1 – A toda a causa deve ser atribuído um valor certo, expresso em moeda legal, o qual representa a utilidade económica imediata do pedido.

2 – Atende-se ao valor da causa para determinar se cabe recurso da sentença proferida em primeira instância e que tipo de recurso.

3 – Para o efeito das custas e demais encargos legais, o valor da causa é fixado segundo as regras estabelecidas na legislação respetiva.

4 – É aplicável o disposto na lei processual civil quanto aos poderes das partes e à intervenção do juiz na fixação do valor da causa.

ARTIGO 32º
Critérios gerais para a fixação do valor

1 – Quando pela ação se pretenda obter o pagamento de quantia certa, é esse o valor da causa.

2 – Quando pela ação se pretenda obter um benefício diverso do pagamento de uma quantia, o valor da causa é a quantia equivalente a esse benefício.

3 – Quando a ação tenha por objeto a apreciação da existência, validade, cumprimento, modificação ou resolução de um contrato, atende-se ao valor do mesmo, determinado pelo preço ou estipulado pelas partes.

4 – Quando a ação diga respeito a uma coisa, o valor desta determina o valor da causa.

5 – Quando esteja em causa a cessação de situações causadoras de dano, ainda que fundadas em ato administrativo ilegal, o valor da causa é determinado pela importância do dano causado.

6 – O valor dos processos cautelares é determinado pelo valor do prejuízo que se quer evitar, dos bens que se querem conservar ou da prestação pretendida a título provisório.

7 – Quando sejam cumulados, na mesma ação, vários pedidos, o valor é a quantia correspondente à soma dos valores de todos eles, mas cada um deles é considerado em separado para o efeito de determinar se a sentença pode ser objeto de recurso, e de que tipo.

8 – Quando seja deduzido pedido acessório de condenação ao pagamento de juros, rendas e rendimentos já vencidos e a vencer durante a pendência da causa, na fixação do valor atende-se somente aos interesses já vencidos.

9 – No caso de pedidos alternativos, atende-se unicamente ao pedido de valor mais elevado e, no caso de pedidos subsidiários, ao pedido formulado em primeiro lugar.

ARTIGO 33º
Critérios especiais

Nos processos relativos a atos administrativos, atende-se ao conteúdo económico do ato, designadamente por apelo aos seguintes critérios, para além daqueles que resultam do disposto no artigo anterior:

a) Quando esteja em causa a autorização ou licenciamento de obras e, em geral, a apreciação de decisões respeitantes à realização de empreendimentos públicos ou privados, o valor da causa afere-se pelo custo previsto da obra projetada;

b) Quando esteja em causa a aplicação de sanções de conteúdo pecuniário, o valor da causa é determinado pelo montante da sanção aplicada;

c) Quando esteja em causa a aplicação de sanções sem conteúdo pecuniário, o valor da causa é determinado pelo montante dos danos patrimoniais sofridos;

d) Quando estejam em causa atos ablativos da propriedade ou de outros direitos reais, o valor da causa é determinado pelo valor do direito sacrificado.

ARTIGO 34º
Critério supletivo

1 – Consideram-se de valor indeterminável os processos respeitantes a bens imateriais e a normas emitidas ou omitidas no exercício da função administrativa, incluindo planos urbanísticos e de ordenamento do território.

2 – Quando o valor da causa seja indeterminável, considera-se superior ao da alçada do Tribunal Central Administrativo.

3 – Das decisões de mérito proferidas em processo de valor indeterminável cabe sempre recurso de apelação e, quando proferidas por tribunal

administrativo de círculo, recurso de revista para o Supremo Tribunal Administrativo, nos termos e condições previstos no artigo 151º deste Código.

4 – Quando com pretensões suscetíveis de avaliação económica sejam cumuladas outras insuscetíveis de tal avaliação, atende-se separadamente a cada uma delas para o efeito de determinar se a sentença pode ser objeto de recurso, e de que tipo.

SECÇÃO II
Das formas de processo

ARTIGO 35º
Formas de processo

1 – O processo declarativo nos Tribunais Administrativos rege-se pelo disposto nos títulos II e III e pelas disposições gerais, sendo-lhe subsidiariamente aplicável o disposto na lei processual civil.

2 – *[Revogado]*.

ARTIGO 36º
Processos urgentes

1 – Sem prejuízo dos demais casos previstos na lei, têm caráter urgente os processos relativos a:

a) Contencioso eleitoral, com o âmbito definido neste Código;
b) Procedimentos de massa, com o âmbito definido neste Código;
c) Contencioso pré-contratual, com o âmbito definido neste Código;
d) Intimação para prestação de informações, consulta de documentos ou passagem de certidões;
e) Intimação para defesa de direitos, liberdades e garantias;
f) Providências cautelares.

2 – Os processos urgentes e respetivos incidentes correm em férias, com dispensa de vistos prévios, mesmo em fase de recurso jurisdicional, e os atos da secretaria são praticados no próprio dia, com precedência sobre quaisquer outros.

3 – O julgamento dos processos urgentes tem lugar, com prioridade sobre os demais, logo que o processo esteja pronto para decisão.

4 – Na falta de especificação própria quanto à respetiva tramitação, os processos urgentes previstos em lei especial seguem os termos da ação administrativa, com os prazos reduzidos a metade, regendo-se, quanto ao mais, pelo disposto nos nºs 2 e 3 do presente artigo e, em fase de recurso jurisdicional, pelo disposto no artigo 147º

TÍTULO II
Da ação administrativa

CAPÍTULO I
Disposições gerais

ARTIGO 37º
Objeto

1 – Seguem a forma da ação administrativa, com a tramitação regulada no capítulo III do presente título, os processos que tenham por objeto litígios cuja apreciação se inscreva no âmbito da competência dos tribunais administrativos e que nem neste Código, nem em legislação avulsa sejam objeto de regulação especial, designadamente:

a) Impugnação de atos administrativos;

b) Condenação à prática de atos administrativos devidos, nos termos da lei ou de vínculo contratualmente assumido;

c) Condenação à não emissão de atos administrativos, nas condições admitidas neste Código;

d) Impugnação de normas emitidas ao abrigo de disposições de direito administrativo;

e) Condenação à emissão de normas devidas ao abrigo de disposições de direito administrativo;

f) Reconhecimento de situações jurídicas subjetivas diretamente decorrentes de normas jurídico-administrativas ou de atos jurídicos praticados ao abrigo de disposições de direito administrativo;

g) Reconhecimento de qualidades ou do preenchimento de condições;

h) Condenação à adoção ou abstenção de comportamentos pela Administração Pública ou por particulares;

i) Condenação da Administração à adoção das condutas necessárias ao restabelecimento de direitos ou interesses violados, incluindo em situações de via de facto, desprovidas de título que as legitime;

j) Condenação da Administração ao cumprimento de deveres de prestar que diretamente decorram de normas jurídico-administrativas e não envolvam a emissão de um ato administrativo impugnável, ou que tenham sido constituídos por atos jurídicos praticados ao abrigo de disposições de direito administrativo, e que podem ter por objeto o pagamento de uma quantia, a entrega de uma coisa ou a prestação de um facto;

k) Responsabilidade civil das pessoas coletivas, bem como dos titulares dos seus órgão ou respetivos trabalhadores em funções públicas, incluindo ações de regresso;

l) Interpretação, validade ou execução de contratos;

m) A restituição do enriquecimento sem causa, incluindo a repetição do indevido;

n) Relações jurídicas entre entidades administrativas.

2 – *[Revogado]*.

3 – Quando, sem fundamento em ato administrativo impugnável, particulares, nomeadamente concessionários, violem vínculos jurídico-administrativos decorrentes de normas, atos administrativos ou contratos, ou haja fundado receio de que os possam violar, sem que, solicitadas a fazê-lo, as autoridades competentes tenham adotado as medidas adequadas, qualquer pessoa ou entidade cujos direitos ou interesses sejam diretamente ofendidos pode pedir ao tribunal que condene os mesmos a adotaram ou a absterem-se de certo comportamento, por forma a assegurar o cumprimento dos vínculos em causa.

ARTIGO 38º
Ato administrativo inimpugnável

1 – Nos casos em que a lei substantiva o admita, designadamente no domínio da responsabilidade civil da Administração por atos administrativos ilegais, o tribunal pode conhecer, a título incidental, da ilegalidade de um ato administrativo que já não possa ser impugnado.

2 – Sem prejuízo do disposto no número anterior, não pode ser obtido por outros meios processuais o efeito que resultaria da anulação do ato inimpugnável.

ARTIGO 39º
Interesse processual

1 – Os pedidos de simples apreciação podem ser deduzidos por quem invoque utilidade ou vantagem imediata, para si, na providência jurisdicional pretendida, designadamente por existir uma situação de incerteza, de ilegítima afirmação por parte da Administração da existência de determinada situação jurídica, como nos casos de inexistência de ato administrativo, ou o fundado receio de que a Administração possa vir a adotar uma conduta lesiva, fundada numa avaliação incorreta da situação jurídica existente.

2 – A condenação à não emissão de atos administrativos só pode ser pedida quando seja provável a emissão de atos lesivos de direitos ou interesse legalmente protegidos e a utilização dessa via se mostre imprescindível.

ARTIGO 40º
Legitimidade em ações relativas a contratos

[Revogado].

ARTIGO 41º
Prazos

1 – Sem prejuízo do disposto na lei substantiva e no capítulo seguinte, a ação administrativa pode ser proposta a todo o tempo.
2 – *[Revogado]*.
3 – *[Revogado]*.

ARTIGO 42º
Tramitação

[Revogado].

ARTIGO 43º
Domínio de aplicação dos processos ordinário, sumário e sumaríssimo

[Revogado].

ARTIGO 44º
Fixação de prazo e imposição de sanção pecuniária compulsória

[Revogado].

ARTIGO 45º
Modificação do objeto do processo

1 – Quando se verifique que a pretensão do autor é fundada, mas que à satisfação dos seus interesses obsta, no todo ou em parte, a existência de uma situação de impossibilidade absoluta, ou a entidade demandada demonstre que o cumprimento dos deveres a que seria condenada originaria um excecional prejuízo para o interesse público, o tribunal profere decisão na qual:

a) Reconhece o bem fundado da pretensão do autor;
b) Reconhece a existência da circunstância que obsta, no todo ou em parte, à emissão da pronúncia solicitada;
c) Reconhece o direito do autor a ser indemnizado por esse facto; e
d) Convida as partes a acordarem no montante da indemnização devida no prazo de 30 dias, que pode ser prorrogado até 60 dias, caso seja previsível que o acordo venha a concretizar-se dentro daquele prazo.

2 – Na falta do acordo a que se refere a alínea *d*) do número anterior, o autor pode requerer, no prazo de um mês, a fixação judicial da indemnização devida, mediante a apresentação de articulado devidamente fundamentado, devendo o tribunal, nesse caso, ouvir a outra parte pelo prazo de 10 dias e ordenar as diligências instrutórias que considere necessárias.

3 – Na hipótese prevista no número anterior, o autor pode optar por pedir a reparação de todos os danos resultantes da atuação ilegítima da entidade demandada, hipótese na qual esta é notificada para contestar o novo pedido no prazo de 30 dias, findo o que a ação segue os subsequentes termos da ação administrativa.

4 – O disposto na alínea *d*) do n.º 1 e nos n.ºs 2 e 3 não é aplicável quando o autor já tinha cumulado na ação o pedido de reparação de todos os danos resultantes da atuação ilegítima da entidade demandada, hipótese na qual o tribunal dá ao autor a possibilidade de ampliar o pedido indemnizatório já deduzido, de modo a nele incluir o montante da indemnização adicional que possa ser devida pela ocorrência das situações previstas no n.º 1.

5 – *[Revogado]*.

ARTIGO 45º-A
Extensão de regime

1 – O disposto no artigo anterior é aplicável quando, tendo sido deduzido pedido respeitante à invalidade de contrato por violação das regras relativas ao respetivo procedimento de formação, o tribunal:

a) Verifique que já não é possível reinstruir o procedimento pré-contratual, por entretanto ter sido celebrado e executado o contrato;

b) Proceda, segundo o disposto na lei substantiva, ao afastamento da invalidade do contrato, em resultado da ponderação dos interesses públicos e privados em presença.

2 – O disposto no artigo anterior também é aplicável quando, na pendência de ação de condenação à prática de ato devido, se verifique que a entidade demandada devia ter satisfeito a pretensão do autor em conformidade com o quadro normativo aplicável, mas a alteração superveniente desse quadro normativo impeça a procedência da ação.

3 – Para efeitos do disposto no número anterior, a alteração superveniente só impede a procedência da ação de condenação à prática de ato devido quando se verifique que, mesmo que a pretensão do autor tivesse sido satisfeita no momento próprio, a referida alteração teria o alcance de lhe retirar a titularidade da correspondente situação jurídica de vantagem, constituindo-o no direito de ser indemnizado por esse facto.

ARTIGO 46º
Objeto

[Revogado].

ARTIGO 47º
Cumulação de pedidos

[Revogado].

ARTIGO 48º
Seleção de processos com andamento prioritário

1 – Quando, num mesmo tribunal, sejam intentados mais de dez processos que, embora referidos a diferentes pronúncias da mesma entidade administrativa, digam respeito à mesma relação jurídica material ou, ainda que respeitantes a diferentes relações jurídicas coexistentes em paralelo, sejam suscetíveis de ser decididos com base na aplicação das mesmas normas a situações de facto do mesmo tipo, o presidente do tribunal deve determinar, ouvidas as partes, que seja dado andamento apenas a um deles e se suspenda a tramitação dos demais.

2 – O tribunal pode igualmente determinar, ouvidas as partes, a suspensão dos processos que venham a ser intentados na pendência do processo selecionado e que preencham os pressupostos previstos no número anterior.

3 – No exercício dos poderes conferidos nos números anteriores, o tribunal deve certificar-se de que no processo ao qual seja dado andamento prioritário a questão é debatida em todos os seus aspetos de facto e de direito e que a suspensão da tramitação dos demais processos não tem o alcance de limitar o âmbito de instrução, afastando a apreciação de factos ou a realização de diligências de prova necessárias para o completo apuramento da verdade.

4 – Quando a verificação dos pressupostos requeridos no número anterior apenas possa ser alcançada através da seleção conjugada, para efeito de decisão prioritária, de mais do que um processo, os processos selecionados devem ser apensados num único processo.

5 – Das decisões de suspensão de tramitação ou de apensação de processos, podem as partes interpor, no prazo de 15 dias, recurso com efeito devolutivo com fundamento na ausência de qualquer dos pressupostos referidos no nº 1.

6 – O disposto nos números anteriores também é aplicável quando a situação se verifique no conjunto de diferentes tribunais, podendo o impulso partir do presidente de qualquer dos tribunais envolvidos ou de qualquer das partes nos processos em causa.

7 – A aplicação do regime do presente artigo a situações de processos existentes em diferentes tribunais, segundo o previsto no número anterior, é determinada pelo Presidente do Supremo Tribunal Administrativo, a quem compete estabelecer qual ou quais os processos aos quais deve ser dado andamento, com suspensão dos demais, oficiosamente ou mediante proposta dos presidentes dos tribunais envolvidos.

8 – Ao processo ou processos selecionados é aplicável o disposto no nº 4 do artigo 36º para os processos urgentes e no seu julgamento intervêm todos os juízes do tribunal ou da secção.

9 – A decisão emitida no processo ou nos processos selecionados é notificada às partes nos processos suspensos, podendo o autor nestes processos optar, no prazo de 30 dias, por desistir do pedido ou recorrer da sentença proferida no processo ou nos processos selecionados.

10 – O tribunal decide oficiosamente a extensão dos efeitos da sentença aos processos suspensos em cujo âmbito não haja sido praticado, no prazo determinado no número anterior, qualquer dos atos ali previstos.

11 – Quando mereça provimento, o recurso previsto no nº 9 produz efeitos apenas na esfera jurídica do recorrente.

ARTIGO 49º
Norma remissiva

[Revogado].

CAPÍTULO II
Disposições particulares

SECÇÃO I
Impugnação de atos administrativos

ARTIGO 50º
Objeto e efeitos da impugnação

1 – A impugnação de um ato administrativo tem por objeto a anulação ou a declaração de nulidade desse ato.

2 – Sem prejuízo das demais situações previstas na lei, a impugnação de um ato administrativo suspende a eficácia desse ato quando esteja apenas em causa o pagamento de uma quantia certa, sem natureza sancionatória, e tenha sido prestada garantia por qualquer das formas previstas na lei tributária.

3 – A impugnação de atos lesivos exprime a intenção, por parte do autor, de exercer o direito à reparação dos danos que tenha sofrido, para o efeito de interromper a prescrição deste direito, nos termos gerais.

4 – Às ações de declaração de inexistência de ato administrativo é aplicável, com as devidas adaptações, o disposto nos artigos 55º e 57º, em matéria de legitimidade, assim como no artigo 64º, no caso de o autor ter interesse em deduzir, em substituição ou cumulação superveniente com o pedido inicial, a impugnação de ato administrativo praticado durante a pendência do processo.

SUBSECÇÃO I
Da impugnabilidade dos atos administrativos

ARTIGO 51º
Atos impugnáveis

1 – Ainda que não ponham termo a um procedimento, são impugnáveis todas as decisões que, no exercício de poderes jurídico-administrativos, visem produzir efeitos jurídicos externos numa situação individual e concreta, incluindo as proferidas por autoridades não integradas na Administração Pública e por entidades privadas que atuem no exercício de poderes jurídico-administrativos.

2 – São designadamente impugnáveis:

a) As decisões tomadas no âmbito de procedimentos administrativos sobre questões que não possam ser de novo apreciadas em momento subsequente do mesmo procedimento;

b) As decisões tomadas em relação a outros órgãos da mesma pessoa coletiva, passíveis de comprometer as condições do exercício de competências legalmente conferidas aos segundos para a prossecução de interesses pelos quais esses órgãos sejam diretamente responsáveis.

3 – Os atos impugnáveis de harmonia com o disposto nos números anteriores que não ponham termo a um procedimento só podem ser impugnados durante a pendência do mesmo, sem prejuízo da faculdade de impugnação do ato final com fundamento em ilegalidades cometidas durante o procedimento, salvo quando essas ilegalidades digam respeito a ato que tenha determinado a exclusão do interessado do procedimento ou a ato que lei especial submeta a um ónus de impugnação autónoma.

4 – Se contra um ato de indeferimento ou de recusa de apreciação de requerimento não tiver sido deduzido o adequado pedido de condenação à prática de ato devido, o tribunal convida o autor a substituir a petição, para o efeito de deduzir o referido pedido.

5 – Na hipótese prevista no número anterior, quando haja lugar à substituição da petição, considera-se a nova petição apresentada na data do primeiro registo de entrada, sendo a entidade demandada e os contrainteressados de novo citados para contestar.

ARTIGO 52º
Irrelevância da forma do ato

1 – A impugnabilidade dos atos administrativos não depende da respetiva forma.

2 – O não exercício do direito de impugnar um ato contido em diploma legislativo ou regulamentar não obsta à impugnação dos seus atos de execução ou aplicação.

3 – O não exercício do direito de impugnar um ato que não individualize os seus destinatários não obsta à impugnação dos seus atos de execução ou aplicação cujos destinatários sejam individualmente identificados.

ARTIGO 53º
Impugnação de atos confirmativos e de execução

1 – Não são impugnáveis os atos confirmativos, entendendo-se como tal os atos que se limitem a reiterar, com os mesmos fundamentos, decisões contidas em atos administrativos anteriores.

2 – Excetuam-se do disposto no número anterior os casos em que o interessado não tenha tido o ónus de impugnar o ato confirmado, por não se ter verificado, em relação a este ato, qualquer dos factos previstos nos nºs 2 e 3 do artigo 59º.

3 – Os atos jurídicos de execução de atos administrativos só são impugnáveis por vícios próprios, na medida em que tenham um conteúdo decisório de caráter inovador.

4 – Quando seja admitida a impugnação do ato confirmativo, nos termos do nº 2, os efeitos da sentença que conheça do objeto do processo são extensivos ao ato confirmado.

ARTIGO 54º
Impugnação de ato administrativo ineficaz

1 – Os atos administrativos só podem ser impugnados a partir do momento em que produzam efeitos.

2 – O disposto no número anterior não exclui a faculdade de impugnação de atos que não tenham começado a produzir efeitos jurídicos quando:

a) Tenha sido desencadeada a sua execução;

b) Seja seguro ou muito provável que o ato irá produzir efeitos, designadamente por a ineficácia se dever apenas ao facto de o ato se encontrar dependente de termo inicial ou de condição suspensiva cuja verificação seja provável, nomeadamente por depender da vontade do beneficiário do ato.

3 – O disposto na alínea *a)* do número anterior não impede a utilização de outros meios de tutela contra a execução ilegítima do ato administrativo ineficaz.

SUBSECÇÃO II
Da legitimidade

ARTIGO 55º
Legitimidade ativa

1 – Tem legitimidade para impugnar um ato administrativo:

a) Quem alegue ser titular de um interesse direto e pessoal, designadamente por ter sido lesado pelo ato nos seus direitos ou interesses legalmente protegidos;

b) O Ministério Público;

c) Entidades públicas e privadas, quanto aos direitos e interesses que lhes cumpra defender;

d) Órgãos administrativos, relativamente a atos praticados por outros órgãos da mesma pessoa coletiva pública que alegadamente comprometam as condições do exercício de competências legalmente conferidas aos primeiros para a prossecução de interesses pelos quais esses órgãos sejam diretamente responsáveis;

e) Presidentes de órgãos colegiais, em relação a atos praticados pelo respetivo órgão, bem como outras autoridades, em defesa da legalidade administrativa, nos casos previstos na lei;

f) Pessoas e entidades mencionadas no nº 2 do artigo 9º

2 – A qualquer eleitor, no gozo dos seus direitos civis e políticos, é permitido impugnar as decisões e deliberações adotadas por órgãos das autarquias locais sediadas na circunscrição onde se encontre recenseado, assim como das entidades instituídas por autarquias locais ou que destas dependam.

3 – A intervenção do interessado no procedimento em que tenha sido praticado o ato administrativo constitui mera presunção de legitimidade para a sua impugnação.

ARTIGO 56º
Aceitação do ato

1 – Não pode impugnar um ato administrativo com fundamento na sua mera anulabilidade quem o tenha aceitado, expressa ou tacitamente, depois de praticado.

2 – A aceitação tácita deriva da prática, espontânea e sem reserva, de facto incompatível com a vontade de impugnar.

3 – A execução ou acatamento por funcionário ou agente não se considera aceitação tácita do ato executado ou acatado, salvo quando dependa da vontade daqueles a escolha da oportunidade da execução.

ARTIGO 57º
Contrainteressados

Para além da entidade autora do ato impugnado, são obrigatoriamente demandados os contrainteressados a quem o provimento do processo impugnatório possa diretamente prejudicar ou que tenham legítimo interesse na manutenção do ato impugnado e que possam ser identificados em função da relação material em causa ou dos documentos contidos no processo administrativo.

SUBSECÇÃO III
Dos prazos de impugnação

ARTIGO 58º
Prazos

1 – Salvo disposição legal em contrário, a impugnação de atos nulos não está sujeita a prazo e a de atos anuláveis tem lugar no prazo de:

a) Um ano, se promovida pelo Ministério Público;
b) Três meses, nos restantes casos.

2 – Sem prejuízo do disposto no nº 4 do artigo 59º, os prazos estabelecidos no número anterior contam-se nos termos do artigo 279º do Código Civil.

3 – A impugnação é admitida, para além do prazo previsto na alínea *b)* do nº 1:

a) Nas situações em que ocorra justo impedimento, nos termos previstos na lei processual civil;
b) No prazo de três meses, contado da data da cessação do erro, quando se demonstre, com respeito pelo contraditório, que, no caso concreto, a tem-

pestiva apresentação da petição não era exigível a um cidadão normalmente diligente, em virtude de a conduta da Administração ter induzido o interessado em erro; ou

c) Quando, não tendo ainda decorrido um ano sobre a data da prática do ato ou da sua publicação, quando obrigatória, o atraso deva ser considerado desculpável, atendendo à ambiguidade do quadro normativo aplicável ou às dificuldades que, no caso concreto, se colocavam quanto à identificação do ato impugnável, ou à sua qualificação como ato administrativo ou como norma.

4 – *[Revogado]*.

ARTIGO 59º
Início dos prazos de impugnação

1 – Sem prejuízo da faculdade de impugnação em momento anterior, dentro dos condicionalismos do artigo 54º, os prazos de impugnação só começam a correr na data da ocorrência dos factos previstos nos números seguintes se, nesse momento, o ato a impugnar já for eficaz, contando-se tais prazos, na hipótese contrária, desde o início da produção de efeitos do ato.

2 – O prazo para a impugnação pelos destinatários a quem o ato administrativo deva ser notificado só corre a partir da data da notificação ao interessado ou ao seu mandatário, quando este tenha sido como tal constituído no procedimento, ou da data da notificação efetuada em último lugar caso ambos tenham sido notificados, ainda que o ato tenha sido objeto de publicação, mesmo que obrigatória.

3 – O prazo para a impugnação por quaisquer outros interessados começa a correr a partir de um dos seguintes factos:

a) Quando os atos tenham de ser publicados, da data em que o ato publicado deva produzir efeitos;

b) Quando os atos não tenham de ser publicados, da data da notificação, da publicação, ou do conhecimento do ato ou da sua execução, consoante o que ocorra em primeiro lugar.

4 – A utilização de meios de impugnação administrativa suspende o prazo de impugnação contenciosa do ato administrativo, que só retoma o seu curso com a notificação da decisão proferida sobre a impugnação administrativa ou com o decurso do respetivo prazo legal, consoante o que ocorra em primeiro lugar.

5 – A suspensão do prazo prevista no número anterior não impede o interessado de proceder à impugnação contenciosa do ato na pendência da impugnação administrativa, bem como de requerer a adoção de providências cautelares.

6 – O prazo para a impugnação pelo Ministério Público conta-se a partir da data da prática do ato ou da sua publicação, quando obrigatória.

7 – O Ministério Público pode impugnar o ato em momento anterior ao da publicação obrigatória, caso tenha sido entretanto desencadeada a sua execução.

8 – A retificação do ato administrativo ou da sua notificação ou publicação não determina o início de novo prazo, salvo quando diga respeito à indicação do autor, do sentido ou dos fundamentos da decisão.

ARTIGO 60º
Notificação ou publicação deficientes

1 – O ato administrativo não é oponível ao interessado quando a notificação ou a publicação, quando exigível, não deem a conhecer o sentido da decisão.

2 – Quando a notificação ou a publicação do ato administrativo não contenham a indicação do autor, da data ou dos fundamentos da decisão, tem o interessado a faculdade de requerer à entidade que proferiu o ato a notificação das indicações em falta ou a passagem de certidão que as contenha, bem como, se necessário, de pedir a correspondente intimação judicial, nos termos previstos nos artigos 104º e seguintes deste Código.

3 – A apresentação, no prazo de 30 dias, de requerimento dirigido ao autor do ato, ao abrigo do disposto no número anterior, interrompe o prazo de impugnação, mantendo-se a interrupção se vier a ser pedida a intimação judicial a que se refere o mesmo número.

4 – Não são oponíveis ao interessado eventuais erros contidos na notificação ou na publicação, no que se refere à indicação do autor, da data, do sentido ou dos fundamentos da decisão, bem como eventual erro ou omissão quanto à existência de delegação ou subdelegação de poderes.

SUBSECÇÃO IV
Da instância

ARTIGO 61º
Apensação de impugnações

1 – Quando sejam separadamente intentados diferentes processos impugnatórios em situações em que seja admitida a cumulação de impugnações, a apensação dos processos deve ser ordenada no que foi intentado em primeiro lugar, nos termos do artigo 28º

2 – O processo impugnatório apensado é carregado ao relator na espécie respetiva quando a apensação se fundamente em conexão ou dependência entre atos impugnados ou na circunstância de pertencerem ao mesmo procedimento administrativo.

ARTIGO 62º
Prossecução da ação pelo Ministério Público

1 – O Ministério Público pode, no exercício da ação pública, assumir a posição de autor, requerendo o seguimento de processo que, por decisão ainda não transitada, tenha terminado por desistência ou outra circunstância própria do autor.

2 – Para o efeito do disposto no número anterior, o juiz, uma vez extinta a instância, dará vista do processo ao Ministério Público.

ARTIGO 63º
Ampliação da instância

1 – Até ao encerramento da discussão em primeira instância, o objeto do processo pode ser ampliado à impugnação de atos que venham a surgir no âmbito ou na sequência do procedimento em que o ato impugnado se insere, assim como à formulação de novas pretensões que com aquela possam ser cumuladas.

2 – O disposto no número anterior é extensivo ao caso de o ato impugnado ser relativo à formação de um contrato e este vir a ser celebrado na pendência do processo, como também às situações em que sobrevenham atos administrativos cuja validade dependa da existência ou validade do ato impugnado, ou cujos efeitos se oponham à utilidade pretendida no processo.

3 – Para o efeito do disposto nos números anteriores, deve a Administração trazer ao processo a informação da existência dos eventuais atos conexos com o ato impugnado que venham a ser praticados na pendência do mesmo.

4 – A ampliação do objeto é requerida pelo autor em articulado próprio, que é notificado à entidade demandada e aos contrainteressados, para que se pronunciem no prazo de 10 dias.

ARTIGO 64º
Anulação administrativa, sanação e revogação do ato impugnado com efeitos retroativos

1 – Quando, na pendência do processo, o ato impugnado seja objeto de anulação administrativa acompanhada ou sucedida de nova regulação, pode o autor requerer que o processo prossiga contra o novo ato com fundamento na reincidência nas mesmas ilegalidades, sendo aproveitada a prova produzida e dispondo o autor da faculdade de oferecer novos meios de prova.

2 – O requerimento a que se refere o número anterior deve ser apresentado no prazo de impugnação do ato anulatório e antes do trânsito em julgado da decisão que julgue extinta a instância.

3 – O disposto no nº 1 é aplicável a todos os casos em que o ato impugnado seja, total ou parcialmente, alterado ou substituído por outro com os mesmos efeitos, e ainda no caso de o ato anulatório já ter sido praticado no momento em que o processo foi intentado, sem que o autor disso tivesse ou devesse ter conhecimento.

4 – Se o ato anulado pela Administração na pendência do processo só vier a ser substituído por outro após a extinção da instância, o interessado pode requerer, dentro do prazo de impugnação contenciosa, a reabertura do processo contra o novo ato com fundamento na reincidência nas mesmas ilegalidades, sendo aproveitada a prova produzida e dispondo o autor da faculdade de oferecer novos meios de prova.

5 – O disposto nos números anteriores é também aplicável aos casos de revogação do ato com efeitos retroativos.

6 – Quando, na pendência de processo de impugnação de ato que tenha determinado a imposição de deveres, encargos, ónus ou sujeições, a aplicação de sanções ou a restrição de direitos ou interesses legalmente protegidos, for proferido ato com o alcance de sanar os efeitos do ato impugnado, o autor pode requerer a anulação dos efeitos lesivos produzidos por aquele ato durante o período de tempo que precedeu a respetiva sanação.

ARTIGO 65º
Revogação do ato impugnado sem efeitos retroativos

1 – Quando na pendência do processo, seja proferido ato revogatório sem efeitos retroativos do ato impugnado, o processo prossegue em relação aos efeitos produzidos.

2 – O disposto no número anterior é aplicável aos casos em que, por forma diversa da revogação, cesse ou se esgote a produção de efeitos do ato impugnado, designadamente pela sua integral execução no plano dos factos.

3 – Quando a cessação de efeitos do ato impugnado seja acompanhada de nova regulação da situação, o autor goza da faculdade prevista no artigo anterior.

4 – O disposto no nº 1 é aplicável aos casos em que o ato revogatório já tinha sido praticado no momento em que o processo foi intentado, sem que o autor disso tivesse ou devesse ter conhecimento.

SECÇÃO II
Condenação à prática do ato devido

ARTIGO 66º
Objeto

1 – A ação administrativa pode ser utilizada para obter a condenação da entidade competente à prática, dentro de determinado prazo, de um ato administrativo ilegalmente omitido ou recusado.

2 – Ainda que a prática do ato devido tenha sido expressamente recusada, o objeto do processo é a pretensão do interessado e não o ato de indeferimento, cuja eliminação da ordem jurídica resulta diretamente da pronúncia condenatória.

3 – A possibilidade prevista no artigo seguinte da dedução de pedidos de condenação à prática de ato devido contra atos de conteúdo positivo não prejudica a faculdade do interessado de optar por proceder, em alternativa, à impugnação dos atos em causa.

ARTIGO 67º
Pressupostos

1 – A condenação à prática de ato administrativo pode ser pedida quando, tendo sido apresentado requerimento que constitua o órgão competente no dever de decidir:

a) Não tenha sido proferida decisão dentro do prazo legalmente estabelecido;

b) Tenha sido praticado ato administrativo de indeferimento ou de recusa de apreciação do requerimento;

c) Tenha sido praticado ato administrativo de conteúdo positivo que não satisfaça integralmente a pretensão do interessado.

2 – Para os efeitos do disposto na alínea *a)* do número anterior, a falta de resposta a requerimento dirigido a delegante ou subdelegante é imputada ao delegado ou subdelegado, mesmo que a este não tenha sido remetido o requerimento.

3 – Para os mesmos efeitos, quando, tendo sido o requerimento dirigido a órgão incompetente, este não o tenha remetido oficiosamente ao órgão competente nem o tenha devolvido ao requerente, a inércia daquele primeiro órgão é imputada ao segundo.

4 – A condenação à prática de ato administrativo também pode ser pedida sem ter sido apresentado requerimento, quando:

a) Não tenha sido cumprido o dever de emitir um ato administrativo que resultava diretamente da lei;

b) Se pretenda obter a substituição de um ato administrativo de conteúdo positivo.

ARTIGO 68º
Legitimidade

1 – Tem legitimidade para pedir a condenação à prática de um ato administrativo:

a) Quem alegue ser titular de um direito ou interesse legalmente protegido, dirigido à emissão desse ato;

b) O Ministério Público, sem necessidade da apresentação de requerimento, quando o dever de praticar o ato resulte diretamente da lei e esteja em causa a ofensa de direitos fundamentais, a defesa de interesses públicos especialmente relevantes ou de qualquer dos valores e bens referidos no nº 2 do artigo 9º;

c) Pessoas coletivas, públicas ou privadas, em relação aos direitos e interesses que lhes cumpra defender;

d) Órgãos administrativos, relativamente a condutas de outros órgãos da Administração Pública, que alegadamente comprometam as condições do exercício de competências legalmente conferidas aos primeiros para a prossecução de interesses pelos quais estes órgãos sejam diretamente responsáveis;

e) Presidentes de órgãos colegiais, relativamente à conduta do respetivo órgão, bem como outras autoridades, em defesa da legalidade administrativa, nos casos previstos na lei;

f) As demais pessoas e entidades mencionadas no nº 2 do artigo 9º

2 – Para além da entidade responsável pela situação de ilegalidade, são obrigatoriamente demandados os contrainteressados a quem a prática do ato pretendido possa diretamente prejudicar ou que tenham legítimo interesse em que ele não seja praticado e que possam ser identificados em função da relação material em causa ou dos documentos contidos no processo administrativo.

ARTIGO 69º
Prazos

1 – Em situações de inércia da Administração, o direito de ação caduca no prazo de um ano contado desde o termo do prazo legal estabelecido para a emissão do ato ilegalmente omitido.

2 – Nos casos de indeferimento, de recusa de apreciação do requerimento ou de pretensão dirigida à substituição de um ato de conteúdo positivo, o

prazo de propositura da ação é de três meses, sendo aplicável o disposto no n.º 3 do artigo 58º e nos artigos 59º e 60º

3 – Quando, nos casos previstos no número anterior, esteja em causa um ato nulo, o pedido de condenação à prática do ato devido pode ser deduzido no prazo de dois anos, contado da data da notificação do ato de indeferimento, do ato de recusa de apreciação do requerimento ou do ato de conteúdo positivo que o interessado pretende ver substituído por outro, sem prejuízo, neste último caso, da possibilidade, em alternativa, da impugnação do ato de conteúdo positivo sem dependência de prazo.

ARTIGO 70º
Alteração da instância

1 – Quando a pretensão do interessado seja indeferida na pendência de processo intentado em situação de inércia ou de recusa de apreciação de requerimento, pode o autor alegar novos fundamentos e oferecer diferentes meios de prova em favor da sua pretensão.

2 – A faculdade conferida pelo número anterior é extensiva aos casos em que o indeferimento seja anterior, mas só tenha sido notificado ao autor após a propositura da ação.

3 – Quando, na pendência do processo, seja proferido um ato administrativo que não satisfaça integralmente a pretensão do interessado, o autor pode promover a alteração do objeto do processo, para o efeito de pedir a anulação parcial do novo ato ou a condenação da entidade demandada à prática do ato necessário à satisfação integral da sua pretensão.

4 – Em todas as situações previstas nos números anteriores, o autor deve apresentar articulado próprio no prazo de 30 dias, contado desde a data da notificação do ato, considerando-se como tal, quando não tenha havido notificação, a data do conhecimento do ato obtido no processo.

ARTIGO 71º
Poderes de pronúncia do tribunal

1 – Ainda que o requerimento apresentado não tenha obtido resposta ou a sua apreciação tenha sido recusada, o tribunal não se limita a devolver a questão ao órgão administrativo competente, anulando ou declarando nulo o eventual ato de indeferimento, mas pronuncia-se sobre a pretensão material do interessado, impondo a prática do ato devido.

2 – Quando a emissão do ato pretendido envolva a formulação de valorações próprias do exercício da função administrativa e a apreciação do caso concreto não permita identificar apenas uma solução como legalmente possível, o tribunal não pode determinar o conteúdo do ato a praticar, mas deve

explicitar as vinculações a observar pela Administração na emissão do ato devido.

3 – Quando tenha sido pedida a condenação à prática de um ato com um conteúdo determinado, mas se verifique que, embora seja devida a prática de um ato administrativo, não é possível determinar o seu conteúdo, o tribunal não absolve do pedido, mas condena a entidade demandada à emissão do ato em questão, de acordo com os parâmetros estabelecidos no número anterior.

SECÇÃO III
Impugnação de normas e condenação à emissão de normas

ARTIGO 72º
Objeto

1 – A impugnação de normas no contencioso administrativo tem por objeto a declaração da ilegalidade de normas emanadas ao abrigo de disposições de direito administrativo, por vícios próprios ou derivados da invalidade de atos praticados no âmbito do respetivo procedimento de aprovação.

2 – Fica excluída do regime regulado na presente secção a declaração de ilegalidade com força obrigatória geral com qualquer dos fundamentos previstos no nº 1 do artigo 281º da Constituição da República Portuguesa.

ARTIGO 73º
Pressupostos

1 – A declaração de ilegalidade com força obrigatória geral de norma imediatamente operativa pode ser pedida por quem seja diretamente prejudicado pela vigência da norma ou possa vir previsivelmente a sê-lo em momento próximo, independentemente da prática de ato concreto de aplicação, pelo Ministério Público e por pessoas e entidades nos termos do nº 2 do artigo 9º, assim como pelos presidentes de órgãos colegiais, em relação a normas emitidas pelos respetivos órgãos.

2 – Quem seja diretamente prejudicado ou possa vir previsivelmente a sê-lo em momento próximo pela aplicação de norma imediatamente operativa que incorra em qualquer dos fundamentos de ilegalidade previstos no nº 1 do artigo 281º da Constituição da República Portuguesa pode obter a desaplicação da norma, pedindo a declaração da sua ilegalidade com efeitos circunscritos ao seu caso.

3 – Quando os efeitos de uma norma não se produzam imediatamente, mas só através de um ato administrativo de aplicação, o lesado, o Ministério

Público ou qualquer das pessoas e entidades nos termos do n.º 2 do artigo 9.º podem suscitar a questão da ilegalidade da norma aplicada no âmbito do processo dirigido contra o ato de aplicação a título incidental, pedindo a desaplicação da norma.

4 – O Ministério Público tem o dever de pedir a declaração de ilegalidade com força obrigatória geral quando tenha conhecimento de três decisões de desaplicação de uma norma com fundamento na sua ilegalidade, bem como de recorrer das decisões de primeira instância que declarem a ilegalidade com força obrigatória geral.

5 – Para o efeito do disposto no número anterior, a secretaria remete ao representante do Ministério Público junto do tribunal certidão das sentenças que tenham desaplicado, com fundamento em ilegalidade, quaisquer normas emitidas ao abrigo de disposições de direito administrativo ou que tenham declarado a respetiva ilegalidade com força obrigatória geral.

ARTIGO 74º
Prazos

1 – Sem prejuízo do disposto no número seguinte, a declaração de ilegalidade de normas pode ser pedida a todo o tempo.

2 – A declaração de ilegalidade com fundamento em ilegalidade formal ou procedimental da qual não resulte inconstitucionalidade só pode ser pedida no prazo de seis meses, contado da data da publicação, salvo nos casos de carência absoluta de forma legal ou de preterição de consulta pública exigida por lei.

ARTIGO 75º
Decisão

O juiz pode decidir com fundamento na ofensa de princípios ou normas jurídicas diversos daqueles cuja violação haja sido invocada.

ARTIGO 76º
Efeitos da declaração de ilegalidade com força obrigatória geral

1 – A declaração com força obrigatória geral da ilegalidade de uma norma, nos termos previstos neste Código, produz efeitos desde a data da entrada em vigor da norma, salvo no caso de ilegalidade superveniente.

2 – O tribunal pode, no entanto, determinar que os efeitos da decisão se produzam apenas a partir da data do trânsito em julgado da sentença quando razões de segurança jurídica, de equidade ou de interesse público de excecional relevo, devidamente fundamentadas, o justifiquem.

3 – Nos processos intentados por quem tenha sido diretamente prejudicado pela vigência de norma imediatamente operativa, a aplicação do disposto no número anterior não prejudica a eliminação dos efeitos lesivos causados pela norma na esfera jurídica do autor.

4 – A retroatividade da declaração de ilegalidade não afeta os casos julgados nem os atos administrativos que entretanto se tenham tornado inimpugnáveis, salvo decisão em contrário do tribunal, quando a norma respeite a matéria sancionatória e seja de conteúdo menos favorável ao particular.

5 – A declaração a que se refere o presente artigo implica a repristinação das normas revogadas, salvo quando estas sejam ilegais ou tenham deixado por outro motivo de vigorar.

ARTIGO 77º
Condenação à emissão de normas

1 – O Ministério Público, as demais pessoas e entidades defensoras dos interesses referidos no nº 2 do artigo 9º, os presidentes de órgãos colegiais, em relação a normas omitidas pelos respetivos órgãos, e quem alegue um prejuízo diretamente resultante da situação de omissão podem pedir ao tribunal administrativo competente que aprecie e verifique a existência de situações de ilegalidade por omissão das normas cuja adoção, ao abrigo de disposições de direito administrativo, seja necessária para dar exequibilidade a atos legislativos carentes de regulamentação.

2 – Quando verifique a existência de uma situação de ilegalidade por omissão, o tribunal condena a entidade competente à emissão do regulamento em falta, fixando prazo para que a omissão seja suprida.

SECÇÃO IV
Ações relativas à validade e execução de contratos

ARTIGO 77º-A
Legitimidade

1 – Os pedidos relativos à validade, total ou parcial, de contratos podem ser deduzidos:

a) Pelas partes na relação contratual;
b) Pelo Ministério Público;
c) Por quem tenha sido prejudicado pelo facto de não ter sido adotado o procedimento pré-contratual legalmente exigido;
d) Por quem tenha impugnado um ato administrativo relativo ao respetivo procedimento e alegue que a invalidade decorre das ilegalidades cometidas no âmbito desse procedimento;

e) Por quem, tendo participado no procedimento que precedeu a celebração do contrato, alegue que o clausulado não corresponde aos termos da adjudicação;

f) Por quem alegue que o clausulado do contrato não corresponde aos termos inicialmente estabelecidos e que justificadamente o tinham levado a não participar no procedimento pré-contratual, embora preenchesse os requisitos necessários para o efeito;

g) Pelas pessoas singulares ou coletivas titulares ou defensoras de direitos subjetivos ou interesses legalmente protegidos aos quais a execução do contrato cause ou possa causar prejuízos;

h) Pelas pessoas e entidades nos termos do n º 2 do artigo 9º

2 – A anulabilidade de quaisquer contratos por falta e vícios da vontade só pode ser arguida pelas pessoas em cujo interesse a lei a estabelece.

3 – Os pedidos relativos à execução de contratos podem ser deduzidos:

a) Pelas partes na relação contratual;

b) Pelas pessoas singulares e coletivas portadoras ou defensoras de direitos subjetivos ou interesses legalmente protegidos em função dos quais as cláusulas contratuais tenham sido estabelecidas;

c) Pelo Ministério Público;

d) Pelas pessoas e entidades nos termos do nº 2 do artigo 9º;

e) Por quem tenha sido preterido no procedimento que precedeu a celebração do contrato.

ARTIGO 77º-B
Prazos

1 – A invalidade dos contratos com objeto passível de ato administrativo pode ser arguida dentro dos prazos previstos para o ato com o mesmo objeto e idêntica regulamentação da situação concreta.

2 – A anulabilidade, total ou parcial, dos demais contratos pode ser arguida no prazo de seis meses, contado desde a data da celebração do contrato, em relação às partes, ou do respetivo conhecimento, quanto a terceiros e ao Ministério Público.

3 – A anulação de quaisquer contratos por falta e vícios da vontade pode ser sempre pedida no prazo de seis meses, contado desde a data da cessação do vício.

CAPÍTULO III
Marcha do processo

SECÇÃO I
Articulados

ARTIGO 78º
Requisitos da petição inicial

1 – A instância constitui-se com a propositura da ação e esta considera-se proposta logo que a petição inicial seja recebida na secretaria do tribunal ao qual é dirigida.

2 – Na petição inicial, deduzida por forma articulada, deve o autor:

a) Designar o tribunal em que a ação é proposta;
b) Identificar as partes, incluindo eventuais contrainteressados, indicando os seus nomes, domicílios ou sedes e, sempre que possível, não se tratando de entidades públicas, números de identificação civil, de identificação fiscal ou de pessoa coletiva, profissões e locais de trabalho;
c) Indicar o domicílio profissional do mandatário judicial;
d) Indicar a forma do processo;
e) Identificar o ato jurídico impugnado, quando seja o caso;
f) Expor os factos essenciais que constituem a causa de pedir e as razões de direito que servem de fundamento à ação;
g) Formular o pedido;
h) Declarar o valor da causa.

3 – Para o efeito do disposto na alínea *b)* do número anterior, a indicação como parte demandada do órgão que emitiu ou devia ter emitido uma norma ou um ato administrativo é suficiente para que, nos processos com esse objeto, se considere indicada, quando o devesse ter sido, a pessoa coletiva, o ministério ou a secretaria regional, pelo que a citação que venha a ser dirigida ao órgão se considera feita, nesse caso, à pessoa coletiva, ao ministério ou à secretaria regional a que o órgão pertence.

4 – Quando o autor pretenda apresentar rol de testemunhas e requerer outros meios de prova, deve fazê-lo no final da petição, podendo indicar, quando seja caso disso, que os documentos necessários à prova constam do processo administrativo.

5 – *[Revogado]*.

ARTIGO 78º-A
Contrainteressados

1 – Quando o autor não conheça, no todo ou em parte, a identidade e

residência dos contrainteressados, pode requerer à Administração, previamente à propositura da ação, a passagem de certidão da qual constem aqueles elementos de identificação.

2 – Se a certidão não for passada no prazo legal, o autor, na petição inicial, deve juntar prova de que a requereu, indicar a identidade e residência dos contrainteressados que conheça e requerer a intimação judicial da entidade demandada para, no prazo de cinco dias, fornecer ao tribunal a identidade e residência dos contrainteressados em falta, para o efeito de poderem ser citados.

3 – O incumprimento pela entidade demandada da intimação referida no número anterior sem justificação adequada determina a imposição de sanção pecuniária compulsória, segundo o disposto no artigo 169º, sem prejuízo da constituição em responsabilidade, nos termos do artigo 159º

ARTIGO 79º
Instrução da petição

1 – O autor deve instruir a petição inicial com o documento comprovativo do prévio pagamento da taxa de justiça devida, da concessão do benefício de apoio judiciário, ou, ocorrendo razão de urgência, do pedido de apoio judiciário requerido, mas ainda não concedido.

2 – Quando a petição inicial seja apresentada por transmissão eletrónica de dados, o prévio pagamento da taxa de justiça ou a concessão do benefício do apoio judiciário são comprovados nos termos definidos por portaria do membro do Governo responsável pela área da justiça.

3 – Sem prejuízo dos demais requisitos exigidos pela lei processual civil, a petição inicial deve ser instruída com a prova documental e designadamente:

a) Quando seja deduzida pretensão impugnatória, com documento comprovativo da emissão da norma ou do ato impugnados;

b) Quando seja pedida a declaração de inexistência de ato administrativo, com a eventual prova da aparência de tal ato;

c) Quando a pretensão do autor dirigida à prática de um ato administrativo tenha sido indeferida ou rejeitada, com documento comprovativo do indeferimento ou da rejeição;

d) Quando a pretensão do autor dirigida à prática de um ato administrativo não tenha sido respondida, com cópia do requerimento apresentado, ou com recibo ou outro documento comprovativo da entrada do original nos serviços competentes.

4 – Alegando motivo justificado, é fixado prazo ao autor para a junção de documentos que não tenha podido obter em tempo.

5 – *[Revogado]*.

6 – *[Revogado]*.

7 – Em tudo o que não esteja expressamente regulado neste artigo, aplica-se, com as necessárias adaptações, o disposto no Código de Processo Civil quanto à instrução da petição inicial.

ARTIGO 80º
Recusa da petição pela secretaria

1 – A secretaria recusa o recebimento da petição inicial, indicando por escrito o fundamento da rejeição, quando se verifique algum dos seguintes factos:

a) Não tenha endereço ou esteja endereçada a outro tribunal ou autoridade;

b) No caso de referir a existência de contrainteressados, não proceder à cabal indicação do respetivo nome e residência, sem prejuízo do disposto no artigo 78º-A;

c) Omita qualquer dos elementos a que se referem as alíneas *b)*, *c)*, *d)* e *h)* do nº 2 do artigo 78º;

d) Não tenha sido junto nenhum dos documentos comprovativos previstos no nº 1 do artigo 79º;

e) Não esteja redigida em língua portuguesa;

f) Não esteja assinada;

g) *[Revogada]*.

2 – A recusa da petição pela secretaria tem os efeitos e consequências que lhe correspondem na lei processual civil, podendo ser objeto de reclamação e recurso nos termos previstos na mesma lei.

ARTIGO 81º
Citação dos demandados

1 – Recebida a petição, incumbe à secretaria promover oficiosamente a citação dos demandados.

2 – O juiz pode, a requerimento do autor e caso o considere justificado, determinar que a citação seja urgente, nos termos e para os efeitos previstos na lei processual civil.

3 – Nos processos que tenham por objeto a impugnação de norma, o juiz manda publicar anúncio da propositura da ação, pelo meio e no local utilizados para dar publicidade à norma, a fim de permitir a intervenção no processo de eventuais contrainteressados, que é admissível até ao termo da fase dos articulados.

4 – *[Revogado]*.

5 – Nos processos em que haja contrainteressados em número superior a 10, o juiz, sem prejuízo de outros meios de publicitação, pode promover a respetiva citação mediante a publicação de anúncio, com a advertência de que os interessados dispõem do prazo de 15 dias para se constituírem como contrainteressados no processo.

6 – Quando esteja em causa a impugnação de um ato administrativo que tenha sido publicado, a publicação do anúncio mencionado no número anterior faz-se, sem prejuízo de outros meios de publicitação, pelo meio e no local utilizados para dar publicidade ao ato impugnado, e, se o ato não tiver sido objeto de publicação, o anúncio é publicado em dois jornais diários de circulação nacional ou local, dependendo do âmbito da matéria em causa.

7 – Na hipótese prevista no n.º 5, os contrainteressados que como tais se tenham constituído são citados para contestarem no prazo previsto no artigo seguinte.

ARTIGO 82º
Prazo da contestação e cominação

1 – Os demandados podem contestar no prazo de 30 dias a contar da citação, começando o prazo a correr desde o termo da dilação, quando a esta houver lugar.

2 – Quando, por erro cometido na petição inicial, na hipótese prevista no n.º 3 do artigo 78º, seja citado um órgão diferente daquele que praticou ou devia ter emitido a norma ou o ato administrativo, o órgão citado deve dar imediato conhecimento àquele que o deveria ter sido, beneficiando, nesse caso, a entidade demandada de um prazo suplementar de 15 dias para apresentar a contestação e enviar o processo administrativo, quando exista.

3 – Se a um contrainteressado não tiver sido facultada, em tempo útil, a consulta ao processo administrativo, ele pode dar conhecimento disso ao juiz do processo, podendo, nesse caso, apresentar a contestação no prazo de 15 dias, contado desde o momento em que venha a ser notificado de que o processo administrativo foi junto aos autos.

4 – Mediante pedido devidamente fundamentado, é concedida ao Ministério Público prorrogação de prazo, não superior a 30 dias, quando careça de informações que não possa obter dentro dele ou quando tenha de aguardar resposta a consulta feita a instância superior.

5 – *[Revogado]*.

ARTIGO 83º
Conteúdo e instrução da contestação

1 – Na contestação, deduzida por forma articulada, os demandados devem:

a) Individualizar a ação;
b) Expor as razões de facto e de direito por que se opõem à pretensão do autor;
c) Expor os factos essenciais em que se baseiam as exceções deduzidas, especificando-as separadamente.

2 – No final da contestação, os demandados devem apresentar o rol de testemunhas, juntar documentos e requerer outros meios de prova.

3 – Toda a defesa deve ser deduzida na contestação, excetuados os incidentes que a lei mande deduzir em separado, devendo os demandados nela tomar posição definida perante os factos que constituem a causa de pedir invocada pelo autor.

4 – Sem prejuízo do disposto no nº 6 do artigo 84º, a falta de impugnação especificada nas ações relativas a atos administrativos e normas não importa confissão dos factos articulados pelo autor, mas o tribunal aprecia livremente essa conduta para efeitos probatórios.

5 – Depois da contestação só podem ser deduzidas as exceções, incidentes e meios de defesa que sejam supervenientes, ou que a lei expressamente admita passado esse momento, ou de que se deva conhecer oficiosamente.

6 – É aplicável à contestação, com as necessárias adaptações, o disposto nos nºs 1 e 2 do artigo 79º, sendo, quanto ao mais, aplicável o disposto na lei processual civil sobre a apresentação do documento comprovativo do pagamento da taxa de justiça.

7 – Quando a contestação seja subscrita por licenciado em Direito com funções de apoio jurídico, nos termos do artigo 11º, deve ser junta cópia do despacho que o designou.

ARTIGO 83º-A
Reconvenção

1 – Quando na contestação seja deduzida reconvenção, esta deve ser expressamente identificada e deduzida em separado do restante articulado, e conter:

a) Exposição dos factos essenciais que constituem a causa de pedir e das razões de direito que servem de fundamento à reconvenção;
b) Formulação do pedido;
c) Declaração do valor da reconvenção.

2 – Se na contestação não for declarado o valor da reconvenção, a contestação não deixa de ser recebida, mas o reconvinte é convidado a indicar o valor, sob pena de a reconvenção não ser atendida.

3 – Quando o prosseguimento da reconvenção esteja dependente de qualquer ato a praticar pelo reconvinte, o reconvindo é absolvido da instância se, no prazo fixado, tal ato não se mostrar realizado.

SECÇÃO II
Trâmites subsequentes

ARTIGO 84º
Envio do processo administrativo

1 – Com a contestação, ou dentro do respetivo prazo, a entidade demandada é obrigada a proceder, preferencialmente por via eletrónica, ao envio do processo administrativo, quando exista, assim como todos os demais documentos respeitantes à matéria do processo de que seja detentora, sendo que o sistema informático dos Tribunais Administrativos e Fiscais deve garantir a apensação dos mesmos aos autos.

2 – Quando por razões técnicas ou por outros motivos justificados não for possível o envio eletrónico, nos termos do número anterior, a entidade demandada deve remeter ao Tribunal os originais do processo administrativo e dos demais documentos, que são apensados aos autos.

3 – Quando o processo administrativo se encontre já apensado a outros autos, a entidade demandada deve dar conhecimento do facto ao tribunal, indicando a que autos se refere.

4 – O original do processo administrativo pode ser substituído por fotocópias autenticadas e devidamente ordenadas, sem prejuízo da sua requisição, quando tal se mostre necessário.

5 – Na falta de envio do processo administrativo sem justificação aceitável, pode o juiz determinar a aplicação de sanções pecuniárias compulsórias, nos termos do artigo 169º, sem prejuízo do apuramento da responsabilidade civil, disciplinar e criminal a que haja lugar.

6 – A falta do envio do processo administrativo não obsta ao prosseguimento da causa e determina que os factos alegados pelo autor se considerem provados, se aquela falta tiver tornado a prova impossível ou de considerável dificuldade.

7 – Da junção aos autos do processo administrativo é dado conhecimento a todos os intervenientes no processo.

ARTIGO 85º
Intervenção do Ministério Público

1 – No momento da citação dos demandados, é fornecida cópia da peti-

ção e dos documentos que a instruem ao Ministério Público, salvo nos processos em que este figure como autor.

2 – Em função dos elementos que possa coligir e daqueles que venham a ser carreados para o processo, o Ministério Público pode pronunciar-se sobre o mérito da causa, em defesa dos direitos fundamentais dos cidadãos, de interesses públicos especialmente relevantes ou de algum dos valores ou bens referidos no n.º 2 do artigo 9.º

3 – Nos processos impugnatórios, o Ministério Público pode invocar causas de invalidade diversas das que tenham sido arguidas na petição inicial e solicitar a realização de diligências instrutórias para a respetiva prova.

4 – Os poderes de intervenção previstos nos números anteriores podem ser exercidos até 30 dias após a notificação da junção do processo administrativo aos autos ou, não tendo esta lugar, da apresentação da última contestação, disso sendo, de imediato, notificadas as partes para se pronunciarem.

5 – Sendo utilizada a faculdade prevista na parte final do n.º 3:

a) Caso as diligências instrutórias requeridas devam ser realizadas em audiência final, nos termos do n.º 1 do artigo 91.º, o Ministério Público é notificado para intervir nas mesmas;

b) Caso as diligências instrutórias requeridas não devam ser realizadas em audiência final, o Ministério Público é notificado para alegar, nos termos do artigo 91.º-A.

ARTIGO 85º-A
Réplica e tréplica

1 – É admissível réplica para o autor responder, por forma articulada, às exceções deduzidas na contestação ou às exceções perentórias invocadas pelo Ministério Público no exercício dos poderes que lhe confere o artigo anterior, assim como para deduzir toda a defesa quanto à matéria da reconvenção, não podendo a esta opor nova reconvenção.

2 – Nas ações de simples apreciação negativa, a réplica serve para o autor impugnar os factos constitutivos que o demandado tenha alegado e para alegar os factos impeditivos ou extintivos do direito invocado pelo demandado.

3 – A réplica em resposta a exceções é apresentada no prazo de 20 dias e em resposta a reconvenção no prazo de 30 dias, a contar da data em que seja ou se considere notificada a apresentação da contestação.

4 – Quando tenha havido reconvenção, o autor, na réplica, deve:

a) Expor as razões de facto e de direito por que se opõe à reconvenção;

b) Expor os factos essenciais em que se baseiam as exceções deduzidas, especificando-as separadamente.

5 – No caso previsto no número anterior, o autor, no final da réplica, deve apresentar o rol de testemunhas, juntar documentos e requerer outros meios de prova.

6 – Só é admissível tréplica para o demandado responder, por forma articulada, às exceções deduzidas na réplica quanto à matéria da reconvenção, no prazo de 20 dias a contar da notificação da réplica.

ARTIGO 86º
Articulados supervenientes

1 – Os factos constitutivos, modificativos ou extintivos supervenientes podem ser deduzidos em novo articulado, pela parte a que aproveitem, até ao encerramento da discussão.

2 – Consideram-se supervenientes tanto os factos ocorridos posteriormente ao termo dos prazos estabelecidos nos artigos precedentes como os factos anteriores de que a parte só tenha conhecimento depois de findarem esses prazos, devendo, neste caso, produzir-se prova da superveniência.

3 – Quando o novo articulado se funde na junção ao processo de elementos até aí desconhecidos ou aos quais não tinha sido possível o acesso, ele deve ser oferecido nos 10 dias posteriores à notificação da junção dos referidos elementos.

4 – Recebido o articulado, são as outras partes notificadas pela secretaria para responder no prazo de 10 dias.

5 – As provas são oferecidas com o articulado e com a resposta e os factos articulados que interessem à decisão da causa são incluídos nos temas da prova.

6 – *[Revogado]*.

SECÇÃO III
Saneamento, instrução e alegações

ARTIGO 87º
Despacho pré-saneador

1 – Findos os articulados, o processo é concluso ao juiz, que, sendo caso disso, profere despacho pré-saneador destinado a:

a) Providenciar pelo suprimento de exceções dilatórias;

b) Providenciar pelo aperfeiçoamento dos articulados, nos termos dos números seguintes;

c) Determinar a junção de documentos com vista a permitir a apreciação de exceções dilatórias ou o conhecimento, no todo ou em parte, do mérito da causa no despacho saneador.

2 – O juiz convida as partes a suprir as irregularidades dos articulados, fixando prazo para o suprimento ou correção do vício, designadamente quando careçam de requisitos legais ou a parte não haja apresentado documento essencial ou de que a lei faça depender o prosseguimento da causa.

3 – Incumbe ainda ao juiz convidar as partes ao suprimento das insuficiências ou imprecisões na exposição ou concretização da matéria de facto alegada, fixando prazo para a apresentação de articulado em que se complete ou corrija o inicialmente produzido.

4 – Os factos objeto de esclarecimento, aditamento ou correção ficam sujeitos às regras gerais sobre contraditoriedade e prova.

5 – As alterações à matéria de facto alegada não podem implicar convolação do objeto do processo para relação jurídica diversa da controvertida, devendo conformar-se com os limites traçados pelo pedido e pela causa de pedir, se forem introduzidas pelo autor, e pelos limites impostos pelo artigo 83º, quando o sejam pelo demandado.

6 – Não cabe recurso do despacho de convite ao suprimento de irregularidades, insuficiências ou imprecisões dos articulados.

7 – A falta de suprimento de exceções dilatórias ou de correção, dentro do prazo estabelecido, das deficiências ou irregularidades da petição inicial determina a absolvição da instância.

8 – A absolvição da instância sem prévia emissão de despacho pré-saneador, em casos em que podia haver lugar ao suprimento de exceções dilatórias ou de irregularidades, não impede o autor de, no prazo de 15 dias, contado da notificação da decisão, apresentar nova petição, com observância das prescrições em falta, a qual se considera apresentada na data em que o tinha sido a primeira, para efeitos da tempestividade da sua apresentação.

9 – Em tudo o que não esteja expressamente regulado neste artigo, aplica-se, com as necessárias adaptações, o disposto no Código de Processo Civil em matéria de despacho pré-saneador e de gestão inicial do processo.

ARTIGO 87º-A
Audiência prévia

1 – Concluídas as diligências resultantes do preceituado no artigo anterior, se a elas houver lugar, e sem prejuízo do disposto no artigo seguinte, é convocada audiência prévia, a realizar num dos 30 dias subsequentes, destinada a algum ou alguns dos fins seguintes:

a) Realizar tentativa de conciliação, nos termos do artigo 87º-C;

b) Facultar às partes a discussão de facto e de direito, quando o juiz tencione conhecer imediatamente, no todo ou em parte, do mérito da causa;

c) Discutir as posições das partes, com vista à delimitação dos termos do litígio, e suprir as insuficiências ou imprecisões na exposição da matéria de facto que ainda subsistam ou se tornem patentes na sequência do debate;

d) Proferir despacho saneador, nos termos do n.º 1 do artigo 88.º;

e) Determinar, após debate, a adequação formal, a simplificação ou a agilização do processo;

f) Proferir, após debate, despacho destinado a identificar o objeto do litígio e enunciar os temas da prova, e decidir as reclamações deduzidas pelas partes;

g) Programar, após audição dos mandatários, os atos a realizar na audiência final, estabelecer o número de sessões e a sua duração, e designar as respetivas datas.

2 – Para efeitos do disposto na alínea *e)* do número anterior, o juiz pode determinar a adoção da tramitação processual adequada às especificidades da causa e adaptar o conteúdo e a forma dos atos processuais ao fim que visam atingir, assegurando um processo equitativo.

3 – O despacho que marque a audiência prévia indica o seu objeto e finalidade, mas não constitui caso julgado sobre a possibilidade de apreciação imediata do mérito da causa.

4 – Não constitui motivo de adiamento a falta das partes ou dos seus mandatários.

5 – A audiência prévia é, sempre que possível, gravada, aplicando-se, com as necessárias adaptações, o disposto sobre a matéria na lei processual civil.

6 – Os requerimentos probatórios podem ser alterados na audiência prévia.

ARTIGO 87º-B
Não realização da audiência prévia

1 – A audiência prévia não se realiza quando seja claro que o processo deve findar no despacho saneador pela procedência de exceção dilatória.

2 – Nas ações que hajam de prosseguir, o juiz pode dispensar a realização da audiência prévia quando esta se destine apenas aos fins previstos nas alíneas *d)*, *e)* e *f)* do n.º 1 do artigo anterior, proferindo, nesse caso, despacho para os fins indicados, nos 20 dias subsequentes ao termo dos articulados.

3 – Notificadas as partes, se alguma delas pretender reclamar dos despachos proferidos para os fins previstos nas alíneas *e)*, *f)* e *g)* do n.º 1 do artigo anterior, pode requerer, em 10 dias, a realização de audiência prévia, que, neste caso, deve realizar-se num dos 20 dias seguintes e destinar-se a apreciar as questões suscitadas e, acessoriamente, a fazer uso do disposto na alínea *c)* do n.º 1 do artigo anterior, podendo haver alteração dos requerimentos probatórios.

ARTIGO 87º-C
Tentativa de conciliação e mediação

1 – Quando a causa couber no âmbito dos poderes de disposição das partes, pode ter lugar, em qualquer estado do processo, tentativa de conciliação ou mediação, desde que as partes conjuntamente o requeiram ou o juiz a considere oportuna, mas as partes não podem ser convocadas exclusivamente para esse fim mais do que uma vez.

2 – Para o efeito do disposto no número anterior, as partes são notificadas para comparecer pessoalmente ou se fazerem representar por mandatário judicial com poderes especiais.

3 – A tentativa de conciliação é presidida pelo juiz, devendo este empenhar-se ativamente na obtenção da solução mais adequada aos termos do litígio.

4 – Frustrando-se, total ou parcialmente, a conciliação, ficam consignadas em ata as concretas soluções sugeridas pelo juiz, bem como os fundamentos que, no entendimento das partes, justificam a persistência do litígio.

5 – A mediação processa-se nos termos definidos em diploma próprio.

ARTIGO 88º
Despacho saneador

1 – O despacho saneador destina-se a:

a) Conhecer das exceções dilatórias e nulidades processuais que hajam sido suscitadas pelas partes, ou que, em face dos elementos constantes dos autos, o juiz deva apreciar oficiosamente;

b) Conhecer total ou parcialmente do mérito da causa, sempre que a questão seja apenas de direito ou quando, sendo também de facto, o estado do processo permita, sem necessidade de mais indagações, a apreciação dos pedidos ou de algum dos pedidos deduzidos, ou de alguma exceção perentória.

2 – As questões prévias referidas na alínea *a*) do número anterior que não tenham sido apreciadas no despacho saneador não podem ser suscitadas nem decididas em momento posterior do processo e as que sejam decididas no despacho saneador não podem vir a ser reapreciadas.

3 – O despacho saneador pode ser logo ditado para a ata da audiência prévia mas, quando não seja proferido nesse contexto ou quando a complexidade das questões a resolver o exija, o juiz pode proferi-lo por escrito e, se for caso disso, suspendendo-se a audiência prévia e fixando-se logo data para a sua continuação.

4 – No caso previsto na alínea *a*) do nº 1, o despacho constitui, logo que transite, caso julgado formal e, na hipótese prevista na alínea *b*), fica tendo, para todos os efeitos, o valor de sentença.

5 – Em tudo o que não esteja expressamente regulado neste artigo, aplica-se, com as necessárias adaptações, o disposto no Código de Processo Civil em matéria de despacho saneador e de gestão inicial do processo.

ARTIGO 89º
Exceções

1 – As exceções são dilatórias ou perentórias.

2 – As exceções dilatórias são de conhecimento oficioso e obstam a que o tribunal conheça do mérito da causa, dando lugar à absolvição da instância ou à remessa do processo para outro tribunal.

3 – As exceções perentórias consistem na invocação de factos que impedem, modificam ou extinguem o efeito jurídico dos factos articulados pelo autor, são de conhecimento oficioso quando a lei não faz depender a sua invocação da vontade do interessado e importam a absolvição total ou parcial do pedido.

4 – São dilatórias, entre outras, as exceções seguintes:

a) Incompetência do tribunal;
b) Nulidade de todo o processo;
c) Falta de personalidade ou de capacidade judiciária de alguma das partes;
d) Falta de autorização ou deliberação que o autor devesse obter;
e) Ilegitimidade de alguma das partes, designadamente por falta da identificação dos contrainteressados;
f) Coligação de autores ou demandados, quando entre os pedidos não exista a conexão exigida no artigo 12º
g) Pluralidade subjetiva subsidiária, salvo caso de dúvida fundamentada sobre o sujeito da relação controvertida;
h) Falta de constituição de advogado ou de representante legal por parte do autor e a falta, insuficiência ou irregularidade de mandato judicial por parte do mandatário que propôs a ação;
i) Inimpugnabilidade do ato impugnado;
j) Ilegalidade da cumulação de pretensões;
k) Intempestividade da prática do ato processual;
l) Litispendência e caso julgado.

ARTIGO 89º-A
Despacho de prova e aditamento ou alteração do rol de testemunhas

1 – Proferido despacho saneador, quando a ação deva prosseguir, o juiz profere despacho destinado a identificar o objeto do litígio e a enunciar os temas da prova.

2 – As partes podem reclamar do despacho previsto no número anterior.

3 – O despacho proferido sobre as reclamações apenas pode ser impugnado no recurso interposto da decisão final.

4 – Quando ocorram na audiência prévia e esta seja gravada, os despachos e as reclamações previstas nos números anteriores podem ter lugar oralmente, devendo constar da respetiva ata.

5 – O rol de testemunhas pode ser aditado ou alterado até 20 dias antes da data em que se realize a audiência final, sendo a parte contrária notificada para usar, querendo, de igual faculdade, no prazo de cinco dias.

6 – Incumbe às partes a apresentação das testemunhas indicadas em consequência do aditamento ou da alteração ao rol previsto no número anterior.

ARTIGO 90º
Instrução e decisão parcelar da causa

1 – A instrução tem por objeto os factos relevantes para o exame e decisão da causa que devam considerar-se controvertidos ou necessitados de prova.

2 – A instrução rege-se pelo disposto na lei processual civil, sendo admissíveis todos os meios de prova nela previstos.

3 – No âmbito da instrução, o juiz ou relator ordena as diligências de prova que considere necessárias para o apuramento da verdade, podendo indeferir, por despacho fundamentado, requerimentos dirigidos à produção de prova sobre certos factos ou recusar a utilização de certos meios de prova, quando o considere claramente desnecessário.

4 – Quando tenham sido cumulados pedidos fundados no reconhecimento, a título principal, da ilegalidade da conduta administrativa e a complexidade da apreciação desses pedidos o justifique, o tribunal pode antecipar a decisão do pedido principal em relação à instrução respeitante ao pedido ou pedidos cumulados, que apenas terá lugar se a procedência destes pedidos não ficar prejudicada pela decisão tomada quanto ao pedido principal.

ARTIGO 91º
Audiência final

1 – Há lugar à realização de audiência final quando haja prestação de depoimentos de parte, inquirição de testemunhas ou prestação de esclarecimentos verbais pelos peritos.

2 – Salvo em tribunal superior, a audiência decorre perante juiz singular e rege-se pelos princípios da plenitude da assistência do juiz e da publicidade e continuidade da audiência, segundo o disposto na lei processual civil,

gozando o juiz de todos os poderes necessários para tornar útil e breve a discussão e para assegurar a justa decisão da causa.

3 – No início da audiência, o juiz procura conciliar as partes, se a causa estiver no âmbito do seu poder de disposição, findo o que se realizam os seguintes atos, se a eles houver lugar:

a) Prestação dos depoimentos de parte;
b) Exibição de reproduções cinematográficas ou de registos fonográficos, podendo o juiz determinar que ela se faça apenas com assistência das partes, dos seus advogados e das pessoas cuja presença se mostre conveniente;
c) Esclarecimentos verbais dos peritos cuja comparência tenha sido determinada oficiosamente ou a requerimento das partes;
d) Inquirição das testemunhas;
e) Alegações orais, nas quais os advogados exponham as conclusões, de facto e de direito, que hajam extraído da prova produzida, podendo cada advogado replicar uma vez.

4 – O juiz pode, nos casos em que tal se justifique, alterar a ordem de produção de prova referida no número anterior e, quando o considere conveniente para a descoberta da verdade, determinar a audição em simultâneo, sobre determinados factos, de testemunhas de ambas as partes.

5 – Quando a complexidade da matéria o justifique ou qualquer das partes não prescinda da sua apresentação, o juiz, no termo da audiência, determina que as alegações previstas na alínea *e)* do n.º 3 sejam apresentadas por escrito pelo prazo simultâneo de 20 dias.

6 – *[Revogado]*.

ARTIGO 91º-A
Alegações escritas

Quando sejam realizadas diligências de prova, sem que haja lugar à realização de audiência final, as partes, finda a instrução, são notificadas para apresentarem alegações escritas pelo prazo simultâneo de 20 dias.

SECÇÃO IV
Julgamento

ARTIGO 92º
Conclusão ao relator e vista aos juízes-adjuntos

1 – Nos tribunais superiores, uma vez concluso o processo ao relator, tem lugar a vista simultânea aos juízes-adjuntos, que, no caso de evidente simplicidade da causa, pode ser dispensada pelo relator.

2 – Para efeitos do disposto no número anterior, é fornecida a cada juiz-adjunto cópia das peças processuais que relevem para o conhecimento do objeto da causa, permanecendo o processo depositado, para consulta, na secretaria do tribunal.

ARTIGO 93º
Julgamento em formação alargada e consulta prejudicial para o Supremo Tribunal Administrativo

1 – Quando à apreciação de um tribunal administrativo de círculo se coloque uma questão de direito nova que suscite dificuldades sérias e possa vir a ser suscitada noutros litígios, pode o respetivo presidente, por proposta do juiz da causa, adotar uma das seguintes providências:

a) Determinar que no julgamento intervenham todos os juízes do tribunal, sendo o quórum de dois terços e havendo lugar à aplicação do disposto no artigo anterior;

b) Submeter a sua apreciação ao Supremo Tribunal Administrativo, para que este emita pronúncia vinculativa dentro do processo sobre a questão, no prazo de três meses.

2 – A consulta prevista na alínea *b)* do número anterior não pode ter lugar em processos urgentes e pode ser liminarmente recusada, a título definitivo, quando uma formação constituída por três juízes de entre os mais antigos da secção de contencioso administrativo do Supremo Tribunal Administrativo considere que não se encontram preenchidos os respetivos pressupostos ou que a escassa relevância da questão não justifica a emissão de uma pronúncia.

3 – A pronúncia emitida pelo Supremo Tribunal Administrativo não o vincula relativamente a novas pronúncias, que, em sede de consulta ou em via de recurso, venha a emitir no futuro, sobre a mesma matéria, fora do âmbito do mesmo processo.

4 – *[Revogado].*

ARTIGO 94º
Conteúdo da sentença

1 – Encerrada a audiência final ou apresentadas as alegações escritas ou decorrido o respetivo prazo, quando a essa apresentação haja lugar, o processo é concluso ao juiz, para ser proferida sentença no prazo de 30 dias.

2 – A sentença começa por identificar as partes e o objeto do litígio, enunciando as questões de mérito que ao tribunal cumpra solucionar, ao que se segue a exposição dos fundamentos de facto e de direito, a decisão e a con-

denação dos responsáveis pelas custas processuais, com indicação da proporção da respetiva responsabilidade.

3 – Na exposição dos fundamentos, a sentença deve discriminar os factos que julga provados e não provados, analisando criticamente as provas, e indicar, interpretar e aplicar as normas jurídicas correspondentes.

4 – O juiz aprecia livremente as provas segundo a sua prudente convicção acerca de cada facto, ressalvados os factos para cuja prova a lei exija formalidade especial e aqueles que só possam ser provados por documentos ou que estejam plenamente provados, quer por documentos, quer por acordo ou confissão das partes.

5 – Quando o juiz ou relator considere que a questão de direito a resolver é simples, designadamente por já ter sido apreciada por tribunal, de modo uniforme e reiterado, ou que a pretensão é manifestamente infundada, a fundamentação da decisão pode ser sumária, podendo consistir na simples remissão para decisão precedente, de que se junte cópia.

ARTIGO 95º
Objeto e limites da decisão

1 – A sentença deve decidir todas as questões que as partes tenham submetido à sua apreciação e não pode ocupar-se senão das questões suscitadas, salvo quando a lei lhe permita ou imponha o conhecimento oficioso de outras.

2 – A sentença não pode condenar em quantidade superior ou em objeto diverso do que se pedir, mas, se não houver elementos para fixar o objeto ou a quantidade, o tribunal condena no que vier a ser liquidado, sem prejuízo de condenação imediata na parte que já seja líquida.

3 – Nos processos impugnatórios, o tribunal deve pronunciar-se sobre todas as causas de invalidade que tenham sido invocadas contra o ato impugnado, exceto quando não possa dispor dos elementos indispensáveis para o efeito, assim como deve identificar a existência de causas de invalidade diversas das que tenham sido alegadas, ouvidas as partes para alegações complementares pelo prazo comum de 10 dias, quando o exija o respeito pelo princípio do contraditório.

4 – Nas sentenças que condenem à emissão de atos administrativos ou normas ou imponham o cumprimento de outros tipos de deveres à Administração, o tribunal tem o poder de fixar oficiosamente um prazo para o respetivo cumprimento, que, em casos justificados, pode ser prorrogado, bem como, quando tal se justifique, o poder de impor sanção pecuniária compulsória, destinada a prevenir o incumprimento, segundo o disposto no artigo 169º.

5 – Quando no processo tenha sido deduzido pedido de condenação da Administração à adoção de atos jurídicos ou comportamentos que envolvam

a formulação de valorações próprias do exercício da função administrativa, sem que a apreciação do caso concreto permita identificar apenas uma atuação como legalmente possível, o tribunal não pode determinar o conteúdo do ato jurídico ou do comportamento a adotar, mas deve explicitar as vinculações a observar pela Administração.

6 – Quando, na hipótese prevista no número anterior, o quadro normativo permita ao tribunal especificar o conteúdo dos atos e operações a adotar, mas da instrução realizada não resultem elementos de facto suficientes para proceder a essa especificação, o tribunal notifica a Administração para apresentar, no prazo de 20 dias, proposta fundamentada sobre a matéria e ouve em seguida os demais intervenientes no processo, podendo ordenar as diligências complementares que considere necessárias antes de proferir a sentença.

7 – Quando, tendo sido formulado pedido de indemnização por danos, do processo não resultem os elementos necessários à liquidação do montante da indemnização devida, terá lugar uma fase complementar de audição das partes, por 10 dias cada, e eventual realização de diligências complementares, destinada a permitir essa liquidação.

ARTIGO 96º
Diferimento do acórdão

Nos tribunais superiores, quando não possa ser lavrado acórdão na sessão em que seja julgado o processo, o resultado é anotado, datado e assinado pelos juízes vencedores e vencidos e o juiz que tire o acórdão fica com o processo para lavrar a decisão respetiva que, sem embargo de o resultado ser logo publicado, será lida em conferência na sessão seguinte e aí datada e assinada pelos juízes que nela tenham intervindo, se estiverem presentes.

TÍTULO III
Dos processos urgentes

CAPÍTULO I
Ação administrativa urgente

ARTIGO 97º
Âmbito

1 – Regem-se pelo disposto no presente capítulo e, no que com ele não contenda, pelo disposto nos capítulos II e III do título II:

a) O contencioso dos atos administrativos em matéria eleitoral da competência dos tribunais administrativos;

b) O contencioso dos atos administrativos praticados no âmbito de procedimentos de massa, com o âmbito estabelecido na secção II;

c) O contencioso dos atos relativos à formação dos contratos previstos na secção III.

2 – *[Revogado].*

SECÇÃO I
Contencioso eleitoral

ARTIGO 98º
Contencioso eleitoral

1 – Os processos do contencioso eleitoral são de plena jurisdição e podem ser intentados por quem, na eleição em causa, seja eleitor ou elegível ou, quanto à omissão nos cadernos ou listas eleitorais, também pelas pessoas cuja inscrição haja sido omitida.

2 – Na falta de disposição especial, o prazo de propositura de ação é de sete dias a contar da data em que seja possível o conhecimento do ato ou da omissão.

3 – Nos processos abrangidos pelo contencioso eleitoral, a ausência de reação contra os atos relativos à exclusão, inclusão ou omissão de eleitores ou elegíveis nos cadernos eleitorais, e demais atos com eficácia externa anteriores ao ato eleitoral, assim como de cada ato eleitoral adotado no âmbito de procedimentos encadeados impede o interessado de reagir contra as decisões subsequentes com fundamento em ilegalidades de que enfermem os atos anteriormente praticados.

4 – Os prazos a observar durante a tramitação do processo são os seguintes:

a) Cinco dias para a contestação;

b) Cinco dias para a decisão do juiz ou do relator, ou para este submeter o processo a julgamento;

c) Três dias para os restantes casos.

5 – Nos processos da competência de tribunal superior, quando o processo não seja decidido pelo relator, é julgado, independentemente de vistos, na primeira sessão que tenha lugar após o despacho referido na alínea *b)* do número anterior.

SECÇÃO II
Contencioso dos procedimentos de massa

ARTIGO 99º
Contencioso dos procedimentos de massa

1 – Para os efeitos do disposto na presente secção, e sem prejuízo de outros casos previstos em lei especial, o contencioso dos atos administrativos praticados no âmbito de procedimentos de massa compreende as ações respeitantes à prática ou omissão de atos administrativos no âmbito de procedimentos com mais de 50 participantes, nos seguintes domínios:

a) Concursos de pessoal;
b) Procedimentos de realização de provas;
c) Procedimentos de recrutamento.

2 – Salvo disposição legal em contrário, o prazo de propositura das ações a que se refere o presente artigo é de um mês e as ações devem ser propostas no tribunal da sede da entidade demandada.

3 – O modelo a que devem obedecer os articulados é estabelecido por portaria do membro do Governo responsável pela área da justiça.

4 – Quando, por referência ao mesmo procedimento, sejam propostas diferentes ações em relação às quais se preencham os pressupostos de admissibilidade previstos para a coligação e a cumulação de pedidos, os respetivos processos são objeto de apensação obrigatória àquele que tiver sido intentado em primeiro lugar, segundo o disposto no artigo 28º

5 – Os prazos a observar durante a tramitação do processo são os seguintes:

a) 20 dias para a contestação;
b) 30 dias para a decisão do juiz ou do relator, ou para o despacho deste a submeter o processo a julgamento;
c) 10 dias para os restantes casos.

6 – Nos processos da competência de tribunal superior, quando não seja decidido pelo relator, o processo é julgado, independentemente de vistos, na primeira sessão que tenha lugar após o despacho referido na alínea *b)* do número anterior.

SECÇÃO III
Contencioso pré-contratual

ARTIGO 100º
Âmbito

1 – Para os efeitos do disposto na presente secção, o contencioso pré-contratual compreende as ações de impugnação ou de condenação à prática de atos administrativos relativos à formação de contratos de empreitada de obras públicas, de concessão de obras públicas, de concessão de serviços públicos, de aquisição ou locação de bens móveis e de aquisição de serviços.

2 – Para os efeitos do disposto na presente secção, são considerados atos administrativos os atos praticados por quaisquer entidades adjudicantes ao abrigo de regras de contratação pública.

3 – *[Revogado]*.

ARTIGO 101º
Prazo

Os processos do contencioso pré-contratual devem ser intentados no prazo de um mês, por qualquer pessoa ou entidade com legitimidade nos termos gerais, sendo aplicável à contagem do prazo o disposto no nº 3 do artigo 58º e nos artigos 59º e 60º

ARTIGO 102º
Tramitação

1 – Os processos do contencioso pré-contratual obedecem à tramitação estabelecida no capítulo III do título II, salvo o preceituado nos números seguintes.

2 – Só são admissíveis alegações no caso de ser requerida ou produzida prova com a contestação.

3 – Os prazos a observar são os seguintes:

a) 20 dias para a contestação e para as alegações, quando estas tenham lugar;

b) 10 dias para a decisão do juiz ou relator, ou para este submeter o processo a julgamento;

c) 5 dias para os restantes casos.

4 – O objeto do processo pode ser ampliado à impugnação do contrato, segundo o disposto no artigo 63º

5 – Quando o considere aconselhável ao mais rápido esclarecimento da questão, o tribunal pode, oficiosamente ou a requerimento de qualquer das

partes, optar pela realização de uma audiência pública para discussão da matéria de facto e de direito.

6 – No âmbito do contencioso pré-contratual, há lugar à aplicação do disposto nos artigos 45º e 45-Aº, quando se preencham os respetivos pressupostos.

7 – O disposto no número anterior é também aplicável nas situações em que, tendo sido cumulado pedido respeitante à invalidade de contrato por violação das regras relativas ao respetivo procedimento de formação, o tribunal proceda, segundo o disposto na lei substantiva, ao afastamento dessa invalidade em resultado da ponderação dos interesses públicos e privados em presença.

ARTIGO 103º
Impugnação dos documentos conformadores do procedimento

1 – Regem-se pelo disposto no presente artigo e no artigo anterior, os processos dirigidos à declaração de ilegalidade de disposições contidas no programa do concurso, no caderno de encargos ou em qualquer outro documento conformador do procedimento de formação de contrato, designadamente com fundamento na ilegalidade das especificações técnicas, económicas ou financeiras que constem desses documentos.

2 – O pedido de declaração de ilegalidade pode ser deduzido por quem participe ou tenha interesse em participar no procedimento em causa, podendo ser cumulado com o pedido de impugnação de ato administrativo de aplicação das determinações contidas nos referidos documentos.

3 – O pedido de declaração de ilegalidade pode ser deduzido durante a pendência do procedimento a que os documentos em causa se referem, sem prejuízo do ónus da impugnação autónoma dos respetivos atos de aplicação.

4 – O disposto no presente artigo não prejudica a possibilidade da impugnação, nos termos gerais, dos regulamentos que tenham por objeto conformar mais do que um procedimento de formação de contratos.

ARTIGO 103º-A
Efeito suspensivo automático

1 – A impugnação de atos de adjudicação no âmbito do contencioso pré-contratual urgente faz suspender automaticamente os efeitos do ato impugnado ou a execução do contrato, se este já tiver sido celebrado.

2 – No caso previsto no número anterior, a entidade demandada e os contrainteressados podem requerer ao juiz o levantamento do efeito suspensivo, alegando que o diferimento da execução do ato seria gravemente prejudicial para o interesse público ou gerador de consequências lesivas claramente des-

proporcionadas para outros interesses envolvidos, havendo lugar, na decisão, à aplicação do critério previsto no nº 2 do artigo 120º

3 – No caso previsto no número anterior, o demandante dispõe do prazo de sete dias para responder, findo o que o juiz decide no prazo máximo de 10 dias, contado da data da última pronúncia apresentada ou do termo do prazo para a sua apresentação.

4 – O efeito suspensivo é levantado quando, ponderados os interesses suscetíveis de serem lesados, os danos que resultariam da manutenção do efeito suspensivo se mostrem superiores aos que podem resultar do seu levantamento.

ARTIGO 103º-B
Adoção de medidas provisórias

1 – Nos processos que não tenham por objeto a impugnação de atos de adjudicação, pode ser requerida ao juiz a adoção de medidas provisórias, dirigidas a prevenir o risco de, no momento em que a sentença venha a ser produzida, se ter constituído uma situação de facto consumado ou já não ser possível retomar o procedimento pré-contratual para determinar quem nele seria escolhido como adjudicatário.

2 – No caso previsto no número anterior, o pedido da adoção de medidas provisórias é tramitado como um incidente, que corre termos nos autos do próprio processo declarativo, devendo a respetiva tramitação ser determinada, no respeito pelo contraditório, em função da complexidade e urgência do caso.

3 – Nas situações previstas nos números anteriores, a medida provisória é recusada quando os danos que resultariam da sua adoção se mostrem superiores aos que podem resultar da sua não adoção, sem que tal lesão possa ser evitada ou atenuada pela adoção de outras medidas.

CAPÍTULO II
Das intimações

SECÇÃO I
Intimação para a prestação de informações, consulta de processos ou passagem de certidões

ARTIGO 104º
Objeto

1 – Quando não seja dada integral satisfação a pedidos formulados no exercício do direito à informação procedimental ou do direito de acesso

aos arquivos e registos administrativos, o interessado pode requerer a correspondente intimação, nos termos e com os efeitos previstos na presente secção.

2 – O pedido de intimação é igualmente aplicável nas situações previstas no n.º 2 do artigo 60º e pode ser utilizado pelo Ministério Público para o efeito do exercício da ação pública.

ARTIGO 105º
Pressupostos

1 – A intimação deve ser requerida contra a pessoa coletiva de direito público, o ministério ou a secretaria regional cujos órgãos sejam competentes para facultar a informação ou a consulta, ou passar a certidão.

2 – Quando o interessado faça valer o direito à informação procedimental ou o direito de acesso aos arquivos e registos administrativos, a intimação deve ser requerida no prazo de 20 dias, a contar da verificação de qualquer dos seguintes factos:

a) Decurso do prazo legalmente estabelecido, sem que a entidade requerida satisfaça o pedido que lhe foi dirigido;
b) Indeferimento do pedido;
c) Satisfação parcial do pedido.

ARTIGO 106º
Efeito interruptivo do prazo de impugnação

1 – O efeito interruptivo do prazo de impugnação que decorre da apresentação dos pedidos de informação, consulta de documentos ou passagem de certidão, quando efetuados ao abrigo do disposto no n.º 2 do artigo 60º, mantém-se se o interessado requerer a intimação judicial e cessa com:

a) O cumprimento da decisão que defira o pedido de intimação ou com o trânsito em julgado da que o indefira;
b) O trânsito em julgado da decisão que extinga a instância por satisfação do requerido na pendência do pedido de intimação.

2 – Não se verifica o efeito interruptivo quando o tribunal competente para conhecer do meio contencioso que venha a ser utilizado pelo requerente considere que o pedido constituiu expediente manifestamente dilatório ou foi injustificado, por ser claramente desnecessário para permitir o uso dos meios administrativos ou contenciosos.

ARTIGO 107º
Tramitação

1 – Deduzido o pedido de intimação, a secretaria promove oficiosamente a citação da entidade demandada e dos contrainteressados para responder no prazo de 10 dias.

2 – Apresentada a resposta ou decorrido o respetivo prazo e concluídas as diligências que se mostrem necessárias, o juiz profere decisão no prazo de cinco dias.

ARTIGO 108º
Decisão

1 – Se der provimento ao processo, o juiz determina o prazo em que a intimação deve ser cumprida e que não pode ultrapassar os 10 dias.

2 – Se houver incumprimento da intimação sem justificação aceitável, deve o juiz determinar a aplicação de sanções pecuniárias compulsórias, nos termos do artigo 169º, sem prejuízo do apuramento da responsabilidade civil, disciplinar e criminal a que haja lugar, segundo o disposto no artigo 159º

SECÇÃO II
Intimação para proteção de direitos, liberdades e garantias

ARTIGO 109º
Pressupostos

1 – A intimação para proteção de direitos, liberdades e garantias pode ser requerida quando a célere emissão de uma decisão de mérito que imponha à Administração a adoção de uma conduta positiva ou negativa se revele indispensável para assegurar o exercício, em tempo útil, de um direito, liberdade ou garantia, por não ser possível ou suficiente, nas circunstâncias do caso, o decretamento provisório de uma providência cautelar, segundo o disposto no artigo 131º

2 – A intimação também pode ser dirigida contra particulares, designadamente concessionários, nomeadamente para suprir a omissão, por parte da Administração, das providências adequadas a prevenir ou reprimir condutas lesivas dos direitos, liberdades e garantias do interessado.

3 – Quando, nas circunstâncias enunciadas no nº 1, o interessado pretenda a emissão de um ato administrativo estritamente vinculado, designadamente de execução de um ato administrativo já praticado, o tribunal emite sentença que produza os efeitos do ato devido.

ARTIGO 110º
Despacho liminar e tramitação subsequente

1 – Uma vez distribuído, o processo é concluso ao juiz com a maior urgência, para despacho liminar, a proferir no prazo máximo de 48 horas, no qual, sendo a petição admitida, é ordenada a citação da outra parte para responder no prazo de sete dias.

2 – Quando a complexidade da matéria o justifique, pode o juiz determinar que o processo siga a tramitação estabelecida no capítulo III do título II, sendo, nesse caso, os prazos reduzidos a metade.

3 – Em situações de especial urgência, em que a petição permita reconhecer a possibilidade de lesão iminente e irreversível do direito, liberdade ou garantia, o juiz pode optar, no despacho liminar, por:

a) Reduzir o prazo previsto no nº 1 para a resposta do requerido;
b) Promover a audição do requerido através de qualquer meio de comunicação que se revele adequado;
c) Promover a realização, no prazo de 48 horas, de uma audiência oral, no termo da qual a decisão é tomada de imediato.

4 – *[Revogado].*
5 – *[Revogado].*

ARTIGO 110º-A
Substituição da petição e decretamento provisório de providência cautelar

1 – Quando verifique que as circunstâncias do caso não são de molde a justificar o decretamento de uma intimação, por se bastarem com a adoção de uma providência cautelar, o juiz, no despacho liminar, fixa prazo para o autor substituir a petição, para o efeito de requerer a adoção de providência cautelar, seguindo-se, se a petição for substituída, os termos do processo cautelar.

2 – Quando, na hipótese prevista no número anterior, seja de reconhecer que existe uma situação de especial urgência que o justifique, o juiz deve, no mesmo despacho liminar, e sem quaisquer outras formalidades ou diligências, decretar provisoriamente a providência cautelar que julgue adequada, sendo, nesse caso, aplicável o disposto no artigo 131º

3 – Na hipótese prevista no número anterior, o decretamento provisório caduca se, no prazo de cinco dias, o autor não tiver requerido a adoção de providência cautelar, segundo o disposto no nº 1.

ARTIGO 111º
Decisão e seus efeitos

1 – Sem prejuízo do disposto na alínea *c)* do nº 3 do artigo 110º, o juiz decide o processo no prazo necessário para assegurar o efeito útil da decisão,

o qual não pode ser superior a cinco dias após a realização das diligências que se mostrem necessárias à tomada da decisão.

2 – Na decisão, o juiz determina o comportamento concreto a adotar e, sendo caso disso, o prazo para o cumprimento e o responsável pelo mesmo.

3 – A notificação da decisão é feita de imediato a quem a deva cumprir, nos termos gerais aplicáveis aos processos urgentes.

4 – O incumprimento da intimação sujeita o particular ou o titular do órgão responsável ao pagamento de sanção pecuniária compulsória, a fixar pelo juiz na decisão de intimação ou em despacho posterior, segundo o disposto no artigo 169º, sem prejuízo do apuramento da responsabilidade civil, disciplinar e criminal a que haja lugar.

TÍTULO IV
Dos processos cautelares

CAPÍTULO I
Disposições comuns

ARTIGO 112º
Providências cautelares

1 – Quem possua legitimidade para intentar um processo junto dos tribunais administrativos pode solicitar a adoção da providência ou das providências cautelares, antecipatórias ou conservatórias, que se mostrem adequadas a assegurar a utilidade da sentença a proferir nesse processo.

2 – As providências cautelares regem-se pela tramitação e são adotadas segundo os critérios previstos no presente título, podendo consistir designadamente em:

a) Suspensão da eficácia de um ato administrativo ou de uma norma;
b) Admissão provisória em concursos e exames;
c) Atribuição provisória da disponibilidade de um bem;
d) Autorização provisória ao interessado para iniciar ou prosseguir uma atividade ou adotar uma conduta;
e) Regulação provisória de uma situação jurídica, designadamente através da imposição à Administração do pagamento de uma quantia por conta de prestações alegadamente devidas ou a título de reparação provisória;
f) Arresto;
g) Embargo de obra nova;
h) Arrolamento;

i) Intimação para adoção ou abstenção de uma conduta por parte da Administração ou de um particular por alegada violação ou fundado receio de violação do direito administrativo nacional ou do direito da União Europeia.

ARTIGO 113º
Relação com a causa principal

1 – O processo cautelar depende da causa que tem por objeto a decisão sobre o mérito, podendo ser intentado como preliminar ou como incidente do processo respetivo.

2 – O processo cautelar é um processo urgente e tem tramitação autónoma em relação ao processo principal, sendo apensado a este.

3 – Quando requerida a adoção de providências antes de proposta a causa principal, o processo é apensado aos autos logo que aquela seja intentada.

4 – Na pendência do processo cautelar, o requerente pode proceder à substituição ou ampliação do pedido, com fundamento em alteração superveniente dos pressupostos de facto ou de direito, com oferecimento de novos meios de prova, de modo a que o juiz possa atender à evolução ocorrida para conceder a providência adequada à situação existente no momento em que se pronuncia.

5 – Quando assuma a posição de autor num processo principal, nos termos do artigo 62º, o Ministério Público pode requerer o seguimento de eventual processo cautelar, que, com relação a esse processo, se encontre pendente, nele assumindo também a posição de requerente.

ARTIGO 114º
Requerimento cautelar

1 – A adoção de uma ou mais providências cautelares é solicitada em requerimento próprio, apresentado:

a) Previamente à instauração do processo principal;
b) Juntamente com a petição inicial do processo principal;
c) Na pendência do processo principal.

2 – O requerimento é apresentado no tribunal competente para julgar o processo principal.

3 – No requerimento, deve o requerente:

a) Indicar o tribunal a que o requerimento é dirigido;
b) Indicar o seu nome e residência ou sede;
c) Identificar a entidade demandada;
d) Indicar a identidade e residência dos contrainteressados a quem a adoção da providência cautelar possa diretamente prejudicar;

e) Indicar a ação de que o processo depende ou irá depender;
f) Indicar a providência ou as providências que pretende ver adotadas;
g) Especificar, de forma articulada, os fundamentos do pedido, oferecendo prova sumária da respetiva existência;
h) Quando for o caso, fazer prova do ato ou norma cuja suspensão pretende e da sua notificação ou publicação;
i) Identificar o processo principal, quando o requerimento seja apresentado na sua pendência;
j) Indicar o valor da causa.

4 – No requerimento cautelar, o interessado pode pedir que a citação seja urgente, nos termos e para os efeitos previstos na lei processual civil, e que, no despacho liminar, o juiz proceda ao decretamento provisório da providência, segundo o disposto no artigo 131º

5 – Na falta da indicação de qualquer dos elementos enunciados no nº 3, o interessado é notificado para suprir a falta no prazo de cinco dias.

6 – A falta da designação do tribunal a que o requerimento é dirigido deve ser oficiosamente suprida, com remessa para o tribunal competente, quando não seja o próprio.

ARTIGO 115º
Contrainteressados

1 – Se o interessado não conhecer a identidade e residência dos contrainteressados, pode requerer previamente certidão de que constem aqueles elementos de identificação.

2 – A certidão a que se refere o número anterior deve ser passada no prazo de vinte e quatro horas pela autoridade requerida.

3 – Se a certidão não for passada, o interessado, no requerimento cautelar, junta prova de que a requereu, indica a identidade e residência dos contrainteressados que conheça e requer a intimação judicial da entidade demandada para fornecer ao tribunal a identidade e residência dos contrainteressados em falta.

4 – No caso previsto no número anterior, quando não haja fundamento para rejeição liminar do requerimento cautelar, o juiz, no prazo de dois dias, intima a autoridade requerida a remeter, também no prazo de dois dias, a certidão pedida, fixando sanção pecuniária compulsória, segundo o disposto no artigo 169º

5 – O incumprimento pela entidade demandada da intimação referida no número anterior sem justificação adequada é constitutivo de responsabilidade, nos termos previstos no artigo 159º

ARTIGO 116º
Despacho liminar

1 – Uma vez distribuído, o processo é concluso ao juiz com a maior urgência, para despacho liminar, a proferir no prazo máximo de 48 horas, no qual, sendo o requerimento admitido, é ordenada a citação da entidade requerida e dos contrainteressados.

2 – Constituem fundamento de rejeição liminar do requerimento:

a) A falta de qualquer dos requisitos indicados no nº 3 do artigo 114º que não seja suprida na sequência de notificação para o efeito;
b) A manifesta ilegitimidade do requerente;
c) A manifesta ilegitimidade da entidade requerida;
d) A manifesta falta de fundamento da pretensão formulada;
e) A manifesta desnecessidade da tutela cautelar;
f) A manifesta ausência dos pressupostos processuais da ação principal.

3 – A rejeição com os fundamentos indicados nas alíneas *a)* e *c)* do número anterior não obsta à possibilidade de apresentação de novo requerimento.

4 – A rejeição com os fundamentos indicados nas alíneas *b)*, *d)* e *e)* do nº 2 não obsta à possibilidade de apresentação de novo requerimento com fundamentos diferentes ou supervenientes em relação aos invocados no requerimento anterior.

5 – O juiz, oficiosamente ou a pedido deduzido no requerimento cautelar, pode, no despacho liminar, decretar provisoriamente a providência requerida ou aquela que julgue mais adequada, segundo o disposto no artigo 131º

ARTIGO 117º
Citação

1 – Não havendo fundamento para rejeição, o requerimento é admitido, sendo citados para deduzir oposição a entidade requerida e os contrainteressados, se os houver, no prazo de 10 dias.

2 – A situação prevista no nº 3 do artigo 115º não obsta à citação da entidade requerida e dos contrainteressados cuja identidade e residência se encontre indicada no requerimento cautelar, sendo os demais contrainteressados apenas citados se a resposta da entidade requerida o vier a permitir.

3 – Os contrainteressados incertos ou de residência desconhecida são citados por anúncio a emitir pela secretaria e que o requerente deve fazer publicar em dois jornais diários de circulação nacional ou local, dependendo do âmbito da matéria em causa, convidando-os a intervir até ao limite do prazo do nº 6.

4 – No caso previsto no número anterior, quando a pretensão esteja relacionada com a impugnação de um ato a que tenha sido dado certo tipo de publicidade, a mesma é também utilizada para o anúncio.

5 – Se a providência cautelar for requerida como incidente em processo já intentado e a entidade requerida e os contrainteressados já tiverem sido citados no processo principal, são chamados por mera notificação.

6 – Qualquer interessado que não tenha recebido a citação só pode intervir no processo até à conclusão ao juiz ou relator para decisão.

ARTIGO 118º
Produção de prova

1 – Juntas as oposições ou decorrido o respetivo prazo, o processo é concluso ao juiz, podendo haver lugar a produção de prova, quando este a considere necessária.

2 – Na falta de oposição, presumem-se verdadeiros os factos invocados pelo requerente.

3 – O juiz pode ordenar as diligências de prova que considere necessárias, não sendo admissível a prova pericial.

4 – O requerente não pode oferecer mais de cinco testemunhas para prova dos fundamentos da pretensão cautelar, aplicando-se a mesma limitação aos requeridos que deduzam a mesma oposição.

5 – Mediante despacho fundamentado, o juiz pode recusar a utilização de meios de prova quando considere assentes ou irrelevantes os factos sobre os quais eles recaem ou quando entenda que os mesmos são manifestamente dilatórios.

6 – As testemunhas oferecidas são apresentadas pelas partes no dia e no local designados para a inquirição, não havendo adiamento por falta das testemunhas ou dos mandatários.

7 – Sem prejuízo do disposto no número anterior, e estando a parte impossibilitada de apresentar certa testemunha, pode requerer ao tribunal a sua convocação.

ARTIGO 119º
Prazo para a decisão

1 – O juiz profere decisão no prazo de cinco dias contado da data da apresentação da última oposição ou do decurso do respetivo prazo, ou da produção de prova, quando esta tenha tido lugar.

2 – O presidente do tribunal pode determinar, por proposta do juiz do processo, que a questão seja decidida em conferência de três juízes.

3 – O relator pode submeter o julgamento da providência à apreciação da conferência, quando a complexidade da matéria o justifique.

ARTIGO 120º
Critérios de decisão

1 – Sem prejuízo do disposto nos números seguintes, as providências cautelares são adotadas quando haja fundado receio da constituição de uma situação de facto consumado ou da produção de prejuízos de difícil reparação para os interesses que o requerente visa assegurar no processo principal e seja provável que a pretensão formulada ou a formular nesse processo venha a ser julgada procedente.

2 – Nas situações previstas no número anterior, a adoção da providência ou das providências é recusada quando, devidamente ponderados os interesses públicos e privados em presença, os danos que resultariam da sua concessão se mostrem superiores àqueles que podem resultar da sua recusa, sem que possam ser evitados ou atenuados pela adoção de outras providências.

3 – As providências cautelares a adotar devem limitar-se ao necessário para evitar a lesão dos interesses defendidos pelo requerente, devendo o tribunal, ouvidas as partes, adotar outra ou outras providências, em cumulação ou em substituição daquela ou daquelas que tenham sido concretamente requeridas, quando tal se revele adequado a evitar a lesão desses interesses e seja menos gravoso para os demais interesses públicos ou privados, em presença.

4 – Se os potenciais prejuízos para os interesses, públicos ou privados, em conflito com os do requerente forem integralmente reparáveis mediante indemnização pecuniária, o tribunal pode, para efeitos do disposto no número anterior, impor ao requerente a prestação de garantia por uma das formas previstas na lei tributária.

5 – Na falta de contestação da autoridade requerida ou da alegação de que a adoção das providências cautelares pedidas prejudica o interesse público, o tribunal julga verificada a inexistência de tal lesão, salvo quando esta seja manifesta ou ostensiva.

6 – Quando no processo principal esteja apenas em causa o pagamento da quantia certa, sem natureza sancionatória, as providências cautelares são adotadas, independentemente da verificação dos requisitos previstos no nº 1, se tiver sido prestada garantia por uma das formas previstas na lei tributária.

ARTIGO 121º
Decisão da causa principal

1 – Quando, existindo processo principal já intentado, se verifique que foram trazidos ao processo cautelar todos os elementos necessários para o

efeito e a simplicidade do caso ou a urgência na sua resolução definitiva o justifique, o tribunal pode, ouvidas as partes pelo prazo de 10 dias, antecipar o juízo sobre a causa principal, proferindo decisão que constituirá a decisão final desse processo.

2 – O recurso da decisão final do processo principal, proferida nos termos do número anterior, tem efeito meramente devolutivo.

ARTIGO 122º
Efeitos da decisão

1 – A decisão sobre a adoção de providências cautelares determina a notificação com urgência às partes para cumprimento imediato e, quando seja caso disso, às demais pessoas e entidades que lhe devam dar cumprimento.

2 – As providências cautelares podem ser sujeitas a termo ou condição.

3 – Na falta de determinação em contrário, as providências cautelares subsistem até caducarem ou até que seja proferida decisão sobre a sua alteração ou revogação.

ARTIGO 123º
Caducidade das providências

1 – Os processos cautelares extinguem-se e, quando decretadas, as providências cautelares caducam:

a) Se o requerente não fizer uso, no respetivo prazo, do meio contencioso adequado à tutela dos interesses a que o pedido de adoção de providência cautelar se destinou;

b) Se, tendo o requerente feito uso desses meios, o correspondente processo estiver parado durante mais de três meses por negligência sua em promover os respetivos termos ou de algum incidente de que dependa o andamento do processo;

c) Se esse processo findar por extinção da instância e o requerente não intentar novo processo, nos casos em que a lei o permita, dentro do prazo fixado para o efeito;

d) Se se extinguir o direito ou interesse a cuja tutela a providência se destina;

e) Se se verificar o trânsito em julgado da decisão que ponha termo ao processo principal, no caso de ser desfavorável ao requerente;

f) Se ocorrer termo final ou se preencher condição resolutiva a que a providência cautelar estivesse sujeita;

g) *[Revogada]*.

2 – Quando a tutela dos interesses a que a providência cautelar se destina seja assegurada por via contenciosa não sujeita a prazo, o requerente deve, para efeitos da alínea *a)* do número anterior, usar essa via no prazo de 90 dias, contado desde o trânsito em julgado da decisão.

3 – A extinção do processo cautelar ou a caducidade da providência é reconhecida pelo tribunal, oficiosamente ou a pedido fundamentado de qualquer interessado, mediante prévia audição das partes.

4 – Apresentado o requerimento, o juiz ordena a notificação do requerente da providência para responder no prazo de sete dias.

5 – Concluídas as diligências que se mostrem necessárias, o juiz decide sobre o pedido no prazo de cinco dias.

ARTIGO 124º
Alteração e revogação das providências

1 – A decisão de adotar ou recusar a adoção de providências cautelares, desde que transitada em julgado, pode ser revogada ou alterada, oficiosamente ou mediante requerimento, com fundamento em alteração dos pressupostos de facto e de direito inicialmente existentes.

2 – À situação prevista no número anterior é aplicável, com as devidas adaptações, o preceituado nos nºs 3 a 5 do artigo anterior.

3 – É, designadamente, relevante, para os efeitos do disposto no nº 1, a eventual improcedência da causa principal, decidida por sentença de que tenha sido interposto recurso com efeito suspensivo.

ARTIGO 125º
Notificação e publicação

1 – A alteração e a revogação das providências cautelares, bem como a declaração da respetiva caducidade, são imediatamente notificadas ao requerente, à entidade requerida e aos contrainteressados.

2 – A adoção de providências cautelares que se refiram à vigência de normas ou à eficácia de atos administrativos que afetem uma pluralidade de pessoas é publicada nos termos previstos para as decisões finais de provimento dos respetivos processos impugnatórios.

ARTIGO 126º
Utilização abusiva da providência cautelar

1 – Sem prejuízo da possibilidade de aplicação pelo juiz da taxa sancionatória excecional, prevista no artigo 531º do Código de Processo Civil, o requerente responde pelos danos que, com dolo ou negligência grosseira, tenha causado ao requerido e aos contrainteressados.

2 – Quando as providências cessem por causa diferente da execução de decisão do processo principal favorável ao requerente, a Administração ou os terceiros lesados pela sua adoção podem solicitar a indemnização que lhes seja devida ao abrigo do disposto no número anterior, no prazo de um ano a contar da notificação prevista no n.º 1 do artigo anterior.

3 – Decorrido o prazo referido no número anterior sem que tenha sido pedida qualquer indemnização, é autorizado o levantamento da garantia, quando exista.

ARTIGO 127.º
Garantia da providência

1 – A execução da decisão cautelar corre termos nos próprios autos do processo cautelar, sob as formas previstas neste Código para os processos executivos, ou sob as formas previstas na lei processual civil, quando se trate de uma execução contra particulares, sendo-lhe aplicável o regime dos processos urgentes.

2 – Quando a providência decretada exija da Administração a adoção de providências infungíveis, de conteúdo positivo ou negativo, o tribunal pode condenar de imediato o titular do órgão competente ao pagamento da sanção pecuniária compulsória que se mostre adequada a assegurar a efetividade da providência decretada, sendo, para o efeito, aplicável o disposto no artigo 169.º

3 – Sem prejuízo do disposto no número anterior, os órgãos ou agentes que infrinjam a providência cautelar decretada ficam sujeitos à responsabilidade prevista no artigo 159.º

CAPÍTULO II
Disposições particulares

ARTIGO 128.º
Proibição de executar o ato administrativo

1 – Quando seja requerida a suspensão da eficácia de um ato administrativo, a autoridade administrativa, recebido o duplicado do requerimento, não pode iniciar ou prosseguir a execução, salvo se, mediante resolução fundamentada, reconhecer, no prazo de 15 dias, que o diferimento da execução seria gravemente prejudicial para o interesse público.

2 – Sem prejuízo do previsto na parte final do número anterior, deve a autoridade que receba o duplicado impedir, com urgência, que os serviços competentes ou os interessados procedam ou continuem a proceder à execução do ato.

3 – Considera-se indevida a execução quando falte a resolução prevista no nº 1 ou o tribunal julgue improcedentes as razões em que aquela se fundamenta.
4 – O interessado pode requerer ao tribunal onde penda o processo de suspensão da eficácia, até ao trânsito em julgado da sua decisão, a declaração de ineficácia dos atos de execução indevida.
5 – O incidente é processado nos autos do processo de suspensão da eficácia.
6 – Requerida a declaração de ineficácia dos atos de execução indevida, o juiz ou relator ouve os interessados no prazo de cinco dias, tomando de imediato a decisão.

ARTIGO 129º
Suspensão da eficácia do ato já executado

A execução de um ato não obsta à suspensão da sua eficácia quando desta possa advir, para o requerente ou para os interesses que este defenda ou venha a defender, no processo principal, utilidade relevante no que toca aos efeitos que o ato ainda produza ou venha a produzir.

ARTIGO 130º
Suspensão da eficácia de normas

1 – O interessado na declaração da ilegalidade de norma emitida ao abrigo de disposições de direito administrativo cujos efeitos se produzam imediatamente, sem dependência de um ato administrativo ou jurisdicional de aplicação, pode requerer a suspensão da eficácia dessa norma, com efeitos circunscritos ao seu caso.
2 – O Ministério Público e as pessoas e entidades referidas no nº 2 do artigo 9º podem pedir a suspensão, com força obrigatória geral, dos efeitos de qualquer norma em relação à qual tenham deduzido ou se proponham deduzir pedido de declaração de ilegalidade com força obrigatória geral.
3 – [Revogado].
4 – Aos casos previstos no presente artigo aplica-se, com as adaptações que forem necessárias, o disposto no capítulo I e nos dois artigos precedentes.

ARTIGO 131º
Decretamento provisório da providência

1 – Quando reconheça a existência de uma situação de especial urgência, passível de dar causa a uma situação de facto consumado na pendência do processo, o juiz, no despacho liminar, pode, a pedido do requerente ou a título oficioso, decretar provisoriamente a providência requerida ou aquela

que julgue mais adequada, sem mais considerações, no prazo de 48 horas, seguindo o processo cautelar os subsequentes termos dos artigos 117º e seguintes.

2 – O decretamento provisório também pode ter lugar durante a pendência do processo cautelar, com fundamento em alteração superveniente dos pressupostos de facto ou de direito.

3 – Quando as circunstâncias imponham que o decretamento provisório seja precedido da audição do requerido, esta pode ser realizada por qualquer meio de comunicação que se revele adequado.

4 – O decretamento provisório não é passível de impugnação.

5 – O decretamento provisório é notificado de imediato às pessoas e entidades que o devam cumprir, sendo aplicável, em caso de incumprimento, o disposto nos nºs 4 a 6 do artigo 128º, com as adaptações que se mostrem necessárias.

6 – Mediante requerimento devidamente fundamentado, os requeridos, durante a pendência do processo cautelar, podem solicitar o levantamento ou a alteração da providência provisoriamente decretada, sendo o requerimento decidido por aplicação do nº 2 do artigo 120º, depois de ouvido o requerente pelo prazo de cinco dias e de produzida a prova que o juiz considere necessária.

7 – As decisões proferidas ao abrigo do número anterior são passíveis de impugnação nos termos gerais.

ARTIGO 132º
Processos cautelares relativos a procedimentos de formação de contratos

1 – Os processos cautelares relativos a procedimentos de formação de contratos não abrangidos pelo regime dos artigos 100º a 103º-B, dirigidos designadamente a obter a suspensão da eficácia de atos praticados no âmbito do procedimento, a suspensão do próprio procedimento e a proibição da celebração ou da execução do contrato, regem-se pelo presente Título, com ressalva do disposto nos números seguintes.

2 – O requerimento cautelar deve ser instruído com todos os elementos de prova.

3 – A autoridade requerida e os contrainteressados dispõem do prazo de sete dias para responderem.

4 – A concessão da providência depende do juízo de probabilidade do tribunal quanto a saber se, ponderados os interesses suscetíveis de serem lesados, os danos que resultariam da adoção da providência se mostrem superiores aos prejuízos que podem resultar da sua não adoção, sem que tal lesão possa ser evitada ou atenuada pela adoção de outras providências.

5 – Quando, no processo cautelar, o juiz considere demonstrada a ilegalidade de especificações contidas nos documentos conformadores do procedimento que era invocada como fundamento do processo principal, pode determinar a sua imediata correção, decidindo, desse modo, o mérito da causa, segundo o disposto no artigo 121º

6 – *[Revogado]*.

7 – *[Revogado]*.

ARTIGO 133º
Regulação provisória do pagamento de quantias

1 – Quando o alegado incumprimento do dever de a Administração realizar prestações pecuniárias provoque uma situação de grave carência económica, pode o interessado requerer ao tribunal, a título de regulação provisória, e sem necessidade da prestação de garantia, a intimação da entidade competente a prestar as quantias indispensáveis a evitar a situação de carência.

2 – A regulação provisória é decretada quando:

a) Esteja adequadamente comprovada a situação de grave carência económica;

b) Seja de prever que o prolongamento dessa situação possa acarretar consequências graves e dificilmente reparáveis;

c) Seja provável que a pretensão formulada ou a formular nesse processo venha a ser julgada procedente.

3 – As quantias percebidas não podem exceder as que resultariam do reconhecimento dos direitos invocados pelo requerente, considerando-se o respetivo processamento como feito por conta das prestações alegadamente devidas em função das prestações não realizadas.

ARTIGO 134º
Produção antecipada de prova

1 – Havendo justo receio de vir a tornar-se impossível ou muito difícil o depoimento de certas pessoas ou a verificação de certos factos por meio de prova pericial ou por inspeção, pode o depoimento, o arbitramento ou a inspeção realizar-se antes de intentado o processo.

2 – O requerimento, a apresentar com tantos duplicados quantas as pessoas a citar ou notificar, deve justificar sumariamente a necessidade da antecipação de prova, mencionar com precisão os factos sobre que esta há de recair, especificar os meios de prova a produzir, identificar as pessoas que hão de ser ouvidas, se for caso disso, e indicar, com a possível concretização, o pedido e os fundamentos da causa a propor, bem como a pessoa ou o órgão em relação aos quais se pretende fazer uso da prova.

3 – A pessoa ou o órgão referido é notificado para intervir nos atos de preparação e produção de prova ou para deduzir oposição no prazo de três dias.

4 – Quando a notificação não possa ser feita a tempo de, com grande probabilidade, se realizar a diligência requerida, a pessoa ou o órgão são notificados da realização da diligência, tendo a faculdade de requerer, no prazo de sete dias, a sua repetição, se esta for possível.

5 – Se a causa principal vier a correr noutro tribunal, para aí é remetido o apenso, ficando o juiz da ação com exclusiva competência para os termos subsequentes à remessa.

6 – O disposto nos n.ºs 1 a 4 é aplicável, com as necessárias adaptações, aos pedidos de antecipação de prova em processo já intentado.

TÍTULO V
Dos conflitos de competência jurisdicional e de atribuições

ARTIGO 135º
Lei aplicável

1 – Os processos de conflito entre tribunais da jurisdição administrativa e fiscal ou entre órgãos administrativos regem-se pelos preceitos próprios da ação administrativa, com as seguintes especialidades, sendo, quanto ao mais, aplicável, com as necessárias adaptações, o disposto na lei processual civil:

a) Os prazos são reduzidos a metade;
b) O autor do primeiro ato é chamado ao processo na fase da resposta da entidade demandada e no mesmo prazo para se pronunciar;
c) Só é admitida prova documental;
d) Não são admissíveis alegações;
e) Da sentença não cabe qualquer recurso.

2 – *[Revogado]*.

ARTIGO 136º
Pressupostos

A resolução dos conflitos pode ser requerida por qualquer interessado e pelo Ministério Público no prazo de um ano contado da data em que se torne inimpugnável a última das decisões.

ARTIGO 137º
Resposta

Não há lugar a resposta do Supremo Tribunal Administrativo e do Tribunal Central Administrativo quando o conflito respeite à competência de qualquer das suas secções.

ARTIGO 138º
Decisão provisória

Se da inação das autoridades em conflito puder resultar grave prejuízo, o relator designa a autoridade que deve exercer provisoriamente a competência em tudo o que seja urgente.

ARTIGO 139º
Decisão

1 – A decisão que resolva o conflito, além de especificar a autoridade ou tribunal competente, determina a invalidade do ato ou decisão da autoridade ou tribunal incompetente.

2 – Quando razões de equidade ou de interesse público especialmente relevante o justifiquem, a decisão pode excluir os atos preparatórios da declaração de invalidade.

TÍTULO VI
Dos recursos jurisdicionais

CAPÍTULO I
Disposições gerais

ARTIGO 140º
Espécies de recursos e regime aplicável

1 – Os recursos das decisões proferidas pelos tribunais administrativos são ordinários ou extraordinários, sendo ordinários a apelação e a revista e extraordinários o recurso para uniformização de jurisprudência e a revisão.

2 – Só existe recurso de revista para o Supremo Tribunal Administrativo nos casos e termos previstos no capítulo seguinte.

3 – Os recursos das decisões proferidas pelos tribunais administrativos regem-se pelo disposto na lei processual civil, salvo o disposto no presente título.

ARTIGO 141º
Legitimidade

1 – Pode interpor recurso ordinário de uma decisão jurisdicional proferida por um tribunal administrativo quem nela tenha ficado vencido e o Ministério Público, se a decisão tiver sido proferida com violação de disposições ou princípios constitucionais ou legais.

2 – Nos processos impugnatórios, considera-se designadamente vencido, para o efeito do disposto no número anterior, o autor que, tendo invocado várias causas de invalidade contra o mesmo ato administrativo, tenha decaído relativamente à verificação de alguma delas, na medida em que o reconhecimento, pelo tribunal de recurso, da existência dessa causa de invalidade impeça ou limite a possibilidade de renovação do ato anulado.

3 – Ainda que um ato administrativo tenha sido anulado com fundamento na verificação de diferentes causas de invalidade, a sentença pode ser impugnada com base na inexistência de apenas uma dessas causas de invalidade, na medida em que do reconhecimento da inexistência dessa causa de invalidade dependa a possibilidade de o ato anulado vir a ser renovado.

4 – Pode ainda recorrer das decisões dos tribunais administrativos quem seja direta e efetivamente prejudicado por elas, ainda que não seja parte na causa ou seja apenas parte acessória.

ARTIGO 142º
Decisões que admitem recurso

1 – O recurso das decisões que, em primeiro grau de jurisdição, tenham conhecido do mérito da causa é admitido nos processos de valor superior à alçada do tribunal de que se recorre, quando a decisão impugnada seja desfavorável ao recorrente em valor superior a metade da alçada desse tribunal, atendendo-se, em caso de fundada dúvida acerca do valor da sucumbência, somente ao valor da causa.

2 – Para os efeitos do disposto no número anterior, consideram-se incluídas nas decisões sobre o mérito da causa as que, em sede executiva, declarem a existência de causa legítima de inexecução, pronunciem a invalidade de atos desconformes ou fixem indemnizações fundadas na existência de causa legítima de inexecução.

3 – Para além dos casos previstos na lei processual civil, é sempre admissível recurso, independentemente do valor da causa e da sucumbência, das decisões:

a) De improcedência de pedidos de intimação para proteção de direitos, liberdades e garantias;
b) Proferidas em matéria sancionatória;

c) Proferidas contra jurisprudência uniformizada pelo Supremo Tribunal Administrativo;

d) Que ponham termo ao processo sem se pronunciarem sobre o mérito da causa.

4 – *[Revogado]*.

5 – As decisões proferidas em despacho interlocutório podem ser impugnadas no recurso que venha a ser interposto da decisão final, exceto nos casos em que é admitida apelação autónoma nos termos da lei processual civil.

ARTIGO 143º
Efeitos dos recursos

1 – Salvo disposto em lei especial, os recursos ordinários têm efeito suspensivo da decisão recorrida.

2 – Para além de outros a que a lei reconheça tal efeito, são meramente devolutivos os recursos interpostos de:

a) Intimações para proteção de direitos, liberdades e garantias;

b) Decisões respeitantes a processos cautelares e respetivos incidentes;

c) Decisões proferidas por antecipação do juízo sobre a causa principal no âmbito de processos cautelares, nos termos do artigo 121º

3 – Quando a suspensão dos efeitos da sentença seja passível de originar situações de facto consumado ou a produção de prejuízos de difícil reparação para a parte vencedora ou para os interesses, públicos ou privados, por ela prosseguidos, o recorrente, no requerimento de interposição de recurso, pode requerer que ao recurso seja atribuído efeito meramente devolutivo.

4 – Quando a atribuição de efeito meramente devolutivo ao recurso possa ser causadora de danos, o tribunal pode determinar a adoção de providências adequadas a evitar ou minorar esses danos e impor a prestação, pelo interessado, de garantia destinada a responder pelos mesmos.

5 – A atribuição de efeito meramente devolutivo ao recurso é recusada quando os danos que dela resultariam se mostrem superiores àqueles que podem resultar da sua não atribuição, sem que a lesão possa ser evitada ou atenuada pela adoção de providências adequadas a evitar ou minorar esses danos.

ARTIGO 144º
Interposição de recurso e alegações

1 – O prazo para a interposição de recurso é de 30 dias e conta-se a partir da notificação da decisão recorrida.

2 – O recurso é interposto mediante requerimento dirigido ao tribunal que proferiu a decisão, que inclui ou junta a respetiva alegação e no qual são enunciados os vícios imputados à decisão e formuladas conclusões.

3 – Recebido o requerimento, a secretaria promove oficiosamente a notificação do recorrido ou recorridos para alegarem no prazo de 30 dias.

4 – Se o recurso tiver por objeto a reapreciação da prova gravada, ao prazo de interposição e de resposta acrescem 10 dias.

ARTIGO 145º
Despacho sobre o requerimento

1 – Findos os prazos concedidos às partes, o juiz ou relator aprecia os requerimentos apresentados e pronuncia-se sobre as nulidades arguidas e os pedidos de reforma, ordenando a subida do recurso se a tal nada obstar.

2 – O requerimento é indeferido quando:

a) Se entenda que a decisão não admite recurso, que este foi interposto fora do prazo ou que o requerente não tem as condições necessárias para recorrer;

b) Não contenha ou junte a alegação do recorrente ou quando esta não tenha conclusões, sem prejuízo do disposto no nº 4 do artigo 146º

3 – Do despacho do juiz ou relator que não admita o recurso pode o recorrente reclamar, segundo o disposto na lei processual civil, para o tribunal que seria competente para dele conhecer.

4 – Do despacho do relator que não receba o recurso interposto de decisão da Secção de contencioso administrativo do Supremo Tribunal Administrativo para o Pleno do mesmo Tribunal, ou o retenha, cabe reclamação para a conferência e da decisão desta não há recurso.

ARTIGO 146º
Intervenção do Ministério Público, conclusão ao relator
e aperfeiçoamento das alegações de recurso

1 – Recebido o processo no tribunal de recurso e efetuada a distribuição, a secretaria notifica o Ministério Público, quando este não se encontre na posição de recorrente ou recorrido, para, querendo, se pronunciar, no prazo de 10 dias, sobre o mérito do recurso, em defesa dos direitos fundamentais dos cidadãos, de interesses públicos especialmente relevantes ou de algum dos valores ou bens referidos no nº 2 do artigo 9º

2 – No caso de o Ministério Público exercer a faculdade que lhe é conferida no número anterior, as partes são notificadas para responder no prazo de 10 dias.

3 – Cumpridos os trâmites previstos nos números anteriores, os autos são conclusos ao relator, que ordena a notificação do recorrente para se pronunciar, no prazo de 10 dias, sobre as questões prévias de conhecimento oficioso ou que tenham sido suscitadas pelos recorridos.

4 – Quando o recorrente, na alegação de recurso contra sentença proferida em processo impugnatório, se tenha limitado a reafirmar os vícios imputados ao ato impugnado, sem formular conclusões ou sem que delas seja possível deduzir quais os concretos aspetos de facto que considera incorretamente julgados ou as normas jurídicas que considera terem sido violadas pelo tribunal recorrido, o relator deve convidá-lo a apresentar, completar ou esclarecer as conclusões formuladas, no prazo de 10 dias, sob pena de não se conhecer do recurso na parte afetada.

5 – No caso previsto no número anterior, a parte contrária é notificada da apresentação de aditamento ou esclarecimento pelo recorrente, podendo responder no prazo de 10 dias.

ARTIGO 147º
Processos urgentes

1 – Nos processos urgentes, os recursos são interpostos no prazo de 15 dias e sobem imediatamente, no processo principal ou no apenso em que a decisão tenha sido proferida, quando o processo esteja findo no tribunal recorrido, ou sobem em separado, no caso contrário.

2 – Os prazos a observar durante o recurso são reduzidos a metade e o julgamento pelo tribunal superior tem lugar, com prioridade sobre os demais processos, na sessão imediata à conclusão do processo para decisão.

ARTIGO 148º
Julgamento ampliado do recurso

1 – O Presidente do Supremo Tribunal Administrativo ou o do Tribunal Central Administrativo podem determinar que no julgamento de um recurso intervenham todos os juízes da secção quando tal se revele necessário ou conveniente para assegurar a uniformidade da jurisprudência, sendo o quórum de dois terços.

2 – O julgamento nas condições previstas no número anterior pode ser requerido pelas partes e deve ser proposto pelo relator ou pelos adjuntos, designadamente quando se verifique a possibilidade de vencimento de solução jurídica em oposição com jurisprudência anteriormente firmada no domínio da mesma legislação e sobre a mesma questão fundamental de direito.

3 – Determinado o julgamento por todos os juízes da secção, nos termos previstos nos números anteriores, o relator determina a extração de cópia

das peças processuais relevantes para o conhecimento do objeto do recurso, as quais são entregues a cada um dos juízes, permanecendo o processo, para consulta, na secretaria do tribunal.

4 – O acórdão é publicado na 1.ª ou na 2.ª série do Diário da República, consoante seja proferido pelo Supremo Tribunal Administrativo ou pelo Tribunal Central Administrativo.

CAPÍTULO II
Recursos ordinários

ARTIGO 149º
Poderes do tribunal de apelação

1 – Ainda que declare nula a sentença, o tribunal de recurso não deixa de decidir o objeto da causa, conhecendo do facto e do direito.

2 – Se o tribunal recorrido tiver julgado do mérito da causa, mas deixado de conhecer de certas questões, designadamente por as considerar prejudicadas pela solução dada ao litígio, o tribunal superior, se entender que o recurso procede e que nada obsta à apreciação daquelas questões, conhece delas no mesmo acórdão em que revoga a decisão recorrida.

3 – Se, por qualquer motivo, o tribunal recorrido não tiver conhecido do pedido, o tribunal de recurso, se julgar que o motivo não procede e que nenhum outro obsta a que se conheça do mérito da causa, conhece deste no mesmo acórdão em que revoga a decisão recorrida.

4 – Nas situações previstas nos números anteriores, há lugar, no tribunal superior, à produção da prova que, ouvidas as partes pelo prazo de cinco dias, for julgada necessária, sendo aplicável às diligências ordenadas, com as necessárias adaptações, o disposto quanto à instrução, discussão, alegações e julgamento em primeira instância.

5 – Na situação prevista no número anterior, o relator, antes de ser proferida decisão, ouve as partes pelo prazo de 10 dias.

ARTIGO 150º
Recurso de revista

1 – Das decisões proferidas em segunda instância pelo Tribunal Central Administrativo pode haver, excecionalmente, revista para o Supremo Tribunal Administrativo quando esteja em causa a apreciação de uma questão que, pela sua relevância jurídica ou social, se revista de importância fundamental ou quando a admissão do recurso seja claramente necessária para uma melhor aplicação do direito.

2 – A revista só pode ter como fundamento a violação de lei substantiva ou processual.

3 – Aos factos materiais fixados pelo tribunal recorrido, o tribunal de revista aplica definitivamente o regime jurídico que julgue adequado.

4 – O erro na apreciação das provas e na fixação dos factos materiais da causa não pode ser objeto de revista, salvo havendo ofensa de uma disposição expressa de lei que exija certa espécie de prova para a existência do facto ou que fixe a força de determinado meio de prova.

5 – Na revista de decisão de atribuição ou recusa de providência cautelar, o Supremo Tribunal Administrativo, quando não confirme o acórdão recorrido, substitui-o mediante decisão que decide a questão controvertida, aplicando os critérios de atribuição das providências cautelares por referência à matéria de facto fixada nas instâncias.

6 – A decisão quanto à questão de saber se, no caso concreto, se preenchem os pressupostos do nº 1 compete ao Supremo Tribunal Administrativo, devendo ser objeto de apreciação preliminar sumária, a cargo de uma formação constituída por três juízes de entre os mais antigos da Secção de Contencioso Administrativo.

ARTIGO 151º
Revista per saltum para o Supremo Tribunal Administrativo

1 – Os recursos interpostos de decisões de mérito proferidas por tribunais administrativos de círculo são da competência do Supremo Tribunal Administrativo quando as partes, nas alegações, suscitem apenas questões de direito e o valor da causa seja superior a 500.000 (euro) ou seja indeterminada, designadamente nos processos de declaração de ilegalidade de norma ou de declaração de ilegalidade por omissão de norma.

2 – O disposto no número anterior não se aplica a processos respeitantes a atos administrativos em matéria de emprego público ou relacionados com formas públicas ou privadas de proteção social.

3 – Os recursos previstos no nº 1 são julgados como revista, sendo-lhes aplicável o disposto nos nºs 2 a 4 do artigo anterior.

4 – Se, remetido o processo ao Supremo Tribunal Administrativo, o relator entender que as questões suscitadas ultrapassam o âmbito da revista, determina, mediante decisão definitiva, que o processo baixe ao Tribunal Central Administrativo, para que o recurso aí seja julgado como apelação, com aplicação do disposto no artigo 149º.

5 – Se o relator admitir o recurso, pode haver reclamação para a conferência, nos termos gerais.

CAPÍTULO III
Recursos extraordinários

ARTIGO 152º
Recurso para uniformização de jurisprudência

1 – As partes e o Ministério Público podem dirigir ao Supremo Tribunal Administrativo, no prazo de 30 dias contado do trânsito em julgado do acórdão impugnado, pedido de admissão de recurso para uniformização de jurisprudência, quando, sobre a mesma questão fundamental de direito, exista contradição:

a) Entre acórdão do Tribunal Central Administrativo e acórdão anteriormente proferido pelo mesmo Tribunal ou pelo Supremo Tribunal Administrativo;

b) Entre dois acórdãos do Supremo Tribunal Administrativo.

2 – A petição de recurso é acompanhada de alegação na qual se identifiquem, de forma precisa e circunstanciada, os aspetos de identidade que determinam a contradição alegada e a infração imputada ao acórdão recorrido.

3 – O recurso não é admitido se a orientação perfilhada no acórdão impugnado estiver de acordo com a jurisprudência mais recentemente consolidada do Supremo Tribunal Administrativo.

4 – O recurso é julgado pelo pleno da secção e o acórdão é publicado na 1.ª série do Diário da República.

5 – A decisão de provimento emitida pelo tribunal superior não afeta qualquer decisão anterior àquela que tenha sido impugnada, nem as situações jurídicas ao seu abrigo constituídas.

6 – A decisão que verifique a existência da contradição alegada anula o acórdão recorrido e substitui-o, decidindo a questão controvertida.

7 – O recurso de uniformização de jurisprudência deve ser interposto pelo Ministério Público, mesmo quando não seja parte na causa, caso em que não tem qualquer influência na decisão desta, destinando-se, unicamente à emissão de acórdão de uniformização sobre o conflito de jurisprudência.

ARTIGO 153º
Relator por vencimento

1 – Quando, no pleno da secção, o relator fique vencido quanto à decisão ou a todos os fundamentos desta, o acórdão é lavrado por juiz a determinar por sorteio, de entre os que tenham feito vencimento.

2 – Dos sorteios vão sendo sucessivamente excluídos os juízes que já tenham relatado por vencimento.

ARTIGO 154º
Objeto

1 – A revisão de sentença transitada em julgado pode ser pedida ao tribunal que a tenha proferido, sendo subsidiariamente aplicável o disposto no Código de Processo Civil, no que não colida com o que se estabelece nos artigos seguintes.

2 – No processo de revisão, pode ser cumulado o pedido de indemnização pelos danos sofridos.

ARTIGO 155º
Legitimidade

1 – Têm legitimidade para requerer a revisão, com qualquer dos fundamentos previstos no Código de Processo Civil, o Ministério Público e as partes no processo.

2 – Tem igualmente legitimidade para requerer a revisão quem, devendo ser obrigatoriamente citado no processo, não o tenha sido e quem, não tendo tido a oportunidade de participar no processo, tenha sofrido ou esteja em vias de sofrer a execução da decisão a rever.

ARTIGO 156º
Tramitação

1 – Uma vez admitido o recurso, o juiz ou relator manda apensá-lo ao processo a que respeita, que para o efeito é avocado ao arquivo onde se encontre, e ordena a notificação de todos os que tenham intervindo no processo em que foi proferida a decisão a rever.

2 – O processo tem o seguimento estabelecido para aquele em que tenha sido proferida a decisão a rever, sendo a questão novamente julgada e mantida ou revogada, a final, a decisão recorrida.

TÍTULO VII
Do processo executivo

CAPÍTULO I
Disposições gerais

ARTIGO 157º
Âmbito de aplicação

1 – A execução das sentenças proferidas pelos tribunais administrativos contra entidades públicas é regulada nos termos do presente título.

2 – As vias de execução previstas no presente Título também podem ser utilizadas para obter a execução de atos administrativos inimpugnáveis a que a Administração não dê a devida execução, por quem possa fazer valer uma pretensão dirigida à execução desses atos.

3 – Sem prejuízo do disposto em lei especial, o preceituado no número anterior é, designadamente, aplicável para obter a emissão de sentença que produza os efeitos de alvará ilegalmente recusado ou omitido.

4 – As vias de execução previstas no presente título podem ser ainda utilizadas para obter a execução de qualquer outro título executivo passível de ser acionado contra uma pessoa coletiva de direito público, um ministério ou uma secretaria regional, mas, quando diga respeito a títulos executivos emitidos fora do âmbito das relações jurídicas administrativas, a execução corre termos nos tribunais judiciais.

5 – As execuções contra particulares das sentenças proferidas pelos tribunais administrativos, assim como dos demais títulos executivos produzidos no âmbito de relações jurídico-administrativas que careçam de execução jurisdicional, correm termos nos tribunais administrativos, mas, na ausência de legislação especial, regem-se pelo disposto na lei processual civil.

ARTIGO 158º
Obrigatoriedade das decisões judiciais

1 – As decisões dos tribunais administrativos são obrigatórias para todas as entidades públicas e privadas e prevalecem sobre as de quaisquer autoridades administrativas.

2 – A prevalência das decisões dos tribunais administrativos sobre as das autoridades administrativas implica a nulidade de qualquer ato administrativo que desrespeite uma decisão judicial e faz incorrer os seus autores em responsabilidade civil, criminal e disciplinar, nos termos previstos no artigo seguinte.

ARTIGO 159º
Inexecução ilícita das decisões judiciais

1 – Para além dos casos em que, por acordo do interessado ou declaração judicial, nos termos previstos no presente título, seja considerada justificada por causa legítima, a inexecução, por parte da Administração, de sentença proferida por um tribunal administrativo envolve:

a) Responsabilidade civil, nos termos gerais, quer da Administração quer das pessoas que nela desempenhem funções;

b) Responsabilidade disciplinar, também nos termos gerais, dessas mesmas pessoas.

2 – A inexecução também constitui crime de desobediência qualificada, sem prejuízo de outro procedimento especialmente fixado na lei, quando, tendo a Administração sido notificada para o efeito, o órgão administrativo competente:

a) Manifeste a inequívoca intenção de não dar execução à sentença, sem invocar a existência de causa legítima de inexecução;

b) Não proceda à execução nos termos que a sentença tinha estabelecido ou que o tribunal venha a definir no âmbito do processo de execução.

ARTIGO 160º
Eficácia da sentença

1 – Os prazos dentro dos quais se impõe à Administração a execução das sentenças proferidas pelos tribunais administrativos correm a partir do respetivo trânsito em julgado.

2 – Quando a sentença tenha sido objeto de recurso a que tenha sido atribuído efeito meramente devolutivo, os prazos correm com a notificação à Administração da decisão mediante a qual o tribunal tenha atribuído efeito meramente devolutivo ao recurso.

ARTIGO 161º
Extensão dos efeitos da sentença

1 – Os efeitos de uma sentença transitada em julgado que tenha anulado ou declarado nulo um ato administrativo desfavorável, ou reconhecido a titularidade de uma situação jurídica favorável a uma ou várias pessoas, podem ser estendidos a outras pessoas que, quer tenham recorrido ou não à via contenciosa, tenham sido objeto de ato administrativo com idêntico conteúdo ou se encontrem colocadas na mesma situação jurídica, desde que, quanto a estas, não exista sentença transitada em julgado.

2 – O disposto no número anterior vale apenas para situações em que existam vários casos perfeitamente idênticos, nomeadamente no domínio do emprego público e em matéria de concursos, e só quando se preencham cumulativamente os seguintes pressupostos:

a) Terem sido proferidas por tribunais superiores, no mesmo sentido, cinco sentenças transitadas em julgado ou, existindo situações de processos em massa, nesse sentido terem sido decididos em três casos, por sentença transitada em julgado, os processos selecionados segundo o disposto no artigo 48º;

b) Não ter sido proferido número superior de sentenças, também transitadas em julgado, em sentido contrário ao das sentenças referidas na alínea anterior, nem serem as referidas sentenças contrárias a doutrina assente pelo Supremo Tribunal Administrativo em recurso para uniformização de jurisprudência.

3 – Para o efeito do disposto no nº 1, o interessado deve apresentar, no prazo de um ano, contado desde a data em que a sentença foi proferida, um requerimento dirigido à entidade pública que, nesse processo, tenha sido demandada.

4 – Indeferida a pretensão ou decorridos três meses sem decisão da Administração, o interessado pode requerer, no prazo de dois meses, ao tribunal que tenha proferido a sentença, a extensão dos respetivos efeitos e a sua execução em seu favor, sendo aplicáveis, com as devidas adaptações, os trâmites previstos no presente título para a execução das sentenças de anulação de atos administrativos.

5 – A extensão dos efeitos da sentença, no caso de existirem contrainteressados que não tenham tomado parte no processo em que ela foi proferida, só pode ser requerida se o interessado tiver lançado mão, no momento próprio, da via judicial adequada, encontrando-se pendente o correspondente processo.

6 – Quando, na pendência de processo impugnatório, o ato impugnado seja anulado por sentença proferida noutro processo, pode o autor fazer uso do disposto nos nºs 3 e 4 do presente artigo para obter a execução da sentença de anulação.

CAPÍTULO II
Execução para prestação de factos ou de coisas

ARTIGO 162º
Execução espontânea por parte da Administração

1 – Se outro prazo não for por elas próprias fixado, as sentenças dos tribunais administrativos que condenem a Administração à prestação de factos ou à entrega de coisas devem ser espontaneamente executadas pela própria Administração, no máximo, no prazo procedimental de 90 dias, salvo ocorrência de causa legítima de inexecução, segundo o disposto no artigo seguinte.

2 – Extinto o órgão ao qual competiria dar execução à sentença ou tendo-lhe sido retirada a competência na matéria, o dever recai sobre o órgão que lhe tenha sucedido ou sobre aquele ao qual tenha sido atribuída aquela competência.

ARTIGO 163º
Causas legítimas de inexecução

1 – Só constituem causa legítima de inexecução a impossibilidade absoluta e o excecional prejuízo para o interesse público na execução da sentença.

2 – A causa legítima de inexecução pode respeitar a toda a decisão ou a parte dela.

3 – A invocação de causa legítima de inexecução deve ser fundamentada e notificada ao interessado, com os respetivos fundamentos, dentro do prazo estabelecido no nº 1 do artigo anterior, e só pode reportar-se a circunstâncias supervenientes ou que a Administração não estivesse em condições de invocar no momento oportuno do processo declarativo.

ARTIGO 164º
Petição de execução

1 – Quando a Administração não dê execução espontânea à sentença no prazo estabelecido no nº 1 do artigo 162º, o interessado e o Ministério Público, quando tenha sido autor no processo ou estejam em causa os valores referidos no nº 2 do artigo 9º, podem pedir a respetiva execução ao tribunal que tenha proferido a sentença em primeiro grau de jurisdição.

2 – Caso outra solução não resulte de lei especial, a petição de execução, que é autuada por apenso aos autos em que foi proferida a decisão exequenda, deve ser apresentada no prazo de um ano, contado desde o termo do prazo do nº 1 do artigo 162º ou da notificação da invocação de causa legítima de inexecução.

3 – Na petição, o exequente pode pedir a declaração de nulidade dos atos desconformes com a sentença, bem como a anulação daqueles que mantenham, sem fundamento válido, a situação ilegal.

4 – Na petição, o exequente deve especificar os atos e operações em que entende que a execução deve consistir, podendo requerer, para além da indemnização moratória a que tenha direito:

a) A entrega judicial da coisa devida;
b) A prestação do facto devido por outrem, se o facto for fungível;
c) Estando em causa a prática de ato administrativo legalmente devido de conteúdo vinculado, a emissão pelo próprio tribunal de sentença que produza os efeitos do ato ilegalmente omitido;
d) Estando em causa a prestação de facto infungível, a fixação de um prazo limite, com imposição de uma sanção pecuniária compulsória aos titulares dos órgãos incumbidos de executar a sentença.

5 – Se a Administração tiver invocado a existência de causa legítima de inexecução, segundo o disposto no nº 3 do artigo anterior, deve o exequente deduzir, se for caso disso, as razões da sua discordância e juntar cópia da notificação a que se refere aquele preceito.

6 – No caso de concordar com a invocação da existência de causa legítima de inexecução, o exequente pode requerer, no prazo estabelecido no nº 2, a fixação da indemnização devida, segundo o disposto no artigo 166º

ARTIGO 165º
Oposição à execução

1 – Apresentada a petição, é ordenada a notificação da entidade ou entidades obrigadas para, no prazo de 20 dias, executarem a sentença ou deduzirem a oposição que tenham, podendo o fundamento da oposição consistir na invocação da existência de causa legítima de inexecução da sentença ou da circunstância de esta ter sido entretanto executada.

2 – O recebimento da oposição suspende a execução, sendo o exequente notificado para replicar no prazo de 10 dias.

3 – No caso de concordar com a oposição deduzida pela Administração, o exequente pode, desde logo, pedir a fixação da indemnização devida, seguindo-se os termos prescritos no artigo seguinte.

4 – Junta a réplica do exequente ou expirado o respetivo prazo sem que ele tenha manifestado a sua concordância com a oposição deduzida pela Administração, o tribunal ordena as diligências instrutórias que considere necessárias, findo o que se segue a abertura de vista simultânea aos juízes-adjuntos, caso se trate de tribunal colegial.

5 – A oposição é decidida no prazo máximo de 20 dias.

ARTIGO 166º
Indemnização por causa legítima de inexecução
e conversão da execução

1 – Quando o tribunal julgue procedente a oposição fundada na existência de causa legítima de inexecução, ordena a notificação da Administração e do exequente para, no prazo de 20 dias, acordarem no montante da indemnização devida pelo facto da inexecução, podendo o prazo ser prorrogado se for previsível que o acordo se possa vir a concretizar em momento próximo.

2 – Na falta de acordo, o tribunal ordena as diligências instrutórias que considere necessárias, findo o que se segue a abertura de vista simultânea aos juízes-adjuntos, caso se trate de tribunal colegial, fixando o tribunal o montante da indemnização devida no prazo máximo de 20 dias.

3 – Se a Administração não ordenar o pagamento devido no prazo de 30 dias contado da data do acordo ou da notificação da decisão judicial que tenha fixado a indemnização devida, seguem-se os termos do processo executivo para pagamento de quantia certa.

ARTIGO 167º
Providências de execução

1 – Quando, dentro do prazo concedido para a oposição, a Administração não dê execução à sentença nem deduza oposição, ou a oposição deduzida venha a ser julgada improcedente, o tribunal deve adotar as providências necessárias para efetivar a execução da sentença, declarando nulos os atos desconformes com a sentença e anulando aqueles que mantenham, sem fundamento válido, a situação ilegal.

2 – Quando o órgão competente para executar esteja sujeito a poderes hierárquicos ou de superintendência, o tribunal manda notificar o titular dos referidos poderes para dar execução à sentença em substituição desse órgão.

3 – Em ordem à execução das suas sentenças, os tribunais administrativos podem requerer a colaboração das autoridades e agentes da entidade administrativa obrigada bem como, quando necessário, de outras entidades administrativas.

4 – Todas as entidades públicas estão obrigadas a prestar a colaboração que, para o efeito do disposto no número anterior, lhes for requerida, sob pena de os responsáveis pela falta de colaboração poderem incorrer no crime de desobediência.

5 – Dependendo do caso concreto, o tribunal pode proceder à entrega judicial da coisa devida ou determinar a prestação do facto devido por outrem, se o facto for fungível, sendo aplicáveis, com as necessárias adaptações, as disposições correspondentes do Código de Processo Civil.

6 – Estando em causa a prática de ato administrativo legalmente devido de conteúdo vinculado, o próprio tribunal emite sentença que produza os efeitos do ato ilegalmente omitido.

ARTIGO 168º
Execução para prestação de facto infungível

1 – Quando, dentro do prazo concedido para a oposição, a Administração não dê execução à sentença nem deduza oposição, ou a oposição deduzida venha a ser julgada improcedente, o tribunal, estando em causa a prestação de um facto infungível, fixa, segundo critérios de razoabilidade, um prazo limite para a realização da prestação e, se não o tiver já feito na sentença con-

denatória, impõe uma sanção pecuniária compulsória, segundo o disposto no artigo seguinte.

2 – Quando tal não resulte já do próprio teor da sentença exequenda, o tribunal especifica ainda, no respeito pelos espaços de valoração próprios do exercício da função administrativa, o conteúdo dos atos e operações que devem ser adotados, identificando o órgão ou órgãos administrativos responsáveis pela sua adoção.

3 – Expirando o prazo a que se refere o n.º 1 sem que a Administração tenha cumprido, pode o exequente requerer ao tribunal a fixação da indemnização que lhe é devida a título de responsabilidade civil pela inexecução ilícita da sentença, seguindo-se os trâmites estabelecidos no n.º 2 do artigo 166.º

ARTIGO 169.º
Sanção pecuniária compulsória

1 – A imposição de sanção pecuniária compulsória consiste na condenação dos titulares dos órgãos incumbidos da execução, que para o efeito devem ser individualmente identificados, ao pagamento de uma quantia pecuniária por cada dia de atraso que, para além do prazo limite estabelecido, se possa vir a verificar na execução da sentença.

2 – A sanção pecuniária compulsória prevista no n.º 1 é fixada segundo critérios de razoabilidade, podendo o seu montante diário oscilar entre 5% e 10% do salário mínimo nacional mais elevado em vigor no momento.

3 – Se o órgão ou algum dos órgãos obrigados for colegial, não são abrangidos pela sanção pecuniária compulsória os membros do órgão que votem a favor da execução integral e imediata, nos termos judicialmente estabelecidos, e que façam registar em ata esse voto, nem aqueles que, não estando presentes na votação, comuniquem por escrito ao presidente a sua vontade de executar a sentença.

4 – A sanção pecuniária compulsória cessa quando se mostre ter sido realizada a execução integral da sentença, quando o exequente desista do pedido ou quando a execução já não possa ser realizada pelos destinatários da medida, por terem cessado ou sido suspensos do exercício das respetivas funções.

5 – A liquidação das importâncias devidas em consequência da imposição de sanções pecuniárias compulsórias, nos termos deste artigo, é feita pelo tribunal, a cada período de três meses, e, a final, uma vez cessada a aplicação da medida, podendo o exequente solicitar a liquidação.

6 – No âmbito da liquidação, o titular do órgão pode deduzir oposição com fundamento na existência de causas de justificação ou de desculpação da conduta.

7 – As importâncias que resultem da aplicação de sanção pecuniária compulsória constituem receita consignada à dotação anual, inscrita à ordem do Conselho Superior dos Tribunais Administrativos e Fiscais, a que se refere o nº 3 do artigo 172º

CAPÍTULO III
Execução para pagamento de quantia certa

ARTIGO 170º
Execução espontânea e petição de execução

1 – Se outro prazo não for por elas próprias fixado, as sentenças dos tribunais administrativos que condenem a Administração ao pagamento de quantia certa devem ser espontaneamente executadas pela própria Administração, no máximo, no prazo procedimental de 30 dias.

2 – Caso a Administração não dê execução à sentença no prazo estabelecido no número anterior, dispõe o interessado do prazo de um ano para pedir a respetiva execução ao tribunal competente, podendo, para o efeito, solicitar:

a) A compensação do seu crédito com eventuais dívidas que o onerem para com a mesma pessoa coletiva ou o mesmo ministério;

b) A execução do seu crédito, nos termos dos nºs 3 e seguintes do artigo 172º

ARTIGO 171º
Oposição à execução

1 – Apresentada a petição, é ordenada a notificação da entidade obrigada para pagar, no prazo de 20 dias, ou deduzir oposição fundada na invocação de facto superveniente, modificativo ou extintivo da obrigação.

2 – O recebimento da oposição suspende a execução, sendo o exequente notificado para responder no prazo de 10 dias.

3 – Junta a réplica do exequente ou expirado o respetivo prazo sem que ele tenha manifestado a sua concordância com a oposição deduzida pela Administração, o tribunal ordena as diligências instrutórias que considere necessárias, findo o que se segue a abertura de vista simultânea aos juízes adjuntos, caso se trate de tribunal colegial.

4 – A oposição é decidida no prazo de 20 dias.

5 – A inexistência de verba ou cabimento orçamental que permita o pagamento imediato da quantia devida não constitui fundamento de oposição à execução, sem prejuízo de poder ser causa de exclusão da ilicitude da inexecução espontânea da sentença, para os efeitos do disposto no artigo 159º

6 – Quando a situação de incumprimento se deva à inexistência de verba ou cabimento orçamental que permita o pagamento imediato da quantia devida, a entidade obrigada deve, dentro do prazo previsto no nº 1, dar conhecimento da situação ao tribunal, que convida as partes a chegarem a acordo, no prazo de 20 dias, quanto ao pagamento escalonado da quantia em dívida.

7 – Na ausência do acordo referido no número anterior, aplica-se o disposto nos nºs 3 a 9 do artigo 172º

ARTIGO 172º
Providências de execução

1 – O tribunal dá provimento à pretensão executiva do autor quando, dentro do prazo concedido para a oposição, a Administração não dê execução à sentença nem deduza oposição ou a eventual alegação da existência de factos supervenientes, modificativos ou extintivos da obrigação venha a ser julgada improcedente.

2 – Quando tenha sido requerida a compensação de créditos entre exequente e Administração obrigada, a compensação decretada pelo juiz funciona como título de pagamento total ou parcial da dívida que o exequente tinha para com a Administração, sendo oponível a eventuais reclamações futuras do respetivo cumprimento.

3 – No Orçamento do Estado é anualmente inscrita uma dotação à ordem do Conselho Superior dos Tribunais Administrativos e Fiscais, afeta ao pagamento de quantias devidas a título de cumprimento de decisões jurisdicionais, a qual corresponde, no mínimo, ao montante acumulado das condenações decretadas no ano anterior e respetivos juros de mora.

4 – Quando não tenha sido requerida a compensação de créditos entre exequente e Administração obrigada, o tribunal dá conhecimento da sentença e da situação de inexecução ao Conselho Superior dos Tribunais Administrativos e Fiscais, ao qual cumpre emitir, no prazo de 30 dias, a correspondente ordem de pagamento.

5 – No caso de insuficiência de dotação, o Presidente do Conselho Superior dos Tribunais Administrativos e Fiscais oficia ao Presidente da Assembleia da República e ao Primeiro-Ministro para que se promova a abertura de créditos extraordinários.

6 – Sem prejuízo do disposto no número anterior, o exequente deve ser imediatamente notificado da situação de insuficiência de dotação, assistindo-lhe, nesse caso, em alternativa:

a) O direito de requerer que o tribunal administrativo dê seguimento à execução, aplicando o regime da execução para pagamento de quantia certa, previsto na lei processual civil; ou *b)* O direito de requerer a fixação à entidade obrigada de um prazo limite para proceder ao pagamento, com imposição de uma sanção pecuniária compulsória aos titulares do órgão competente para determinar tal pagamento.

7 – Quando o crédito exequendo onere uma entidade pertencente à Administração indireta do Estado ou à Administração autónoma, o crédito só pode ser satisfeito por conta da dotação orçamental a que se refere o nº 3 desde que, através da prévia aplicação do regime da execução para pagamento de quantia certa regulado na lei processual civil, não tenha sido possível obter o pagamento da entidade devedora.

8 – Na situação prevista no número anterior, caso se mostrem esgotadas as providências de execução para pagamento de quantia certa previstas na lei processual civil sem que tenha sido possível obter a execução do crédito, a secretaria do tribunal, independentemente de despacho judicial e de tal ter sido solicitado, a título subsidiário, na petição de execução, notifica imediatamente o Conselho Superior dos Tribunais Administrativos e Fiscais para que este emita a ordem de pagamento a que se refere o nº 4.

9 – A satisfação do crédito pelo Orçamento do Estado, na hipótese prevista no número anterior, constitui o Estado em direito de regresso, incluindo juros de mora, sobre a entidade responsável, a exercer mediante uma das seguintes formas:

a) Desconto nas transferências a efetuar para a entidade em causa no Orçamento do Estado do ano seguinte;

b) Tratando-se de entidade pertencente à Administração indireta do Estado, inscrição oficiosa no respetivo orçamento privativo pelo órgão tutelar ao qual caiba a aprovação do orçamento; ou

c) Ação de regresso a intentar no tribunal competente.

CAPÍTULO IV
Execução de sentenças de anulação de atos administrativos

ARTIGO 173º
Dever de executar

1 – Sem prejuízo do eventual poder de praticar novo ato administrativo, no respeito pelos limites ditados pela autoridade do caso julgado, a anulação de um ato administrativo constitui a Administração no dever de reconstituir a situação que existiria se o ato anulado não tivesse sido praticado, bem como de dar cumprimento aos deveres que não tenha cumprido com fundamento naquele ato, por referência à situação jurídica e de facto existente no momento em que deveria ter atuado.

2 – Para efeitos do disposto no número anterior, a Administração pode ficar constituída no dever de praticar atos dotados de eficácia retroativa, desde que não envolvam a imposição de deveres, encargos, ónus ou sujeições a aplicação de sanções ou a restrição de direitos ou interesses legalmente protegidos, assim como no dever de anular, reformar ou substituir os atos consequentes, sem dependência de prazo, e alterar as situações de facto entretanto constituídas, cuja manutenção seja incompatível com a execução da sentença de anulação.

3 – Os beneficiários de boa-fé de atos consequentes praticados há mais de um ano têm direito a ser indemnizados pelos danos que sofram em consequência da anulação, mas a sua situação jurídica não pode ser posta em causa se esses danos forem de difícil ou impossível reparação e for manifesta a desproporção existente entre o seu interesse na manutenção da situação e o interesse na execução da sentença anulatória.

4 – Quando à reintegração ou recolocação de um trabalhador que tenha obtido a anulação de um ato administrativo se oponha a existência de terceiros com interesse legítimo na manutenção de situações incompatíveis, constituídas em seu favor por ato administrativo praticado há mais de um ano, o trabalhador que obteve a anulação tem direito a ser provido em lugar ou posto de trabalho vago e na categoria igual ou equivalente àquele em que deveria ter sido colocado, ou, não sendo isso imediatamente possível, em lugar ou posto de trabalho a criar no quadro ou mapa de pessoal da entidade onde vier a exercer funções.

ARTIGO 174º
Competência para a execução

1 – O cumprimento do dever de executar a que se refere o artigo anterior é da responsabilidade do órgão que tenha praticado o ato anulado.

2 – Se a execução competir, cumulativa ou exclusivamente, a outro ou outros órgãos, deve o órgão referido no número anterior enviar-lhes os elementos necessários para o efeito.

3 – Extinto o órgão ao qual competiria dar execução à sentença ou tendo-lhe sido retirada a competência na matéria, o dever recai sobre o órgão que lhe sucedeu ou sobre aquele ao qual tenha sido atribuída aquela competência.

ARTIGO 175º
Prazo para a execução e causas legítimas de inexecução

1 – Salvo ocorrência de causa legítima de inexecução, o dever de executar deve ser integralmente cumprido, no máximo, no prazo procedimental de 90 dias.

2 – A existência de causa legítima de inexecução deve ser invocada segundo o disposto no artigo 163º, mas não se exige, neste caso, que as circunstâncias invocadas sejam supervenientes.

3 – Sem prejuízo do disposto no artigo 177º, quando a execução da sentença consista no pagamento de uma quantia pecuniária, não é invocável a existência de causa legítima de inexecução e o pagamento deve ser realizado, no máximo, no prazo procedimental de 30 dias.

ARTIGO 176º
Petição de execução

1 – Quando a Administração não dê execução espontânea à sentença no prazo estabelecido no nº 1 do artigo anterior, o interessado e o Ministério Público, quando tenha sido autor no processo ou estejam em causa os valores referidos no nº 2 do artigo 9º, podem exigir o cumprimento do dever de execução perante o tribunal que tenha proferido a sentença em primeiro grau de jurisdição.

2 – A petição, que é autuada por apenso aos autos em que foi proferida a sentença de anulação, deve ser apresentada no prazo de um ano, contado desde o termo do prazo do nº 1 do artigo anterior ou da notificação da invocação de causa legítima de inexecução a que se refere o mesmo preceito.

3 – Na petição, o autor deve especificar os atos e operações em que considera que a execução deve consistir, podendo, para o efeito, pedir a condenação da Administração ao pagamento de quantias pecuniárias, à entrega de coisas, à prestação de factos ou à prática de atos administrativos.

4 – Na petição, o autor também pode pedir a fixação de um prazo para o cumprimento do dever de executar e a imposição de uma sanção pecuniária compulsória aos titulares dos órgãos incumbidos de proceder à execução, segundo o disposto no artigo 169º

5 – Quando for caso disso, o autor pode pedir ainda a declaração de nulidade dos atos desconformes com a sentença, bem como a anulação daqueles que mantenham, sem fundamento válido, a situação constituída pelo ato anulado.

6 – Quando a Administração tenha invocado a existência de causa legítima de inexecução, segundo o disposto no nº 3 do artigo 163º, deve o autor deduzir, se for caso disso, as razões da sua discordância e juntar cópia da notificação a que se refere aquele preceito.

7 – No caso de concordar com a invocação da existência de causa legítima de inexecução, o autor pode solicitar, no prazo estabelecido no nº 2, a fixação da indemnização devida, sendo, nesse caso, aplicável o disposto no artigo 166º

ARTIGO 177º
Tramitação do processo

1 – Apresentada a petição, é ordenada a notificação da entidade ou entidades requeridas, bem como dos contrainteressados a quem a satisfação da pretensão possa prejudicar, para contestarem no prazo de 20 dias.

2 – Havendo contestação, o autor é notificado para replicar no prazo de 10 dias.

3 – No caso de concordar com a existência de causa legítima de inexecução apenas invocada na contestação, o autor pode pedir a fixação da indemnização devida, seguindo-se os termos prescritos no artigo 166º

4 – Junta a réplica do autor ou expirado o respetivo prazo sem que ele tenha manifestado a sua concordância com a eventual contestação apresentada pela Administração, o tribunal ordena as diligências instrutórias que considere necessárias, findo o que se segue a abertura de vista simultânea aos juízes-adjuntos, caso se trate de tribunal colegial.

5 – O tribunal decide no prazo máximo de 20 dias.

6 – Caso não exista verba ou cabimento orçamental que permita o pagamento imediato de quantia devida, a entidade obrigada deve dar conhecimento da situação ao tribunal, que convida as partes a chegarem a acordo, no prazo de 20 dias, quanto aos termos em que se pode proceder a um pagamento escalonado da quantia em dívida.

7 – Na ausência do acordo referido no número anterior, seguem-se os trâmites dos nºs 3 e seguintes do artigo 172º

ARTIGO 178º
Indemnização por causa legítima de inexecução

1 – Quando julgue procedente a invocação da existência de causa legítima de inexecução, o tribunal ordena a notificação da Administração e do requerente para, no prazo de 20 dias, acordarem no montante da indemnização devida pelo facto da inexecução, podendo o prazo ser prorrogado quando seja previsível que o acordo se possa vir a concretizar em momento próximo.

2 – Na falta de acordo, seguem-se os trâmites previstos no artigo 166º

3 – Se a Administração não ordenar o pagamento devido no prazo de 30 dias contado a partir da data do acordo ou da notificação da decisão judicial que tenha fixado a indemnização devida, seguem-se os termos do processo executivo para pagamento de quantia certa.

ARTIGO 179º
Decisão judicial

1 – Quando julgue procedente a pretensão do autor, o tribunal especifica,

no respeito pelos espaços de valoração próprios do exercício da função administrativa, o conteúdo dos atos e operações a adotar para dar execução à sentença e identifica o órgão ou os órgãos administrativos responsáveis pela sua adoção, fixando ainda, segundo critérios de razoabilidade, o prazo em que os referidos atos e operações devem ser praticados.

2 – Sendo caso disso, o tribunal também declara a nulidade dos atos desconformes com a sentença e anula os que mantenham, sem fundamento válido, a situação ilegal.

3 – Quando tal se justifique, o tribunal condena ainda os titulares dos órgãos incumbidos de executar a sentença ao pagamento de uma sanção pecuniária compulsória, segundo o disposto no artigo 169º

4 – Quando seja devido o pagamento de uma quantia, o tribunal determina que o pagamento seja realizado no prazo de 30 dias, seguindo-se, em caso de incumprimento, os termos do processo executivo para pagamento de quantia certa.

5 – Quando, estando em causa a prática de um ato administrativo legalmente devido de conteúdo vinculado, expire o prazo a que se refere o nº 1 sem que a Administração o tenha praticado, pode o interessado requerer ao tribunal a emissão de sentença que produza os efeitos do ato ilegalmente omitido.

6 – Quando, estando em causa a prestação de um facto infungível, expire o prazo a que se refere o nº 1 sem que a Administração tenha cumprido, pode o interessado requerer ao tribunal a fixação da indemnização que lhe é devida, a título de responsabilidade civil pela inexecução ilícita da sentença, seguindo-se os trâmites estabelecidos no artigo 166º

TÍTULO VIII
Tribunais arbitrais e centros de arbitragem

ARTIGO 180º
Tribunal arbitral

1 – Sem prejuízo do disposto em lei especial, pode ser constituído tribunal arbitral para o julgamento de:

a) Questões respeitantes a contratos, incluindo a anulação ou declaração de nulidade de atos administrativos relativos à respetiva execução;

b) Questões respeitantes a responsabilidade civil extracontratual, incluindo a efetivação do direito de regresso, ou indemnizações devidas nos termos da lei, no âmbito das relações jurídicas administrativas;

c) Questões respeitantes à validade de atos administrativos, salvo determinação legal em contrário;

d) Questões respeitantes a relações jurídicas de emprego público, quando não estejam em causa direitos indisponíveis e quando não resultem de acidente de trabalho ou de doença profissional.

2 – Quando existam contrainteressados, a regularidade da constituição de tribunal arbitral depende da sua aceitação do compromisso arbitral.

3 – A impugnação de atos administrativos relativos à formação de contratos pode ser objeto de arbitragem, mediante previsão no programa do procedimento do modo de constituição do tribunal arbitral e do regime processual a aplicar, que, quando esteja em causa a formação de algum dos contratos previstos no artigo 100º, deve ser estabelecido em conformidade com o regime de urgência previsto no presente Código para o contencioso pré-contratual.

ARTIGO 181º
Constituição e funcionamento

1 – O tribunal arbitral é constituído e funciona nos termos da lei sobre arbitragem voluntária, com as devidas adaptações.
2 – *[Revogado]*.

ARTIGO 182º
Direito à outorga de compromisso arbitral

O interessado que pretenda recorrer à arbitragem no âmbito dos litígios previstos no artigo 180º pode exigir da Administração a celebração de compromisso arbitral, nos casos e termos previstos na lei.

ARTIGO 183º
Suspensão de prazos

A apresentação de requerimento ao abrigo do disposto no artigo anterior suspende os prazos de que dependa a utilização dos meios processuais próprios da jurisdição administrativa.

ARTIGO 184º
Competência para outorgar compromisso arbitral

1 – A outorga de compromisso arbitral por parte do Estado é objeto de despacho do membro do Governo responsável em razão da matéria, a proferir no prazo de 30 dias, contado desde a apresentação do requerimento do interessado.

2 – Nas demais pessoas coletivas de direito público, a competência prevista no número anterior pertence ao presidente do respetivo órgão dirigente.

3 – No caso das Regiões Autónomas e das autarquias locais, a competência referida nos números anteriores pertence, respetivamente, ao governo regional e ao órgão autárquico que desempenha funções executivas.

ARTIGO 185º
Limites da arbitragem

1 – Não pode ser objeto de compromisso arbitral a responsabilidade civil por prejuízos decorrentes do exercício da função política e legislativa ou da função jurisdicional.

2 – Nos litígios sobre questões de legalidade, os árbitros decidem estritamente segundo o direito constituído, não podendo pronunciar-se sobre a conveniência ou oportunidade da atuação administrativa, nem julgar segundo a equidade.

ARTIGO 185º-A
Impugnação das decisões arbitrais

As decisões proferidas pelo tribunal arbitral podem ser impugnadas nos termos e com os fundamentos estabelecidos na Lei de Arbitragem Voluntária.

ARTIGO 185º-B
Publicidade das decisões arbitrais

As decisões proferidas por tribunais arbitrais transitadas em julgado são obrigatoriamente publicadas por via informática, em base de dados organizada pelo Ministério da Justiça.

ARTIGO 186º
Impugnação da decisão arbitral

[Revogado].

ARTIGO 187º
Centros de arbitragem

1 – O Estado pode, nos termos da lei, autorizar a instalação de centros de arbitragem institucionalizada destinados à composição de litígios passíveis de arbitragem nos termos do artigo 180º, designadamente no âmbito das seguintes matérias:

a) *[Revogada]*;
b) *[Revogada]*;
c) Relações jurídicas de emprego público;
d) Sistemas públicos de proteção social;
e) Urbanismo.

2 – A vinculação de cada ministério à jurisdição de centros de arbitragem depende de portaria do membro do Governo responsável pela área da justiça e do membro do Governo competente em razão da matéria, que estabelece o tipo e o valor máximo dos litígios abrangidos, conferindo aos interessados o poder de se dirigirem a esses centros para a resolução de tais litígios.

3 – Aos centros de arbitragem previstos no nº 1 podem ser atribuídas funções de conciliação, mediação ou consulta no âmbito de procedimentos de impugnação administrativa.

TÍTULO IX
Disposições finais e transitórias

ARTIGO 188º
Informação anual à Comissão das Comunidades Europeias

1 – Até 1 de março de cada ano, o Estado Português informa a Comissão das Comunidades Europeias sobre os processos principais e cautelares que tenham sido intentados durante o ano anterior, no âmbito do contencioso pré-contratual regulado neste Código e relativamente aos quais tenha sido suscitada a questão da violação de disposições comunitárias, bem como das decisões que tenham sido proferidas nesses processos.

2 – A recolha dos elementos a que se refere o número anterior compete ao serviço do Ministério da Justiça responsável pelas relações com a União Europeia.

ARTIGO 189º
Custas

1 – O Estado e as demais entidades públicas estão sujeitos ao pagamento de custas.

2 – O regime das custas na jurisdição administrativa e fiscal é objeto de regulação própria no Código das Custas Judiciais.

ARTIGO 190º
Prazo para os atos judiciais

[Revogado].

ARTIGO 191º
Recurso contencioso de anulação

A partir da data da entrada em vigor deste Código, as remissões que, em lei especial, são feitas para o regime do recurso contencioso de anulação de atos administrativos consideram-se feitas para o regime da ação administrativa.

ARTIGO 192º
Extensão da aplicabilidade

Sem prejuízo do disposto em lei especial, os processos em matéria jurídico-administrativa cuja competência seja atribuída a tribunais pertencentes a outra ordem jurisdicional regem-se pelo disposto no presente Código, com as necessárias adaptações.

Lei nº 34/2007, de 13 de Agosto

Estabelece o regime especial dos processos relativos a actos administrativos de aplicação de sanções disciplinares previstas no Regulamento de Disciplina Militar

A Assembleia da República decreta, nos termos da alínea *c*) do artigo 161º da Constituição, o seguinte:

ARTIGO 1º
Objecto

1 – A presente lei estabelece o regime especial dos processos relativos a actos administrativos de aplicação de sanções disciplinares previstas no Regulamento de Disciplina Militar.

2 – Aos processos referidos no número anterior aplica-se o disposto no Código de Processo nos Tribunais Administrativos, com as modificações resultantes da presente lei.

ARTIGO 2º
Regime especial de suspensão cautelar de eficácia dos actos administrativos em matéria de disciplina militar

Quando seja requerida a suspensão de eficácia de um acto administrativo praticado ao abrigo do Regulamento de Disciplina Militar, não há lugar à proibição automática de executar o acto administrativo, prevista no artigo 128º do Código de Processo nos Tribunais Administrativos.

ARTIGO 3º
Critério especial de decisão de providências cautelares em matéria de disciplina militar

Sem prejuízo do disposto nos nºs 2, 3 e 5 do artigo 120º do Código de Processo nos Tribunais Administrativos, as providências cautelares em matéria de disciplina militar, nomeadamente as que envolvam a suspensão de eficácia de actos de aplicação de penas ou sanções disciplinares, só podem ser decretadas quando haja fundado receio da constituição de uma situação de facto consumado e seja evidente a procedência da pretensão, formulada ou a formular no processo principal, por se tratar de:

a) Acto manifestamente ilegal;
b) Acto de aplicação de norma já anteriormente anulada;
c) Acto materialmente idêntico a outro já anteriormente anulado ou declarado nulo ou inexistente.

ARTIGO 4º
Decretamento provisório de providências cautelares em matéria de disciplina militar

1 – O decretamento provisório das providências cautelares de suspensão de eficácia de actos administrativos que apliquem as sanções disciplinares previstas no Regulamento de Disciplina Militar depende do preenchimento dos critérios definidos no artigo anterior, averiguados sumariamente.

2 – A decisão sobre o decretamento provisório das providências cautelares referidas no número anterior é obrigatoriamente precedida de audição da entidade requerida, podendo a mesma ser efectuada por qualquer meio expedito, preferencialmente por telefax ou correio electrónico.

ARTIGO 5º
Intimação para protecção de direitos, liberdades e garantias

1 – Para efeitos do artigo 109º do Código de Processo nos Tribunais Administrativos, a não verificação dos pressupostos do decretamento provisório de uma providência cautelar, nos termos do artigo anterior, não equivale à impossibilidade ou insuficiência do decretamento provisório.

2 – Nas situações de especial urgência previstas no artigo 111º do Código de Processo nos Tribunais Administrativos, relacionadas com matéria de disciplina militar, qualquer decisão é obrigatoriamente precedida da audição do requerido, podendo a mesma ser efectuada por qualquer meio expedito, preferencialmente por telefax ou correio electrónico.

ARTIGO 6º
Competência jurisdicional em função da matéria

Compete à secção de contencioso administrativo de cada tribunal central administrativo conhecer, em 1ª instância, dos processos relativos a actos administrativos de aplicação das sanções disciplinares de detenção ou mais gravosas.

ARTIGO 7º
Juízes militares e assessores militares

O Governo deve, no prazo de 90 dias, propor as medidas legislativas tendentes a prever a forma de intervenção de juízes militares e de assessores militares do Ministério Público junto dos tribunais referidos no artigo anterior.

ARTIGO 8º
Entrada em vigor

A presente lei entra em vigor no dia seguinte ao da sua publicação.

Lei nº 79/2009, de 13 de Agosto

Regula a forma de intervenção dos juízes militares e dos assessores militares do Ministério Público junto dos tribunais administrativos, no âmbito de aplicação da Lei nº 34/2007, de 13 de Agosto

A Assembleia da República decreta, nos termos da alínea c) do artigo 161º da Constituição, o seguinte:

ARTIGO 1º
Objecto

A presente lei regula a forma de intervenção dos juízes militares e dos assessores militares do Ministério Público junto dos tribunais administrativos, no âmbito da aplicação da Lei nº 34/2007, de 13 de Agosto.

ARTIGO 2º
Nomeação de juízes militares e de assessores militares do Ministério Público

1 – Os juízes militares nomeados para os tribunais da relação, nos termos previstos na Lei nº 101/2003, de 15 de Novembro, são, por inerência, nomeados para o tribunal central administrativo da mesma circunscrição.

2 – A estrutura de assessoria militar ao Ministério Público, criada nos termos previstos na Lei nº 101/2003, de 15 de Novembro, exerce, por inerência, as funções correspondentes quando se trate de processos abrangidos pela Lei nº 34/2007, de 13 de Agosto.

3 – Pelo exercício de funções em regime de inerência não é devida qualquer remuneração adicional.

ARTIGO 3º
Intervenção de juízes militares

No âmbito de processos abrangidos pela Lei nº 34/2007, de 13 de Agosto, a secção de contencioso administrativo de cada tribunal central administrativo é formada nos termos previstos no artigo 35º do Estatuto dos Tribunais Administrativos e Fiscais, aprovado pela Lei nº 13/2002, de 19 de Fevereiro, sendo um dos juízes-adjuntos juiz militar.

ARTIGO 4º
Intervenção dos assessores militares

1 – A intervenção dos assessores militares dá-se nos termos previstos na Lei nº 101/2003, de 15 de Novembro, com as devidas adaptações.

2 – Os assessores militares emitem parecer prévio, não vinculativo, em particular relativamente aos seguintes actos:

a) Requerimento de intimação para protecção de direitos, liberdades e garantias;
b) Requerimento para adopção de providências cautelares;
c) Decisão que ponha termo ao processo.

3 – O parecer referido no número anterior é emitido no prazo de 10 dias a contar da notificação, promovida oficiosamente pela secretaria, da apresentação dos requerimentos referidos nas alíneas *a)* e *b)* do número anterior ou da adopção da decisão referida na alínea *c)* do número anterior, sob a forma oral, sendo oportunamente reduzido a escrito para apensação aos autos.

ARTIGO 5º
Entrada em vigor

A presente lei entra em vigor no prazo de 30 dias após a sua publicação.

Responsabilidade Civil do Estado e demais Entidades Públicas

Lei nº 67/2007, de 31 de Dezembro

A Assembleia da República decreta, nos termos da alínea *c*) do artigo 161º da Constituição, o seguinte:

ARTIGO 1º
Aprovação

É aprovado o Regime da Responsabilidade Civil Extracontratual do Estado e Demais Entidades Públicas, que se publica em anexo à presente lei e que dela faz parte integrante.

ARTIGO 2º
Regimes especiais

1 – O disposto na presente lei salvaguarda os regimes especiais de responsabilidade civil por danos decorrentes do exercício da função administrativa.

2 – A presente lei prevalece sobre qualquer remissão legal para o regime de responsabilidade civil extracontratual de direito privado aplicável a pessoas colectivas de direito público.

ARTIGO 3º
Pagamento de indemnizações

1 – Quando haja lugar ao pagamento de indemnizações devidas por pessoas colectivas pertencentes à administração indirecta do Estado ou à administração autónoma e a competente sentença judicial não seja es-

pontaneamente executada no prazo máximo de 30 dias, o crédito indemnizatório só pode ser satisfeito por conta da dotação orçamental inscrita à ordem do Conselho Superior dos Tribunais Administrativos e Fiscais (CSTAF) a título subsidiário quando, através da aplicação do regime da execução para pagamento de quantia certa regulado na lei processual civil, não tenha sido possível obter o respectivo pagamento junto da entidade responsável.

2 – O disposto no número anterior não prejudica a possibilidade de o interessado solicitar directamente a compensação do seu crédito com eventuais dívidas que o onerem para com a mesma pessoa colectiva, nos termos do artigo 170º do Código de Processo nos Tribunais Administrativos, sem necessidade de solicitar previamente a satisfação do seu crédito indemnizatório através da aplicação do regime da execução para pagamento de quantia certa previsto na lei processual civil.

3 – Nas situações previstas no nº 1, caso se mostrem esgotadas as providências de execução para pagamento de quantia certa previstas na lei processual civil sem que tenha sido possível obter o respectivo pagamento através da entidade responsável, a secretaria do tribunal notifica imediatamente o CSTAF para que emita a ordem de pagamento da indemnização, independentemente de despacho judicial e de tal ter sido solicitado, a título subsidiário, na petição de execução.

4 – Quando ocorra a satisfação do crédito indemnizatório por via do Orçamento do Estado, nos termos do nº 1, o Estado goza de direito de regresso, incluindo juros de mora, sobre a entidade responsável, a exercer mediante uma das seguintes formas:

a) Desconto nas transferências a efectuar para a entidade em causa no Orçamento do Estado do ano seguinte;
b) Tratando-se de entidade pertencente à Administração indirecta do Estado, inscrição oficiosa no respectivo orçamento privativo pelo órgão tutelar ao qual caiba a aprovação do orçamento; ou
c) Acção de regresso a intentar no tribunal competente.

ARTIGO 4º
Sexta alteração ao Estatuto do Ministério Público

O artigo 77º do Estatuto do Ministério Público (Lei nº 47/86, de 15 de Outubro, rectificada no *Diário da República*, 1ª série, nº 263, de 14 de Novembro de 1986, e alterada pelas Leis nºs 2/90, de 20 de Janeiro, 23/92, de 20 de Agosto, 33-A/96, de 26 de Agosto, 60/98, de 27 de Agosto, e 42/2005, de 29 de Agosto), passa a ter a seguinte redacção:

«ARTIGO 77º
[...]

Fora dos casos em que a falta constitua crime, a responsabilidade civil apenas pode ser efectivada, mediante acção de regresso do Estado, em caso de dolo ou culpa grave.»

ARTIGO 5º
Norma revogatória

São revogados o Decreto-Lei nº 48 051, de 21 de Novembro de 1967, e os artigos 96º e 97º da Lei nº 169/99, de 18 de Setembro, na redacção da Lei nº 5-A/2002, de 11 de Janeiro.

ARTIGO 6º
Entrada em vigor

A presente lei entra em vigor no prazo de 30 dias após a data da sua publicação.

Regime da Responsabilidade Civil Extracontratual do Estado e demais Entidades Públicas [1]

CAPÍTULO I
Disposições gerais

ARTIGO 1º
Âmbito de aplicação

1 – A responsabilidade civil extracontratual do Estado e das demais pessoas colectivas de direito público por danos resultantes do exercício da função legislativa, jurisdicional e administrativa rege-se pelo disposto na presente lei, em tudo o que não esteja previsto em lei especial.

2 – Para os efeitos do disposto no número anterior, correspondem ao exercício da função administrativa as acções e omissões adoptadas no exercício de prerrogativas de poder público ou reguladas por disposições ou princípios de direito administrativo.

3 – Sem prejuízo do disposto em lei especial, a presente lei regula também a responsabilidade civil dos titulares de órgãos, funcionários e agentes públicos por danos decorrentes de acções ou omissões adoptadas no exercício das funções administrativa e jurisdicional e por causa desse exercício.

4 – As disposições da presente lei são ainda aplicáveis à responsabilidade civil dos demais trabalhadores ao serviço das entidades abrangidas, considerando-se extensivas a estes as referências feitas aos titulares de órgãos, funcionários e agentes.

---

[1] Anexo à Lei nº 67/2007, de 31 de Dezembro.

5 – As disposições que, na presente lei, regulam a responsabilidade das pessoas colectivas de direito público, bem como dos titulares dos seus órgãos, funcionários e agentes, por danos decorrentes do exercício da função administrativa, são também aplicáveis à responsabilidade civil de pessoas colectivas de direito privado e respectivos trabalhadores, titulares de órgãos sociais, representantes legais ou auxiliares, por acções ou omissões que adoptem no exercício de prerrogativas de poder público ou que sejam reguladas por disposições ou princípios de direito administrativo.

ARTIGO 2º
Danos ou encargos especiais e anormais

Para os efeitos do disposto na presente lei, consideram-se especiais os danos ou encargos que incidam sobre uma pessoa ou um grupo, sem afectarem a generalidade das pessoas, e anormais os que, ultrapassando os custos próprios da vida em sociedade, mereçam, pela sua gravidade, a tutela do direito.

ARTIGO 3º
Obrigação de indemnizar

1 – Quem esteja obrigado a reparar um dano, segundo o disposto na presente lei, deve reconstituir a situação que existiria se não se tivesse verificado o evento que obriga à reparação.

2 – A indemnização é fixada em dinheiro quando a reconstituição natural não seja possível, não repare integralmente os danos ou seja excessivamente onerosa.

3 – A responsabilidade prevista na presente lei compreende os danos patrimoniais e não patrimoniais, bem como os danos já produzidos e os danos futuros, nos termos gerais de direito.

ARTIGO 4º
Culpa do lesado

Quando o comportamento culposo do lesado tenha concorrido para a produção ou agravamento dos danos causados, designadamente por não ter utilizado a via processual adequada à eliminação do acto jurídico lesivo, cabe ao tribunal determinar, com base na gravidade das culpas de ambas as partes e nas consequências que delas tenham resultado, se a indemnização deve ser totalmente concedida, reduzida ou mesmo excluída.

ARTIGO 5º
Prescrição

O direito à indemnização por responsabilidade civil extracontratual do Estado, das demais pessoas colectivas de direito público e dos titulares dos respectivos órgãos, funcionários e agentes bem como o direito de regresso prescrevem nos termos do artigo 498º do Código Civil, sendo-lhes aplicável o disposto no mesmo Código em matéria de suspensão e interrupção da prescrição.

ARTIGO 6º
Direito de regresso

1 – O exercício do direito de regresso, nos casos em que este se encontra previsto na presente lei, é obrigatório, sem prejuízo do procedimento disciplinar a que haja lugar.

2 – Para os efeitos do disposto no número anterior, a secretaria do tribunal que tenha condenado a pessoa colectiva remete certidão da sentença, logo após o trânsito em julgado, à entidade ou às entidades competentes para o exercício do direito de regresso.

CAPÍTULO II
Responsabilidade civil por danos decorrentes do exercício da função administrativa

SECÇÃO I
Responsabilidade por facto ilícito

ARTIGO 7º
Responsabilidade exclusiva do Estado e demais pessoas colectivas de direito público

1 – O Estado e as demais pessoas colectivas de direito público são exclusivamente responsáveis pelos danos que resultem de acções ou omissões ilícitas, cometidas com culpa leve, pelos titulares dos seus órgãos, funcionários ou agentes, no exercício da função administrativa e por causa desse exercício.

2 – É concedida indemnização às pessoas lesadas por violação de norma ocorrida no âmbito de procedimento de formação dos contratos referidos no artigo 100º do Código de Processo nos Tribunais Administrativos, de

acordo com os requisitos da responsabilidade civil extracontratual definidos pelo direito comunitário [1].

3 – O Estado e as demais pessoas colectivas de direito público são ainda responsáveis quando os danos não tenham resultado do comportamento concreto de um titular de órgão, funcionário ou agente determinado, ou não seja possível provar a autoria pessoal da acção ou omissão, mas devam ser atribuídos a um funcionamento anormal do serviço.

4 – Existe funcionamento anormal do serviço quando, atendendo às circunstâncias e a padrões médios de resultado, fosse razoavelmente exigível ao serviço uma actuação susceptível de evitar os danos produzidos.

ARTIGO 8º
Responsabilidade solidária em caso de dolo ou culpa grave

1 – Os titulares de órgãos, funcionários e agentes são responsáveis pelos danos que resultem de acções ou omissões ilícitas, por eles cometidas com dolo ou com diligência e zelo manifestamente inferiores àqueles a que se encontravam obrigados em razão do cargo.

2 – O Estado e as demais pessoas colectivas de direito público são responsáveis de forma solidária com os respectivos titulares de órgãos, funcionários e agentes, se as acções ou omissões referidas no número anterior tiverem sido cometidas por estes no exercício das suas funções e por causa desse exercício.

3 – Sempre que satisfaçam qualquer indemnização nos termos do número anterior, o Estado e as demais pessoas colectivas de direito público gozam de direito de regresso contra os titulares de órgãos, funcionários ou agentes responsáveis, competindo aos titulares de poderes de direcção, de supervisão, de superintendência ou de tutela adoptar as providências necessárias à efectivação daquele direito, sem prejuízo do eventual procedimento disciplinar.

4 – Sempre que, nos termos do nº 2 do artigo 10º, o Estado ou uma pessoa colectiva de direito público seja condenado em responsabilidade civil fundada no comportamento ilícito adoptado por um titular de órgão, funcionário ou agente, sem que tenha sido apurado o grau de culpa do titular de órgão, funcionário ou agente envolvido, a respectiva acção judicial prossegue nos próprios autos, entre a pessoa colectiva de direito público e o

---

[1] Redacção da Lei nº 67/2007, de 31 de Dezembro.

titular de órgão, funcionário ou agente, para apuramento do grau de culpa deste e, em função disso, do eventual exercício do direito de regresso por parte daquela.

ARTIGO 9º
Ilicitude

1 – Consideram-se ilícitas as acções ou omissões dos titulares de órgãos, funcionários e agentes que violem disposições ou princípios constitucionais, legais ou regulamentares ou infrinjam regras de ordem técnica ou deveres objectivos de cuidado e de que resulte a ofensa de direitos ou interesses legalmente protegidos.

2 – Também existe ilicitude quando a ofensa de direitos ou interesses legalmente protegidos resulte do funcionamento anormal do serviço, segundo o disposto no nº 3 do artigo 7º

ARTIGO 10º
Culpa

1 – A culpa dos titulares de órgãos, funcionários e agentes deve ser apreciada pela diligência e aptidão que seja razoável exigir, em função das circunstâncias de cada caso, de um titular de órgão, funcionário ou agente zeloso e cumpridor.

2 – Sem prejuízo da demonstração de dolo ou culpa grave, presume-se a existência de culpa leve na prática de actos jurídicos ilícitos.

3 – Para além dos demais casos previstos na lei, também se presume a culpa leve, por aplicação dos princípios gerais da responsabilidade civil, sempre que tenha havido incumprimento de deveres de vigilância.

4 – Quando haja pluralidade de responsáveis, é aplicável o disposto no artigo 497º do Código Civil.

SECÇÃO II
Responsabilidade pelo risco

ARTIGO 11º
Responsabilidade pelo risco

1 – O Estado e as demais pessoas colectivas de direito público respondem pelos danos decorrentes de actividades, coisas ou serviços administrativos especialmente perigosos, salvo quando, nos termos gerais, se prove que houve força maior ou concorrência de culpa do lesado, podendo o tribunal,

neste último caso, tendo em conta todas as circunstâncias, reduzir ou excluir a indemnização.

2 – Quando um facto culposo de terceiro tenha concorrido para a produção ou agravamento dos danos, o Estado e as demais pessoas colectivas de direito público respondem solidariamente com o terceiro, sem prejuízo do direito de regresso.

CAPÍTULO III
Responsabilidade civil por danos decorrentes do exercício da função jurisdicional

ARTIGO 12º
Regime geral

Salvo o disposto nos artigos seguintes, é aplicável aos danos ilicitamente causados pela administração da justiça, designadamente por violação do direito a uma decisão judicial em prazo razoável, o regime da responsabilidade por factos ilícitos cometidos no exercício da função administrativa.

ARTIGO 13º
Responsabilidade por erro judiciário

1 – Sem prejuízo do regime especial aplicável aos casos de sentença penal condenatória injusta e de privação injustificada da liberdade, o Estado é civilmente responsável pelos danos decorrentes de decisões jurisdicionais manifestamente inconstitucionais ou ilegais ou injustificadas por erro grosseiro na apreciação dos respectivos pressupostos de facto.

2 – O pedido de indemnização deve ser fundado na prévia revogação da decisão danosa pela jurisdição competente.

ARTIGO 14º
Responsabilidade dos magistrados

1 – Sem prejuízo da responsabilidade criminal em que possam incorrer, os magistrados judiciais e do Ministério Público não podem ser directamente responsabilizados pelos danos decorrentes dos actos que pratiquem no exercício das respectivas funções, mas, quando tenham agido com dolo ou culpa grave, o Estado goza de direito de regresso contra eles.

2 – A decisão de exercer o direito de regresso sobre os magistrados cabe ao órgão competente para o exercício do poder disciplinar, a título oficioso ou por iniciativa do Ministro da Justiça.

CAPÍTULO IV
Responsabilidade civil por danos decorrentes do exercício da função político-legislativa

ARTIGO 15º
Responsabilidade no exercício da função político-legislativa

1 – O Estado e as regiões autónomas são civilmente responsáveis pelos danos anormais causados aos direitos ou interesses legalmente protegidos dos cidadãos por actos que, no exercício da função político-legislativa, pratiquem, em desconformidade com a Constituição, o direito internacional, o direito comunitário ou acto legislativo de valor reforçado.

2 – A decisão do tribunal que se pronuncie sobre a inconstitucionalidade ou ilegalidade de norma jurídica ou sobre a sua desconformidade com convenção internacional, para efeitos do número anterior, equivale, para os devidos efeitos legais, a decisão de recusa de aplicação ou a decisão de aplicação de norma cuja inconstitucionalidade, ilegalidade ou desconformidade com convenção internacional haja sido suscitada durante o processo, consoante o caso.

3 – O Estado e as regiões autónomas são também civilmente responsáveis pelos danos anormais que, para os direitos ou interesses legalmente protegidos dos cidadãos, resultem da omissão de providências legislativas necessárias para tornar exequíveis normas constitucionais.

4 – A existência e a extensão da responsabilidade prevista nos números anteriores são determinadas atendendo às circunstâncias concretas de cada caso e, designadamente, ao grau de clareza e precisão da norma violada, ao tipo de inconstitucionalidade e ao facto de terem sido adoptadas ou omitidas diligências susceptíveis de evitar a situação de ilicitude.

5 – A constituição em responsabilidade fundada na omissão de providências legislativas necessárias para tornar exequíveis normas constitucionais depende da prévia verificação de inconstitucionalidade por omissão pelo Tribunal Constitucional.

6 – Quando os lesados forem em tal número que, por razões de interesse público de excepcional relevo, se justifique a limitação do âmbito da obrigação de indemnizar, esta pode ser fixada equitativamente em montante inferior ao que corresponderia à reparação integral dos danos causados.

CAPÍTULO V
Indemnização pelo sacrifício

ARTIGO 16º
Indemnização pelo sacrifício

O Estado e as demais pessoas colectivas de direito público indemnizam os particulares a quem, por razões de interesse público, imponham encargos ou causem danos especiais e anormais, devendo, para o cálculo da indemnização, atender-se, designadamente, ao grau de afectação do conteúdo substancial do direito ou interesse violado ou sacrificado.

Arbitragem Voluntária

Lei nº 63/2011, de 14 de Dezembro

A Assembleia da República decreta, nos termos da alínea *c*) do artigo 161º da Constituição, o seguinte:

ARTIGO 1º
Objecto

1 – É aprovada a Lei da Arbitragem Voluntária, que se publica em anexo à presente lei e que dela faz parte integrante.

2 – É alterado o Código de Processo Civil, em conformidade com a nova Lei da Arbitragem Voluntária.

ARTIGO 2º
Alteração ao Código de Processo Civil

Os artigos 812º-D, 815º, 1094º e 1527º do Código de Processo Civil passam a ter a seguinte redacção:

«ARTIGO 812º-D
[...]

....
a) ....
b) ....
c) ....
d) ....
e) ....
f) ....

g) Se, pedida a execução de sentença arbitral, o agente de execução duvidar de que o litígio pudesse ser cometido à decisão por árbitros, quer por estar submetido, por lei especial, exclusivamente a tribunal judicial ou a arbitragem necessária, quer por o direito controvertido não ter carácter patrimonial e não poder ser objecto de transacção.

ARTIGO 815º
[...]

São fundamentos de oposição à execução baseada em sentença arbitral não apenas os previstos no artigo anterior mas também aqueles em que pode basear-se a anulação judicial da mesma decisão, sem prejuízo do disposto nos nºs 1 e 2 do artigo 48º da Lei da Arbitragem Voluntária.

ARTIGO 1094º
[...]

1 – Sem prejuízo do que se ache estabelecido em tratados, convenções, regulamentos da União Europeia e leis especiais, nenhuma decisão sobre direitos privados, proferida por tribunal estrangeiro, tem eficácia em Portugal, seja qual for a nacionalidade das partes, sem estar revista e confirmada.

2 – ....

ARTIGO 1527º
[...]

1 – Se em relação a algum dos árbitros se verificar qualquer das circunstâncias previstas nos artigos 13º a 15º da Lei da Arbitragem Voluntária, procede-se à nomeação de outro, nos termos do artigo 16º daquela lei, cabendo a nomeação a quem tiver nomeado o árbitro anterior, quando possível.

2 – ....»

ARTIGO 3º
Remissões

Todas as remissões feitas em diplomas legais ou regulamentares para as disposições da Lei nº 31/86, de 29 de Agosto, com a redacção que lhe foi dada pelo Decreto-Lei nº 38/2003, de 8 de Março, devem considerar-se como feitas para as disposições correspondentes na nova Lei da Arbitragem Voluntária.

ARTIGO 4º
Disposição transitória

1 – Salvo o disposto nos números seguintes, ficam sujeitos ao novo regime da Lei da Arbitragem Voluntária os processos arbitrais que, nos termos do nº 1 do artigo 33º da referida lei, se iniciem após a sua entrada em vigor.

2 – O novo regime é aplicável aos processos arbitrais iniciados antes da sua entrada em vigor, desde que ambas as partes nisso acordem ou se uma delas formular proposta nesse sentido e a outra a tal não se opuser no prazo de 15 dias a contar da respectiva recepção.

3 – As partes que tenham celebrado convenções de arbitragem antes da entrada em vigor do novo regime mantêm o direito aos recursos que caberiam da sentença arbitral, nos termos do artigo 29º da Lei nº 31/86, de 29 de Agosto, com a redacção que lhe foi dada pelo Decreto-Lei nº 38/2003, de 8 de Março, caso o processo arbitral houvesse decorrido ao abrigo deste diploma.

4 – A submissão a arbitragem de litígios emergentes de ou relativos a contratos de trabalho é regulada por lei especial, sendo aplicável, até à entrada em vigor desta o novo regime aprovado pela presente lei, e, com as devidas adaptações, o nº 1 do artigo 1º da Lei nº 31/86, de 29 de Agosto, com a redacção que lhe foi dada pelo Decreto-Lei nº 38/2003, de 8 de Março.

ARTIGO 5º
Norma revogatória

1 – É revogada a Lei nº 31/86, de 29 de Agosto, com a redacção que lhe foi dada pelo Decreto-Lei nº 38/2003, de 8 de Março, com excepção do disposto no nº 1 do artigo 1º, que se mantém em vigor para a arbitragem de litígios emergentes de ou relativos a contratos de trabalho.

2 – São revogados o nº 2 do artigo 181º e o artigo 186º do Código de Processo nos Tribunais Administrativos.

3 – É revogado o artigo 1097º do Código de Processo Civil.

ARTIGO 6º
Entrada em vigor

A presente lei entra em vigor três meses após a data da sua publicação.

Lei da Arbitragem Voluntária

CAPÍTULO I
Da convenção de arbitragem

ARTIGO 1º
Convenção de arbitragem

1 – Desde que por lei especial não esteja submetido exclusivamente aos tribunais do Estado ou a arbitragem necessária, qualquer litígio respeitante a interesses de natureza patrimonial pode ser cometido pelas partes, mediante convenção de arbitragem, à decisão de árbitros.

2 – É também válida uma convenção de arbitragem relativa a litígios que não envolvam interesses de natureza patrimonial, desde que as partes possam celebrar transacção sobre o direito controvertido.

3 – A convenção de arbitragem pode ter por objecto um litígio actual, ainda que afecto a um tribunal do Estado (compromisso arbitral), ou litígios eventuais emergentes de determinada relação jurídica contratual ou extracontratual (cláusula compromissória).

4 – As partes podem acordar em submeter a arbitragem, para além das questões de natureza contenciosa em sentido estrito, quaisquer outras que requeiram a intervenção de um decisor imparcial, designadamente as relacionadas com a necessidade de precisar, completar e adaptar contratos de prestações duradouras a novas circunstâncias.

5 – O Estado e outras pessoas colectivas de direito público podem celebrar convenções de arbitragem, na medida em que para tanto estejam autorizados por lei ou se tais convenções tiverem por objecto litígios de direito privado.

ARTIGO 2º
Requisitos da convenção de arbitragem; sua revogação

1 – A convenção de arbitragem deve adoptar forma escrita.

2 – A exigência de forma escrita tem-se por satisfeita quando a convenção conste de documento escrito assinado pelas partes, troca de cartas, telegramas, telefaxes ou outros meios de telecomunicação de que fique prova escrita, incluindo meios electrónicos de comunicação.

3 – Considera-se que a exigência de forma escrita da convenção de arbitragem está satisfeita quando esta conste de suporte electrónico, magnético, óptico, ou de outro tipo, que ofereça as mesmas garantias de fidedignidade, inteligibilidade e conservação.

4 – Sem prejuízo do regime jurídico das cláusulas contratuais gerais, vale como convenção de arbitragem a remissão feita num contrato para documento que contenha uma cláusula compromissória, desde que tal contrato revista a forma escrita e a remissão seja feita de modo a fazer dessa cláusula parte integrante do mesmo.

5 – Considera-se também cumprido o requisito da forma escrita da convenção de arbitragem quando exista troca de uma petição e uma contestação em processo arbitral, em que a existência de tal convenção seja alegada por uma parte e não seja negada pela outra.

6 – O compromisso arbitral deve determinar o objecto do litígio; a cláusula compromissória deve especificar a relação jurídica a que os litígios respeitem.

ARTIGO 3º
Nulidade da convenção de arbitragem

É nula a convenção de arbitragem celebrada em violação do disposto nos artigos 1º e 2º

ARTIGO 4º
Modificação, revogação e caducidade da convenção

1 – A convenção de arbitragem pode ser modificada pelas partes até à aceitação do primeiro árbitro ou, com o acordo de todos os árbitros, até à prolação da sentença arbitral.

2 – A convenção de arbitragem pode ser revogada pelas partes, até à prolação da sentença arbitral.

3 – O acordo das partes previsto nos números anteriores deve revestir a forma escrita, observando-se o disposto no artigo 2º

4 – Salvo convenção em contrário, a morte ou extinção das partes não faz caducar a convenção de arbitragem nem extingue a instância arbitral.

ARTIGO 5º
Efeito negativo da convenção de arbitragem

1 – O tribunal estadual no qual seja proposta acção relativa a uma questão abrangida por uma convenção de arbitragem deve, a requerimento do réu deduzido até ao momento em que este apresentar o seu primeiro articulado sobre o fundo da causa, absolvê-lo da instância, a menos que verifique que, manifestamente, a convenção de arbitragem é nula, é ou se tornou ineficaz ou é inexequível.

2 – No caso previsto no número anterior, o processo arbitral pode ser iniciado ou prosseguir, e pode ser nele proferida uma sentença, enquanto a questão estiver pendente no tribunal estadual.

3 – O processo arbitral cessa e a sentença nele proferida deixa de produzir efeitos, logo que um tribunal estadual considere, mediante decisão transitada em julgado, que o tribunal arbitral é incompetente para julgar o litígio que lhe foi submetido, quer tal decisão seja proferida na acção referida no nº 1 do presente artigo, quer seja proferida ao abrigo do disposto no nº 9 do artigo 18º, e nas subalíneas *i*) e *iii*) da alínea *a*) do nº 3 do artigo 46º

4 – As questões da nulidade, ineficácia e inexequibilidade de uma convenção de arbitragem não podem ser discutidas autonomamente em acção de simples apreciação proposta em tribunal estadual nem em procedimento cautelar instaurado perante o mesmo tribunal, que tenha como finalidade impedir a constituição ou o funcionamento de um tribunal arbitral.

ARTIGO 6º
Remissão para regulamentos de arbitragem

Todas as referências feitas na presente lei ao estipulado na convenção de arbitragem ou ao acordo entre as partes abrangem não apenas o que as partes aí regulem directamente, mas também o disposto em regulamentos de arbitragem para os quais as partes hajam remetido.

ARTIGO 7º
Convenção de arbitragem e providências cautelares decretadas por tribunal estadual

Não é incompatível com uma convenção de arbitragem o requerimento de providências cautelares apresentado a um tribunal estadual, antes ou durante o processo arbitral, nem o decretamento de tais providências por aquele tribunal.

CAPÍTULO II
Dos árbitros e do tribunal arbitral

ARTIGO 8º
Número de árbitros

1 – O tribunal arbitral pode ser constituído por um único árbitro ou por vários, em número ímpar.

2 – Se as partes não tiverem acordado no número de membros do tribunal arbitral, é este composto por três árbitros.

ARTIGO 9º
Requisitos dos árbitros

1 – Os árbitros devem ser pessoas singulares e plenamente capazes.

2 – Ninguém pode ser preterido, na sua designação como árbitro, em razão da nacionalidade, sem prejuízo do disposto no nº 6 do artigo 10º e da liberdade de escolha das partes.

3 – Os árbitros devem ser independentes e imparciais.

4 – Os árbitros não podem ser responsabilizados por danos decorrentes das decisões por eles proferidas, salvo nos casos em que os magistrados judiciais o possam ser.

5 – A responsabilidade dos árbitros prevista no número anterior só tem lugar perante as partes.

ARTIGO 10º
Designação dos árbitros

1 – As partes podem, na convenção de arbitragem ou em escrito posterior por elas assinado, designar o árbitro ou os árbitros que constituem o tribunal arbitral ou fixar o modo pelo qual estes são escolhidos, nomeadamente, cometendo a designação de todos ou de alguns dos árbitros a um terceiro.

2 – Caso o tribunal arbitral deva ser constituído por um único árbitro e não haja acordo entre as partes quanto a essa designação, tal árbitro é escolhido, a pedido de qualquer das partes, pelo tribunal estadual.

3 – No caso de o tribunal arbitral ser composto por três ou mais árbitros, cada parte deve designar igual número de árbitros e os árbitros assim designados devem escolher outro árbitro, que actua como presidente do tribunal arbitral.

4 – Salvo estipulação em contrário, se, no prazo de 30 dias a contar da recepção do pedido que a outra parte lhe faça nesse sentido, uma parte não designar o árbitro ou árbitros que lhe cabe escolher ou se os árbitros desig-

nados pelas partes não acordarem na escolha do árbitro presidente no prazo de 30 dias a contar da designação do último deles, a designação do árbitro ou árbitros em falta é feita, a pedido de qualquer das partes, pelo tribunal estadual competente.

5 – Salvo estipulação em contrário, aplica-se o disposto no número anterior se as partes tiverem cometido a designação de todos ou de alguns dos árbitros a um terceiro e este não a tiver efectuado no prazo de 30 dias a contar da solicitação que lhe tenha sido dirigida nesse sentido.

6 – Quando nomear um árbitro, o tribunal estadual competente tem em conta as qualificações exigidas pelo acordo das partes para o árbitro ou os árbitros a designar e tudo o que for relevante para garantir a nomeação de um árbitro independente e imparcial; tratando-se de arbitragem internacional, ao nomear um árbitro único ou um terceiro árbitro, o tribunal tem também em consideração a possível conveniência da nomeação de um árbitro de nacionalidade diferente da das partes.

7 – Não cabe recurso das decisões proferidas pelo tribunal estadual competente ao abrigo dos números anteriores do presente artigo.

ARTIGO 11º
Pluralidade de demandantes ou de demandados

1 – Em caso de pluralidade de demandantes ou de demandados, e devendo o tribunal arbitral ser composto por três árbitros, os primeiros designam conjuntamente um árbitro e os segundos designam conjuntamente outro.

2 – Se os demandantes ou os demandados não chegarem a acordo sobre o árbitro que lhes cabe designar, cabe ao tribunal estadual competente, a pedido de qualquer das partes, fazer a designação do árbitro em falta.

3 – No caso previsto no número anterior, pode o tribunal estadual, se se demonstrar que as partes que não conseguiram nomear conjuntamente um árbitro têm interesses conflituantes relativamente ao fundo da causa, nomear a totalidade dos árbitros e designar de entre eles quem é o presidente, ficando nesse caso sem efeito a designação do árbitro que uma das partes tiver entretanto efectuado.

4 – O disposto no presente artigo entende-se sem prejuízo do que haja sido estipulado na convenção de arbitragem para o caso de arbitragem com pluralidade de partes.

ARTIGO 12º
Aceitação do encargo

1 – Ninguém pode ser obrigado a actuar como árbitro; mas se o encargo tiver sido aceite, só é legítima a escusa fundada em causa superveniente que

impossibilite o designado de exercer tal função ou na não conclusão do acordo a que se refere o nº 1 do artigo 17º

2 – A menos que as partes tenham acordado de outro modo, cada árbitro designado deve, no prazo de 15 dias a contar da comunicação da sua designação, declarar por escrito a aceitação do encargo a quem o designou; se em tal prazo não declarar a sua aceitação nem por outra forma revelar a intenção de agir como árbitro, entende-se que não aceita a designação.

3 – O árbitro que, tendo aceitado o encargo, se escusar injustificadamente ao exercício da sua função responde pelos danos a que der causa.

ARTIGO 13º
Fundamentos de recusa

1 – Quem for convidado para exercer funções de árbitro deve revelar todas as circunstâncias que possam suscitar fundadas dúvidas sobre a sua imparcialidade e independência.

2 – O árbitro deve, durante todo o processo arbitral, revelar, sem demora, às partes e aos demais árbitros as circunstâncias referidas no número anterior que sejam supervenientes ou de que só tenha tomado conhecimento depois de aceitar o encargo.

3 – Um árbitro só pode ser recusado se existirem circunstâncias que possam suscitar fundadas dúvidas sobre a sua imparcialidade ou independência ou se não possuir as qualificações que as partes convencionaram. Uma parte só pode recusar um árbitro que haja designado ou em cuja designação haja participado com fundamento numa causa de que só tenha tido conhecimento após essa designação.

ARTIGO 14º
Processo de recusa

1 – Sem prejuízo do disposto no nº 3 do presente artigo, as partes podem livremente acordar sobre o processo de recusa de árbitro.

2 – Na falta de acordo, a parte que pretenda recusar um árbitro deve expor por escrito os motivos da recusa ao tribunal arbitral, no prazo de 15 dias a contar da data em que teve conhecimento da constituição daquele ou da data em que teve conhecimento das circunstâncias referidas no artigo 13º Se o árbitro recusado não renunciar à função que lhe foi confiada e a parte que o designou insistir em mantê-lo, o tribunal arbitral, com participação do árbitro visado, decide sobre a recusa.

3 – Se a destituição do árbitro recusado não puder ser obtida segundo o processo convencionado pelas partes ou nos termos do disposto no nº 2 do presente artigo, a parte que recusa o árbitro pode, no prazo de 15 dias após

lhe ter sido comunicada a decisão que rejeita a recusa, pedir ao tribunal estadual competente que tome uma decisão sobre a recusa, sendo aquela insusceptível de recurso. Na pendência desse pedido, o tribunal arbitral, incluindo o árbitro recusado, pode prosseguir o processo arbitral e proferir sentença.

ARTIGO 15º
Incapacitação ou inacção de um árbitro

1 – Cessam as funções do árbitro que fique incapacitado, de direito ou de facto, para exercê-las, se o mesmo a elas renunciar ou as partes de comum acordo lhes puserem termo com esse fundamento.

2 – Se um árbitro, por qualquer outra razão, não se desincumbir, em tempo razoável, das funções que lhe foram cometidas, as partes podem, de comum acordo, fazê-las cessar, sem prejuízo da eventual responsabilidade do árbitro em causa.

3 – No caso de as partes não chegarem a acordo quanto ao afastamento do árbitro afectado por uma das situações referidas nos números anteriores do presente artigo, qualquer das partes pode requerer ao tribunal estadual competente que, com fundamento na situação em causa, o destitua, sendo esta decisão insusceptível de recurso.

4 – Se, nos termos dos números anteriores do presente artigo ou do nº 2 do artigo 14º, um árbitro renunciar à sua função ou as partes aceitarem que cesse a função de um árbitro que alegadamente se encontre numa das situações aí previstas, tal não implica o reconhecimento da procedência dos motivos de destituição mencionados nas disposições acima referidas.

ARTIGO 16º
Nomeação de um árbitro substituto

1 – Em todos os casos em que, por qualquer razão, cessem as funções de um árbitro, é nomeado um árbitro substituto, de acordo com as regras aplicadas à designação do árbitro substituído, sem prejuízo de as partes poderem acordar em que a substituição do árbitro se faça de outro modo ou prescindirem da sua substituição.

2 – O tribunal arbitral decide, tendo em conta o estado do processo, se algum acto processual deve ser repetido face à nova composição do tribunal.

ARTIGO 17º
Honorários e despesas dos árbitros

1 – Se as partes não tiverem regulado tal matéria na convenção de arbitragem, os honorários dos árbitros, o modo de reembolso das suas despesas

e a forma de pagamento pelas partes de preparos por conta desses honorários e despesas devem ser objecto de acordo escrito entre as partes e os árbitros, concluído antes da aceitação do último dos árbitros a ser designado.

2 – Caso a matéria não haja sido regulada na convenção de arbitragem, nem sobre ela haja sido concluído um acordo entre as partes e os árbitros, cabe aos árbitros, tendo em conta a complexidade das questões decididas, o valor da causa e o tempo despendido ou a despender com o processo arbitral até à conclusão deste, fixar o montante dos seus honorários e despesas, bem como determinar o pagamento pelas partes de preparos por conta daqueles, mediante uma ou várias decisões separadas das que se pronunciem sobre questões processuais ou sobre o fundo da causa.

3 – No caso previsto no número anterior do presente artigo, qualquer das partes pode requerer ao tribunal estadual competente a redução dos montantes dos honorários ou das despesas e respectivos preparos fixados pelos árbitros, podendo esse tribunal, depois de ouvir sobre a matéria os membros do tribunal arbitral, fixar os montantes que considere adequados.

4 – No caso de falta de pagamento de preparos para honorários e despesas que hajam sido previamente acordados ou fixados pelo tribunal arbitral ou estadual, os árbitros podem suspender ou dar por concluído o processo arbitral, após ter decorrido um prazo adicional razoável que concedam para o efeito à parte ou partes faltosas, sem prejuízo do disposto no número seguinte do presente artigo.

5 – Se, dentro do prazo fixado de acordo com o número anterior, alguma das partes não tiver pago o seu preparo, os árbitros, antes de decidirem suspender ou pôr termo ao processo arbitral, comunicam-no às demais partes para que estas possam, se o desejarem, suprir a falta de pagamento daquele preparo no prazo que lhes for fixado para o efeito.

CAPÍTULO III
Da competência do tribunal arbitral

ARTIGO 18º
Competência do tribunal arbitral para se pronunciar sobre a sua competência

1 – O tribunal arbitral pode decidir sobre a sua própria competência, mesmo que para esse fim seja necessário apreciar a existência, a validade ou

a eficácia da convenção de arbitragem ou do contrato em que ela se insira, ou a aplicabilidade da referida convenção.

2 – Para os efeitos do disposto no número anterior, uma cláusula compromissória que faça parte de um contrato é considerada como um acordo independente das demais cláusulas do mesmo.

3 – A decisão do tribunal arbitral que considere nulo o contrato não implica, só por si, a nulidade da cláusula compromissória.

4 – A incompetência do tribunal arbitral para conhecer da totalidade ou de parte do litígio que lhe foi submetido só pode ser arguida até à apresentação da defesa quanto ao fundo da causa, ou juntamente com esta.

5 – O facto de uma parte ter designado um árbitro ou ter participado na sua designação não a priva do direito de arguir a incompetência do tribunal arbitral para conhecer do litígio que lhe haja sido submetido.

6 – A arguição de que, no decurso do processo arbitral, o tribunal arbitral excedeu ou pode exceder a sua competência deve ser deduzida imediatamente após se suscitar a questão que alegadamente exceda essa competência.

7 – O tribunal arbitral pode, nos casos previstos nos nºs 4 e 6 do presente artigo, admitir as excepções que, com os fundamentos neles referidos, sejam arguidas após os limites temporais aí estabelecidos, se considerar justificado o não cumprimento destes.

8 – O tribunal arbitral pode decidir sobre a sua competência quer mediante uma decisão interlocutória quer na sentença sobre o fundo da causa.

9 – A decisão interlocutória pela qual o tribunal arbitral declare que tem competência pode, no prazo de 30 dias após a sua notificação às partes, ser impugnada por qualquer destas perante o tribunal estadual competente, ao abrigo das subalíneas i) e iii) da alínea a) do nº 3 do artigo 46º, e da alínea f) do nº 1 do artigo 59º

10 – Enquanto a impugnação referida no número anterior do presente artigo estiver pendente no tribunal estadual competente, o tribunal arbitral pode prosseguir o processo arbitral e proferir sentença sobre o fundo da causa, sem prejuízo do disposto no nº 3 do artigo 5º

ARTIGO 19º
Extensão da intervenção dos tribunais estaduais

Nas matérias reguladas pela presente lei, os tribunais estaduais só podem intervir nos casos em que esta o prevê.

CAPÍTULO IV
Das providências cautelares e ordens preliminares

SECÇÃO I
Providências cautelares

ARTIGO 20º
Providências cautelares decretadas pelo tribunal arbitral

1 – Salvo estipulação em contrário, o tribunal arbitral pode, a pedido de uma parte e ouvida a parte contrária, decretar as providências cautelares que considere necessárias em relação ao objecto do litígio.

2 – Para os efeitos da presente lei, uma providência cautelar é uma medida de carácter temporário, decretada por sentença ou decisão com outra forma, pela qual, em qualquer altura antes de proferir a sentença que venha a dirimir o litígio, o tribunal arbitral ordena a uma parte que:

a) Mantenha ou restaure a situação anteriormente existente enquanto o litígio não for dirimido;

b) Pratique actos que previnam ou se abstenha de praticar actos que provavelmente causem dano ou prejuízo relativamente ao processo arbitral;

c) Assegure a preservação de bens sobre os quais uma sentença subsequente possa ser executada;

d) Preserve meios de prova que possam ser relevantes e importantes para a resolução do litígio.

ARTIGO 21º
Requisitos para o decretamento de providências cautelares

1 – Uma providência cautelar requerida ao abrigo das alíneas *a)*, *b)* e *c)* do nº 2 do artigo 20º é decretada pelo tribunal arbitral, desde que:

a) Haja probabilidade séria da existência do direito invocado pelo requerente e se mostre suficientemente fundado o receio da sua lesão; e

b) O prejuízo resultante para o requerido do decretamento da providência não exceda consideravelmente o dano que com ela o requerente pretende evitar.

2 – O juízo do tribunal arbitral relativo à probabilidade referida na alínea *a)* do nº 1 do presente artigo não afecta a liberdade de decisão do tribunal arbitral quando, posteriormente, tiver de se pronunciar sobre qualquer matéria.

3 – Relativamente ao pedido de uma providência cautelar feito ao abrigo da alínea *d)* do nº 2 do artigo 20º, os requisitos estabelecidos nas alíneas *a)* e *b)* do nº 1 do presente artigo aplicam-se apenas na medida que o tribunal arbitral considerar adequada.

SECÇÃO II
Ordens preliminares

ARTIGO 22º
Requerimento de ordens preliminares; requisitos

1 – Salvo havendo acordo em sentido diferente, qualquer das partes pode pedir que seja decretada uma providência cautelar e, simultaneamente, requerer que seja dirigida à outra parte uma ordem preliminar, sem prévia audiência dela, para que não seja frustrada a finalidade da providência cautelar solicitada.

2 – O tribunal arbitral pode emitir a ordem preliminar requerida, desde que considere que a prévia revelação do pedido de providência cautelar à parte contra a qual ela se dirige cria o risco de a finalidade daquela providência ser frustrada.

3 – Os requisitos estabelecidos no artigo 21º são aplicáveis a qualquer ordem preliminar, considerando-se que o dano a equacionar ao abrigo da alínea *b)* do nº 1 do artigo 21º é, neste caso, o que pode resultar de a ordem preliminar ser ou não emitida.

ARTIGO 23º
Regime específico das ordens preliminares

1 – Imediatamente depois de o tribunal arbitral se ter pronunciado sobre um requerimento de ordem preliminar, deve informar todas as partes sobre o pedido de providência cautelar, o requerimento de ordem preliminar, a ordem preliminar, se esta tiver sido emitida, e todas as outras comunicações, incluindo comunicações orais, havidas entre qualquer parte e o tribunal arbitral a tal respeito.

2 – Simultaneamente, o tribunal arbitral deve dar oportunidade à parte contra a qual a ordem preliminar haja sido decretada para apresentar a sua posição sobre aquela, no mais curto prazo que for praticável e que o tribunal fixa.

3 – O tribunal arbitral deve decidir prontamente sobre qualquer objecção deduzida contra a ordem preliminar.

4 – A ordem preliminar caduca 20 dias após a data em que tenha sido emitida pelo tribunal arbitral. O tribunal pode, contudo, após a parte contra a qual se dirija a ordem preliminar ter sido dela notificada e ter tido oportunidade para sobre ela apresentar a sua posição, decretar uma providência cautelar, adoptando ou modificando o conteúdo da ordem preliminar.

5 – A ordem preliminar é obrigatória para as partes, mas não é passível de execução coerciva por um tribunal estadual.

SECÇÃO III
Regras comuns às providências cautelares e às ordens preliminares

ARTIGO 24º
Modificação, suspensão e revogação; prestação de caução

1 – O tribunal arbitral pode modificar, suspender ou revogar uma providência cautelar ou uma ordem preliminar que haja sido decretada ou emitida, a pedido de qualquer das partes ou, em circunstâncias excepcionais e após ouvi-las, por iniciativa do próprio tribunal.

2 – O tribunal arbitral pode exigir à parte que solicita o decretamento de uma providência cautelar a prestação de caução adequada.

3 – O tribunal arbitral deve exigir à parte que requeira a emissão de uma ordem preliminar a prestação de caução adequada, a menos que considere inadequado ou desnecessário fazê-lo.

ARTIGO 25º
Dever de revelação

1 – As partes devem revelar prontamente qualquer alteração significativa das circunstâncias com fundamento nas quais a providência cautelar foi solicitada ou decretada.

2 – A parte que requeira uma ordem preliminar deve revelar ao tribunal arbitral todas as circunstâncias que possam ser relevantes para a decisão sobre a sua emissão ou manutenção e tal dever continua em vigor até que a parte contra a qual haja sido dirigida tenha tido oportunidade de apresentar a sua posição, após o que se aplica o disposto no nº 1 do presente artigo.

ARTIGO 26º
Responsabilidade do requerente

A parte que solicite o decretamento de uma providência cautelar ou requeira a emissão de uma ordem preliminar é responsável por quaisquer custos ou prejuízos causados à outra parte por tal providência ou ordem, caso o tribunal arbitral venha mais tarde a decidir que, nas circunstâncias anteriormente existentes, a providência ou a ordem preliminar não deveria ter sido decretada ou ordenada. O tribunal arbitral pode, neste último caso, condenar a parte requerente no pagamento da correspondente indemnização em qualquer estado do processo.

SECÇÃO IV
Reconhecimento ou execução coerciva de providências cautelares

ARTIGO 27º
Reconhecimento ou execução coerciva

1 – Uma providência cautelar decretada por um tribunal arbitral é obrigatória para as partes e, a menos que o tribunal arbitral tenha decidido de outro modo, pode ser coercivamente executada mediante pedido dirigido ao tribunal estadual competente, independentemente de a arbitragem em que aquela foi decretada ter lugar no estrangeiro, sem prejuízo do disposto no artigo 28º

2 – A parte que peça ou já tenha obtido o reconhecimento ou a execução coerciva de uma providência cautelar deve informar prontamente o tribunal estadual da eventual revogação, suspensão ou modificação dessa providência pelo tribunal arbitral que a haja decretado.

3 – O tribunal estadual ao qual for pedido o reconhecimento ou a execução coerciva da providência pode, se o considerar conveniente, ordenar à parte requerente que preste caução adequada, se o tribunal arbitral não tiver já tomado uma decisão sobre essa matéria ou se tal decisão for necessária para proteger os interesses de terceiros.

4 – A sentença do tribunal arbitral que decidir sobre uma ordem preliminar ou providência cautelar e a sentença do tribunal estadual que decidir sobre o reconhecimento ou execução coerciva de uma providência cautelar de um tribunal arbitral não são susceptíveis de recurso.

ARTIGO 28º
Fundamentos de recusa do reconhecimento ou da execução coerciva

1 – O reconhecimento ou a execução coerciva de uma providência cautelar só podem ser recusados por um tribunal estadual:

a) A pedido da parte contra a qual a providência seja invocada, se este tribunal considerar que:

  i) Tal recusa é justificada com fundamento nos motivos previstos nas subalíneas *i)*, *ii)*, *iii)* ou *iv)* da alínea *a)* do nº 1 do artigo 56º; ou
  ii) A decisão do tribunal arbitral respeitante à prestação de caução relacionada com a providência cautelar decretada não foi cumprida; ou
  iii) A providência cautelar foi revogada ou suspensa pelo tribunal arbitral ou, se para isso for competente, por um tribunal estadual do

país estrangeiro em que arbitragem tem lugar ou ao abrigo de cuja lei a providência tiver sido decretada; ou
b) Se o tribunal estadual considerar que:
   i) A providência cautelar é incompatível com os poderes conferidos ao tribunal estadual pela lei que o rege, salvo se este decidir reformular a providência cautelar na medida necessária para a adaptar à sua própria competência e regime processual, em ordem a fazer executar coercivamente a providência cautelar, sem alterar a sua essência; ou
   ii) Alguns dos fundamentos de recusa de reconhecimento previstos nas subalíneas i) ou ii) da alínea b) do nº 1 do artigo 56º se verificam relativamente ao reconhecimento ou à execução coerciva da providência cautelar.

2 – Qualquer decisão tomada pelo tribunal estadual ao abrigo do nº 1 do presente artigo tem eficácia restrita ao pedido de reconhecimento ou de execução coerciva de providência cautelar decretada pelo tribunal arbitral. O tribunal estadual ao qual seja pedido o reconhecimento ou a execução de providência cautelar, ao pronunciar-se sobre esse pedido, não deve fazer uma revisão do mérito da providência cautelar.

ARTIGO 29º
Providências cautelares decretadas por um tribunal estadual

1 – Os tribunais estaduais têm poder para decretar providências cautelares na dependência de processos arbitrais, independentemente do lugar em que estes decorram, nos mesmos termos em que o podem fazer relativamente aos processos que corram perante os tribunais estaduais.

2 – Os tribunais estaduais devem exercer esse poder de acordo com o regime processual que lhes é aplicável, tendo em consideração, se for o caso, as características específicas da arbitragem internacional.

CAPÍTULO V
Da condução do processo arbitral

ARTIGO 30º
Princípios e regras do processo arbitral

1 – O processo arbitral deve sempre respeitar os seguintes princípios fundamentais:
a) O demandado é citado para se defender;

b) As partes são tratadas com igualdade e deve ser-lhes dada uma oportunidade razoável de fazerem valer os seus direitos, por escrito ou oralmente, antes de ser proferida a sentença final;
c) Em todas as fases do processo é garantida a observância do princípio do contraditório, salvas as excepções previstas na presente lei.

2 – As partes podem, até à aceitação do primeiro árbitro, acordar sobre as regras do processo a observar na arbitragem, com respeito pelos princípios fundamentais consignados no número anterior do presente artigo e pelas demais normas imperativas constantes desta lei.

3 – Não existindo tal acordo das partes e na falta de disposições aplicáveis na presente lei, o tribunal arbitral pode conduzir a arbitragem do modo que considerar apropriado, definindo as regras processuais que entender adequadas, devendo, se for esse o caso, explicitar que considera subsidiariamente aplicável o disposto na lei que rege o processo perante o tribunal estadual competente.

4 – Os poderes conferidos ao tribunal arbitral compreendem o de determinar a admissibilidade, pertinência e valor de qualquer prova produzida ou a produzir.

5 – Os árbitros, as partes e, se for o caso, as entidades que promovam, com carácter institucionalizado, a realização de arbitragens voluntárias, têm o dever de guardar sigilo sobre todas as informações que obtenham e documentos de que tomem conhecimento através do processo arbitral, sem prejuízo do direito de as partes tornarem públicos os actos processuais necessários à defesa dos seus direitos e do dever de comunicação ou revelação de actos do processo às autoridades competentes, que seja imposto por lei.

6 – O disposto no número anterior não impede a publicação de sentenças e outras decisões do tribunal arbitral, expurgadas de elementos de identificação das partes, salvo se qualquer destas a isso se opuser.

ARTIGO 31º
Lugar da arbitragem

1 – As partes podem livremente fixar o lugar da arbitragem. Na falta de acordo das partes, este lugar é fixado pelo tribunal arbitral, tendo em conta as circunstâncias do caso, incluindo a conveniência das partes.

2 – Não obstante o disposto no nº 1 do presente artigo, o tribunal arbitral pode, salvo convenção das partes em contrário, reunir em qualquer local que julgue apropriado para se realizar uma ou mais audiências, permitir a realização de qualquer diligência probatória ou tomar quaisquer deliberações.

ARTIGO 32º
Língua do processo

1 – As partes podem, por acordo, escolher livremente a língua ou línguas a utilizar no processo arbitral. Na falta desse acordo, o tribunal arbitral determina a língua ou línguas a utilizar no processo.

2 – O tribunal arbitral pode ordenar que qualquer documento seja acompanhado de uma tradução na língua ou línguas convencionadas pelas partes ou escolhidas pelo tribunal arbitral.

ARTIGO 33º
Início do processo; petição e contestação

1 – Salvo convenção das partes em contrário, o processo arbitral relativo a determinado litígio tem início na data em que o pedido de submissão desse litígio a arbitragem é recebido pelo demandado.

2 – Nos prazos convencionados pelas partes ou fixados pelo tribunal arbitral, o demandante apresenta a sua petição, em que enuncia o seu pedido e os factos em que este se baseia, e o demandado apresenta a sua contestação, em que explana a sua defesa relativamente àqueles, salvo se tiver sido outra a convenção das partes quanto aos elementos a figurar naquelas peças escritas. As partes podem fazer acompanhar as referidas peças escritas de quaisquer documentos que julguem pertinentes e mencionar nelas documentos ou outros meios de prova que venham a apresentar.

3 – Salvo convenção das partes em contrário, qualquer delas pode, no decurso do processo arbitral, modificar ou completar a sua petição ou a sua contestação, a menos que o tribunal arbitral entenda não dever admitir tal alteração em razão do atraso com que é formulada, sem que para este haja justificação bastante.

4 – O demandado pode deduzir reconvenção, desde que o seu objecto seja abrangido pela convenção de arbitragem.

ARTIGO 34º
Audiências e processo escrito

1 – Salvo convenção das partes em contrário, o tribunal decide se serão realizadas audiências para a produção de prova ou se o processo é apenas conduzido com base em documentos e outros elementos de prova. O tribunal deve, porém, realizar uma ou mais audiências para a produção de prova sempre que uma das partes o requeira, a menos que as partes hajam previamente prescindido delas.

2 – As partes devem ser notificadas, com antecedência suficiente, de quaisquer audiências e de outras reuniões convocadas pelo tribunal arbitral para fins de produção de prova.

3 – Todas as peças escritas, documentos ou informações que uma das partes forneça ao tribunal arbitral devem ser comunicadas à outra parte. Deve igualmente ser comunicado às partes qualquer relatório pericial ou elemento de prova documental que possa servir de base à decisão do tribunal.

ARTIGO 35º
Omissões e faltas de qualquer das partes

1 – Se o demandante não apresentar a sua petição em conformidade com o nº 2 do artigo 33º, o tribunal arbitral põe termo ao processo arbitral.

2 – Se o demandado não apresentar a sua contestação, em conformidade com o nº 2 do artigo 33º, o tribunal arbitral prossegue o processo arbitral, sem considerar esta omissão, em si mesma, como uma aceitação das alegações do demandante.

3 – Se uma das partes deixar de comparecer a uma audiência ou de produzir prova documental no prazo fixado, o tribunal arbitral pode prosseguir o processo e proferir sentença com base na prova apresentada.

4 – O tribunal arbitral pode, porém, caso considere a omissão justificada, permitir a uma parte a prática do acto omitido.

5 – O disposto nos números anteriores deste artigo entende-se sem prejuízo do que as partes possam ter acordado sobre as consequências das suas omissões.

ARTIGO 36º
Intervenção de terceiros

1 – Só podem ser admitidos a intervir num processo arbitral em curso terceiros vinculados pela convenção de arbitragem em que aquele se baseia, quer o estejam desde a respectiva conclusão, quer tenham aderido a ela subsequentemente. Esta adesão carece do consentimento de todas as partes na convenção de arbitragem e pode ser feita só para os efeitos da arbitragem em causa.

2 – Encontrando-se o tribunal arbitral constituído, só pode ser admitida ou provocada a intervenção de terceiro que declare aceitar a composição actual do tribunal; em caso de intervenção espontânea, presume-se essa aceitação.

3 – A admissão da intervenção depende sempre de decisão do tribunal arbitral, após ouvir as partes iniciais na arbitragem e o terceiro em causa. O tribunal arbitral só deve admitir a intervenção se esta não perturbar indevidamente o normal andamento do processo arbitral e se houver razões de

relevo que a justifiquem, considerando-se como tais, em particular, aquelas situações em que, não havendo manifesta inviabilidade do pedido:

a) O terceiro tenha em relação ao objecto da causa um interesse igual ao do demandante ou do demandado, que inicialmente permitisse o litisconsórcio voluntário ou impusesse o litisconsórcio necessário entre uma das partes na arbitragem e o terceiro; ou

b) O terceiro queira formular, contra o demandado, um pedido com o mesmo objecto que o do demandante, mas incompatível com o deste; ou

c) O demandado, contra quem seja invocado crédito que possa, *prima facie*, ser caracterizado como solidário, pretenda que os demais possíveis credores solidários fiquem vinculados pela decisão final proferida na arbitragem; ou

d) O demandado pretenda que sejam chamados terceiros, contra os quais o demandado possa ter direito de regresso em consequência da procedência, total ou parcial, de pedido do demandante.

4 – O que ficou estabelecido nos números anteriores para demandante e demandado vale, com as necessárias adaptações, respectivamente para demandado e demandante, se estiver em causa reconvenção.

5 – Admitida a intervenção, aplica-se, com as necessárias adaptações, o disposto no artigo 33º

6 – Sem prejuízo do disposto no número seguinte, a intervenção de terceiros anteriormente à constituição do tribunal arbitral só pode ter lugar em arbitragem institucionalizada e desde que o regulamento de arbitragem aplicável assegure a observância do princípio da igualdade de participação de todas as partes, incluindo os membros de partes plurais, na escolha dos árbitros.

7 – A convenção de arbitragem pode regular a intervenção de terceiros em arbitragens em curso de modo diferente do estabelecido nos números anteriores, quer directamente, com observância do princípio da igualdade de participação de todas as partes na escolha dos árbitros, quer mediante remissão para um regulamento de arbitragem institucionalizada que admita essa intervenção.

ARTIGO 37º
Perito nomeado pelo tribunal arbitral

1 – Salvo convenção das partes em contrário, o tribunal arbitral, por sua iniciativa ou a pedido das partes, pode nomear um ou mais peritos para elaborarem um relatório, escrito ou oral, sobre pontos específicos a determinar pelo tribunal arbitral.

2 – No caso previsto no número anterior, o tribunal arbitral pode pedir a qualquer das partes que forneça ao perito qualquer informação relevante ou

que apresente ou faculte acesso a quaisquer documentos ou outros objectos relevantes para serem inspeccionados.

3 – Salvo convenção das partes em contrário, se uma destas o solicitar ou se o tribunal arbitral o julgar necessário, o perito, após a apresentação do seu relatório, participa numa audiência em que o tribunal arbitral e as partes têm a oportunidade de o interrogar.

4 – O preceituado no artigo 13º e nos nºs 2 e 3 do artigo 14º, aplica-se, com as necessárias adaptações, aos peritos designados pelo tribunal arbitral.

ARTIGO 38º
Solicitação aos tribunais estaduais na obtenção de provas

1 – Quando a prova a produzir dependa da vontade de uma das partes ou de terceiros e estes recusem a sua colaboração, uma parte, com a prévia autorização do tribunal arbitral, pode solicitar ao tribunal estadual competente que a prova seja produzida perante ele, sendo os seus resultados remetidos ao tribunal arbitral.

2 – O disposto no número anterior é aplicável às solicitações de produção de prova que sejam dirigidas a um tribunal estadual português, no âmbito de arbitragens localizadas no estrangeiro.

CAPÍTULO VI
Da sentença arbitral e encerramento do processo

ARTIGO 39º
Direito aplicável, recurso à equidade; irrecorribilidade da decisão

1 – Os árbitros julgam segundo o direito constituído, a menos que as partes determinem, por acordo, que julguem segundo a equidade.

2 – Se o acordo das partes quanto ao julgamento segundo a equidade for posterior à aceitação do primeiro árbitro, a sua eficácia depende de aceitação por parte do tribunal arbitral.

3 – No caso de as partes lhe terem confiado essa missão, o tribunal pode decidir o litígio por apelo à composição das partes na base do equilíbrio dos interesses em jogo.

4 – A sentença que se pronuncie sobre o fundo da causa ou que, sem conhecer deste, ponha termo ao processo arbitral, só é susceptível de recurso para o tribunal estadual competente no caso de as partes terem expressamente previsto tal possibilidade na convenção de arbitragem e desde que a causa não haja sido decidida segundo a equidade ou mediante composição amigável.

ARTIGO 40º
Decisão tomada por vários árbitros

1 – Num processo arbitral com mais de um árbitro, qualquer decisão do tribunal arbitral é tomada pela maioria dos seus membros. Se não puder formar-se maioria, a sentença é proferida pelo presidente do tribunal.

2 – Se um árbitro se recusar a tomar parte na votação da decisão, os outros árbitros podem proferir sentença sem ele, a menos que as partes tenham convencionado de modo diferente. As partes são subsequentemente informadas da recusa de participação desse árbitro na votação.

3 – As questões respeitantes à ordenação, à tramitação ou ao impulso processual poderão ser decididas apenas pelo árbitro presidente, se as partes ou os outros membros do tribunal arbitral lhe tiverem dado autorização para o efeito.

ARTIGO 41º
Transacção

1 – Se, no decurso do processo arbitral, as partes terminarem o litígio mediante transacção, o tribunal arbitral deve pôr fim ao processo e, se as partes lho solicitarem, dá a tal transacção a forma de sentença proferida nos termos acordados pelas partes, a menos que o conteúdo de tal transacção infrinja algum princípio de ordem pública.

2 – Uma sentença proferida nos termos acordados pelas partes deve ser elaborada em conformidade com o disposto no artigo 42º e mencionar o facto de ter a natureza de sentença, tendo os mesmos efeitos que qualquer outra sentença proferida sobre o fundo da causa.

ARTIGO 42º
Forma, conteúdo e eficácia da sentença

1 – A sentença deve ser reduzida a escrito e assinada pelo árbitro ou árbitros. Em processo arbitral com mais de um árbitro, são suficientes as assinaturas da maioria dos membros do tribunal arbitral ou só a do presidente, caso por este deva ser proferida a sentença, desde que seja mencionada na sentença a razão da omissão das restantes assinaturas.

2 – Salvo convenção das partes em contrário, os árbitros podem decidir o fundo da causa através de uma única sentença ou de tantas sentenças parciais quantas entendam necessárias.

3 – A sentença deve ser fundamentada, salvo se as partes tiverem dispensado tal exigência ou se trate de sentença proferida com base em acordo das partes, nos termos do artigo 41º

4 – A sentença deve mencionar a data em que foi proferida, bem como o lugar da arbitragem, determinado em conformidade com o n.º 1 do artigo 31.º, considerando-se, para todos os efeitos, que a sentença foi proferida nesse lugar.

5 – A menos que as partes hajam convencionado de outro modo, da sentença deve constar a repartição pelas partes dos encargos directamente resultantes do processo arbitral. Os árbitros podem ainda decidir na sentença, se o entenderem justo e adequado, que uma ou algumas das partes compense a outra ou outras pela totalidade ou parte dos custos e despesas razoáveis que demonstrem ter suportado por causa da sua intervenção na arbitragem.

6 – Proferida a sentença, a mesma é imediatamente notificada através do envio a cada uma das partes de um exemplar assinado pelo árbitro ou árbitros, nos termos do disposto n.º 1 do presente artigo, produzindo efeitos na data dessa notificação, sem prejuízo do disposto no n.º 7.

7 – A sentença arbitral de que não caiba recurso e que já não seja susceptível de alteração no termos do artigo 45.º tem o mesmo carácter obrigatório entre as partes que a sentença de um tribunal estadual transitada em julgado e a mesma força executiva que a sentença de um tribunal estadual.

ARTIGO 43º
Prazo para proferir sentença

1 – Salvo se as partes, até à aceitação do primeiro árbitro, tiverem acordado prazo diferente, os árbitros devem notificar às partes a sentença final proferida sobre o litígio que por elas lhes foi submetido dentro do prazo de 12 meses a contar da data de aceitação do último árbitro.

2 – Os prazos definidos de acordo com o n.º 1 podem ser livremente prorrogados por acordo das partes ou, em alternativa, por decisão do tribunal arbitral, por uma ou mais vezes, por sucessivos períodos de 12 meses, devendo tais prorrogações ser devidamente fundamentadas. Fica, porém, ressalvada a possibilidade de as partes, de comum acordo, se oporem à prorrogação.

3 – A falta de notificação da sentença final dentro do prazo máximo determinado de acordo com os números anteriores do presente artigo, põe automaticamente termo ao processo arbitral, fazendo também extinguir a competência dos árbitros para julgarem o litígio que lhes fora submetido, sem prejuízo de a convenção de arbitragem manter a sua eficácia, nomeadamente para efeito de com base nela ser constituído novo tribunal arbitral e ter início nova arbitragem.

4 – Os árbitros que injustificadamente obstarem a que a decisão seja proferida dentro do prazo fixado respondem pelos danos causados.

ARTIGO 44º
Encerramento do processo

1 – O processo arbitral termina quando for proferida a sentença final ou quando for ordenado o encerramento do processo pelo tribunal arbitral, nos termos do nº 2 do presente artigo.

2 – O tribunal arbitral ordena o encerramento do processo arbitral quando:

a) O demandante desista do seu pedido, a menos que o demandado a tal se oponha e o tribunal arbitral reconheça que este tem um interesse legítimo em que o litígio seja definitivamente resolvido;

b) As partes concordem em encerrar o processo;

c) O tribunal arbitral verifique que a prossecução do processo se tornou, por qualquer outra razão, inútil ou impossível.

3 – As funções do tribunal arbitral cessam com o encerramento do processo arbitral, sem prejuízo do disposto no artigo 45º e no nº 8 do artigo 46º

4 – Salvo se as partes tiverem acordado de modo diferente, o presidente do tribunal arbitral deve conservar o original do processo arbitral durante um prazo mínimo de dois anos e o original da sentença arbitral durante um prazo mínimo de cinco anos.

ARTIGO 45º
Rectificação e esclarecimento da sentença; sentença adicional

1 – A menos que as partes tenham convencionado outro prazo para este efeito, nos 30 dias seguintes à recepção da notificação da sentença arbitral, qualquer das partes pode, notificando disso a outra, requerer ao tribunal arbitral, que rectifique, no texto daquela, qualquer erro de cálculo, erro material ou tipográfico ou qualquer erro de natureza idêntica.

2 – No prazo referido no número anterior, qualquer das partes pode, notificando disso a outra, requerer ao tribunal arbitral que esclareça alguma obscuridade ou ambiguidade da sentença ou dos seus fundamentos.

3 – Se o tribunal arbitral considerar o requerimento justificado, faz a rectificação ou o esclarecimento nos 30 dias seguintes à recepção daquele. O esclarecimento faz parte integrante da sentença.

4 – O tribunal arbitral pode também, por sua iniciativa, nos 30 dias seguintes à data da notificação da sentença, rectificar qualquer erro do tipo referido no nº 1 do presente artigo.

5 – Salvo convenção das partes em contrário, qualquer das partes pode, notificando disso a outra, requerer ao tribunal arbitral, nos 30 dias seguintes à data em que recebeu a notificação da sentença, que profira uma sen-

tença adicional sobre partes do pedido ou dos pedidos apresentados no decurso do processo arbitral, que não hajam sido decididas na sentença. Se julgar justificado tal requerimento, o tribunal profere a sentença adicional nos 60 dias seguintes à sua apresentação.

6 – O tribunal arbitral pode prolongar, se necessário, o prazo de que dispõe para rectificar, esclarecer ou completar a sentença, nos termos dos n°s 1, 2 ou 5 do presente artigo, sem prejuízo da observância do prazo máximo fixado de acordo com o artigo 43°.

7 – O disposto no artigo 42° aplica-se à rectificação e ao esclarecimento da sentença bem como à sentença adicional.

CAPÍTULO VII
Da impugnação da sentença arbitral

ARTIGO 46°
Pedido de anulação

1 – Salvo se as partes tiverem acordado em sentido diferente, ao abrigo do n° 4 do artigo 39°, a impugnação de uma sentença arbitral perante um tribunal estadual só pode revestir a forma de pedido de anulação, nos termos do disposto no presente artigo.

2 – O pedido de anulação da sentença arbitral, que deve ser acompanhado de uma cópia certificada da mesma e, se estiver redigida em língua estrangeira, de uma tradução para português, é apresentado no tribunal estadual competente, observando-se as seguintes regras, sem prejuízo do disposto nos demais números do presente artigo:

a) A prova é oferecida com o requerimento;
b) É citada a parte requerida para se opor ao pedido e oferecer prova;
c) É admitido um articulado de resposta do requerente às eventuais excepções;
d) É em seguida produzida a prova a que houver lugar;
e) Segue-se a tramitação do recurso de apelação, com as necessárias adaptações;
f) A acção de anulação entra, para efeitos de distribuição, na 5ª espécie.

3 – A sentença arbitral só pode ser anulada pelo tribunal estadual competente se:

a) A parte que faz o pedido demonstrar que:
  i) Uma das partes da convenção de arbitragem estava afectada por uma incapacidade; ou que essa convenção não é válida nos termos

da lei a que as partes a sujeitaram ou, na falta de qualquer indicação a este respeito, nos termos da presente lei; ou

ii) Houve no processo violação de alguns dos princípios fundamentais referidos no n.º 1 do artigo 30º com influência decisiva na resolução do litígio; ou

iii) A sentença se pronunciou sobre um litígio não abrangido pela convenção de arbitragem ou contém decisões que ultrapassam o âmbito desta; ou

iv) A composição do tribunal arbitral ou o processo arbitral não foram conformes com a convenção das partes, a menos que esta convenção contrarie uma disposição da presente lei que as partes não possam derrogar ou, na falta de uma tal convenção, que não foram conformes com a presente lei e, em qualquer dos casos, que essa desconformidade teve influência decisiva na resolução do litígio; ou

v) O tribunal arbitral condenou em quantidade superior ou em objecto diverso do pedido, conheceu de questões de que não podia tomar conhecimento ou deixou de pronunciar-se sobre questões que devia apreciar; ou

vi) A sentença foi proferida com violação dos requisitos estabelecidos nos n.ºs 1 e 3 do artigo 42º; ou

vii) A sentença foi notificada às partes depois de decorrido o prazo máximo para o efeito fixado de acordo com ao artigo 43º ; ou

b) O tribunal verificar que:

i) O objecto do litígio não é susceptível de ser decidido por arbitragem nos termos do direito português;

ii) O conteúdo da sentença ofende os princípios da ordem pública internacional do Estado português.

4 – Se uma parte, sabendo que não foi respeitada uma das disposições da presente lei que as partes podem derrogar ou uma qualquer condição enunciada na convenção de arbitragem, prosseguir apesar disso a arbitragem sem deduzir oposição de imediato ou, se houver prazo para este efeito, nesse prazo, considera-se que renunciou ao direito de impugnar, com tal fundamento, a sentença arbitral.

5 – Sem prejuízo do disposto no número anterior, o direito de requerer a anulação da sentença arbitral é irrenunciável.

6 – O pedido de anulação só pode ser apresentado no prazo de 60 dias a contar da data em que a parte que pretenda essa anulação recebeu a notificação da sentença ou, se tiver sido feito um requerimento no termos do

artigo 45º, a partir da data em que o tribunal arbitral tomou uma decisão sobre esse requerimento.

7 – Se a parte da sentença relativamente à qual se verifique existir qualquer dos fundamentos de anulação referidos no nº 3 do presente artigo puder ser dissociada do resto da mesma, é unicamente anulada a parte da sentença atingida por esse fundamento de anulação.

8 – Quando lhe for pedido que anule uma sentença arbitral, o tribunal estadual competente pode, se o considerar adequado e a pedido de uma das partes, suspender o processo de anulação durante o período de tempo que determinar, em ordem a dar ao tribunal arbitral a possibilidade de retomar o processo arbitral ou de tomar qualquer outra medida que o tribunal arbitral julgue susceptível de eliminar os fundamentos da anulação.

9 – O tribunal estadual que anule a sentença arbitral não pode conhecer do mérito da questão ou questões por aquela decididas, devendo tais questões, se alguma das partes o pretender, ser submetidas a outro tribunal arbitral para serem por este decididas.

10 – Salvo se as partes tiverem acordado de modo diferente, com a anulação da sentença a convenção de arbitragem volta a produzir efeitos relativamente ao objecto do litígio.

CAPÍTULO VIII
Da execução da sentença arbitral

ARTIGO 47º
Execução da sentença arbitral

1 – A parte que pedir a execução da sentença ao tribunal estadual competente deve fornecer o original daquela ou uma cópia certificada conforme e, se a mesma não estiver redigida em língua portuguesa, uma tradução certificada nesta língua.

2 – No caso de o tribunal arbitral ter proferido sentença de condenação genérica, a sua liquidação faz-se nos termos do nº 4 do artigo 805º do Código de Processo Civil, podendo no entanto ser requerida a liquidação ao tribunal arbitral nos termos do nº 5 do artigo 45º, caso em que o tribunal arbitral, ouvida a outra parte, e produzida prova, profere decisão complementar, julgando equitativamente dentro dos limites que tiver por provados.

3 – A sentença arbitral pode servir de base à execução ainda que haja sido impugnada mediante pedido de anulação apresentado de acordo com o artigo 46º, mas o impugnante pode requerer que tal impugnação tenha

efeito suspensivo da execução desde que se ofereça para prestar caução, ficando a atribuição desse efeito condicionada à efectiva prestação de caução no prazo fixado pelo tribunal. Aplica-se neste caso o disposto no nº 3 do artigo 818º do Código de Processo Civil.

4 – Para efeito do disposto no número anterior, aplica-se com as necessárias adaptações o disposto nos artigos 692º-A e 693º-A do Código de Processo Civil.

ARTIGO 48º
Fundamentos de oposição à execução

1 – À execução de sentença arbitral pode o executado opor-se com qualquer dos fundamentos de anulação da sentença previstos no nº 3 do artigo 46º, desde que, na data em que a oposição for deduzida, um pedido de anulação da sentença arbitral apresentado com esse mesmo fundamento não tenha já sido rejeitado por sentença transitada em julgado.

2 – Não pode ser invocado pelo executado na oposição à execução de sentença arbitral nenhum dos fundamentos previstos na alínea *a*) do nº 3 do artigo 46º, se já tiver decorrido o prazo fixado no nº 6 do mesmo artigo para a apresentação do pedido de anulação da sentença, sem que nenhuma das partes haja pedido tal anulação.

3 – Não obstante ter decorrido o prazo previsto no nº 6 do artigo 46º, o juiz pode conhecer oficiosamente, nos termos do disposto do artigo 820º do Código de Processo Civil, da causa de anulação prevista na alínea *b*) do nº 3 do artigo 46º da presente lei, devendo, se verificar que a sentença exequenda é inválida por essa causa, rejeitar a execução com tal fundamento.

4 – O disposto no nº 2 do presente artigo não prejudica a possibilidade de serem deduzidos, na oposição à execução de sentença arbitral, quaisquer dos demais fundamentos previstos para esse efeito na lei de processo aplicável, nos termos e prazos aí previstos.

CAPÍTULO IX
Da arbitragem internacional

ARTIGO 49º
Conceito e regime da arbitragem internacional

1 – Entende-se por arbitragem internacional a que põe em jogo interesses do comércio internacional.

2 – Salvo o disposto no presente capítulo, são aplicáveis à arbitragem internacional, com as devidas adaptações, as disposições da presente lei relativas à arbitragem interna.

ARTIGO 50º
Inoponibilidade de excepções baseadas no direito interno de uma parte

Quando a arbitragem seja internacional e uma das partes na convenção de arbitragem seja um Estado, uma organização controlada por um Estado ou uma sociedade por este dominada, essa parte não pode invocar o seu direito interno para contestar a arbitrabilidade do litígio ou a sua capacidade para ser parte na arbitragem, nem para de qualquer outro modo se subtrair às suas obrigações decorrentes daquela convenção.

ARTIGO 51º
Validade substancial da convenção de arbitragem

1 – Tratando-se de arbitragem internacional, entende-se que a convenção de arbitragem é válida quanto à substância e que o litígio a que ele respeita é susceptível de ser submetido a arbitragem se se cumprirem os requisitos estabelecidos a tal respeito ou pelo direito escolhido pelas partes para reger a convenção de arbitragem ou pelo direito aplicável ao fundo da causa ou pelo direito português.

2 – O tribunal estadual ao qual haja sido pedida a anulação de uma sentença proferida em arbitragem internacional localizada em Portugal, com o fundamento previsto na alínea *b*) do nº 3 do artigo 46º, da presente lei, deve ter em consideração o disposto no número anterior do presente artigo.

ARTIGO 52º
Regras de direito aplicáveis ao fundo da causa

1 – As partes podem designar as regras de direito a aplicar pelos árbitros, se os não tiverem autorizado a julgar segundo a equidade. Qualquer designação da lei ou do sistema jurídico de determinado Estado é considerada, salvo estipulação expressa em contrário, como designando directamente o direito material deste Estado e não as suas normas de conflitos de leis.

2 – Na falta de designação pelas partes, o tribunal arbitral aplica o direito do Estado com o qual o objecto do litígio apresente uma conexão mais estreita.

3 – Em ambos os casos referidos nos números anteriores, o tribunal arbitral deve tomar em consideração as estipulações contratuais das partes e os usos comerciais relevantes.

ARTIGO 53º
Irrecorribilidade da sentença

Tratando-se de arbitragem internacional, a sentença do tribunal arbitral é irrecorrível, a menos que as partes tenham expressamente acordado a possibilidade de recurso para outro tribunal arbitral e regulado os seus termos.

ARTIGO 54º
Ordem pública internacional

A sentença proferida em Portugal, numa arbitragem internacional em que haja sido aplicado direito não português ao fundo da causa pode ser anulada com os fundamentos previstos no artigo 46º e ainda, caso deva ser executada ou produzir outros efeitos em território nacional, se tal conduzir a um resultado manifestamente incompatível com os princípios da ordem pública internacional.

CAPÍTULO X
Do reconhecimento e execução de sentenças arbitrais estrangeiras

ARTIGO 55º
Necessidade do reconhecimento

Sem prejuízo do que é imperativamente preceituado pela Convenção de Nova Iorque de 1958, sobre o reconhecimento e a execução de sentenças arbitrais estrangeiras, bem como por outros tratados ou convenções que vinculem o Estado português, as sentenças proferidas em arbitragens localizadas no estrangeiro só têm eficácia em Portugal, seja qual for a nacionalidade das partes, se forem reconhecidas pelo tribunal estadual português competente, nos termos do disposto no presente capítulo desta lei.

ARTIGO 56º
Fundamentos de recusa do reconhecimento e execução

1 – O reconhecimento e a execução de uma sentença arbitral proferida numa arbitragem localizada no estrangeiro só podem ser recusados:

a) A pedido da parte contra a qual a sentença for invocada, se essa parte fornecer ao tribunal competente ao qual é pedido o reconhecimento ou a execução a prova de que:

i) Uma das partes da convenção de arbitragem estava afectada por uma incapacidade, ou essa convenção não é válida nos termos da lei a que as partes a sujeitaram ou, na falta de indicação a este respeito, nos termos da lei do país em que a sentença foi proferida; ou

ii) A parte contra a qual a sentença é invocada não foi devidamente informada da designação de um árbitro ou do processo arbitral, ou que, por outro motivo, não lhe foi dada oportunidade de fazer valer os seus direitos; ou

iii) A sentença se pronuncia sobre um litígio não abrangido pela convenção de arbitragem ou contém decisões que ultrapassam os termos desta; contudo, se as disposições da sentença relativas a questões submetidas à arbitragem puderem ser dissociadas das que não tinham sido submetidas à arbitragem, podem reconhecer-se e executar-se unicamente as primeiras; ou

iv) A constituição do tribunal ou o processo arbitral não foram conformes à convenção das partes ou, na falta de tal convenção, à lei do país onde a arbitragem teve lugar; ou

v) A sentença ainda não se tornou obrigatória para as partes ou foi anulada ou suspensa por um tribunal do país no qual, ou ao abrigo da lei do qual, a sentença foi proferida; ou

b) Se o tribunal verificar que:

i) O objecto do litígio não é susceptível de ser decidido mediante arbitragem, de acordo com o direito português; ou

ii) O reconhecimento ou a execução da sentença conduz a um resultado manifestamente incompatível com a ordem pública internacional do Estado português.

2 – Se um pedido de anulação ou de suspensão de uma sentença tiver sido apresentado num tribunal do país referido na subalínea *v)* da alínea *a)* do nº 1 do presente artigo, o tribunal estadual português ao qual foi pedido o seu reconhecimento e execução pode, se o julgar apropriado, suspender a instância, podendo ainda, a requerimento da parte que pediu esse reconhecimento e execução, ordenar à outra parte que preste caução adequada.

ARTIGO 57º
Trâmites do processo de reconhecimento

1 – A parte que pretenda o reconhecimento de sentença arbitral estrangeira, nomeadamente para que esta venha a ser executada em Portugal, deve fornecer o original da sentença devidamente autenticado ou uma cópia devi-

damente certificada da mesma, bem como o original da convenção de arbitragem ou uma cópia devidamente autenticada da mesma. Se a sentença ou a convenção não estiverem redigidas em português, a parte requerente fornece uma tradução devidamente certificada nesta língua.

2 – Apresentada a petição de reconhecimento, acompanhada dos documentos referidos no número anterior, é a parte contrária citada para, dentro de 15 dias, deduzir a sua oposição.

3 – Findos os articulados e realizadas as diligências que o relator tenha por indispensáveis, é facultado o exame do processo, para alegações, às partes e ao Ministério Público, pelo prazo de 15 dias.

4 – O julgamento faz-se segundo as regras próprias da apelação.

ARTIGO 58º
Sentenças estrangeiras sobre litígios de direito administrativo

No reconhecimento da sentença arbitral proferida em arbitragem localizada no estrangeiro e relativa a litígio que, segundo o direito português, esteja compreendido na esfera de jurisdição dos tribunais administrativos, deve observar-se, com as necessárias adaptações ao regime processual específico destes tribunais, o disposto nos artigos 56º, 57º e no nº 2 do artigo 59º da presente lei.

CAPÍTULO XI
Dos tribunais estaduais competentes

ARTIGO 59º
Dos tribunais estaduais competentes

1 – Relativamente a litígios compreendidos na esfera de jurisdição dos tribunais judiciais, o Tribunal da Relação em cujo distrito se situe o lugar da arbitragem ou, no caso da decisão referida na alínea *h)* do nº 1 do presente artigo, o domicílio da pessoa contra quem se pretenda fazer valer a sentença, é competente para decidir sobre:

a) A nomeação de árbitros que não tenham sido nomeados pelas partes ou por terceiros a que aquelas hajam cometido esse encargo, de acordo com o previsto nos nºs 3, 4 e 5 do artigo 10º e no nº 1 do artigo 11º;

b) A recusa que haja sido deduzida, ao abrigo do nº 2 do artigo 14º, contra um árbitro que a não tenha aceitado, no caso de considerar justificada a recusa;

c) A destituição de um árbitro, requerida ao abrigo do n.º 1 do artigo 15.º;

d) A redução do montante dos honorários ou despesas fixadas pelos árbitros, ao abrigo do n.º 3 do artigo 17.º;

e) O recurso da sentença arbitral, quando este tenha sido convencionado ao abrigo do n.º 4 do artigo 39.º;

f) A impugnação da decisão interlocutória proferida pelo tribunal arbitral sobre a sua própria competência, de acordo com o n.º 9 do artigo 18.º;

g) A impugnação da sentença final proferida pelo tribunal arbitral, de acordo com o artigo 46.º;

h) O reconhecimento de sentença arbitral proferida em arbitragem localizada no estrangeiro.

2 – Relativamente a litígios que, segundo o direito português, estejam compreendidos na esfera da jurisdição dos tribunais administrativos, a competência para decidir sobre matérias referidas nalguma das alíneas do n.º 1 do presente artigo, pertence ao Tribunal Central Administrativo em cuja circunscrição se situe o local da arbitragem ou, no caso da decisão referida na alínea *h)* do n.º 1, o domicílio da pessoa contra quem se pretende fazer valer a sentença.

3 – A nomeação de árbitros referida na alínea *a)* do n.º 1 do presente artigo cabe, consoante a natureza do litígio, ao presidente do Tribunal da Relação ou ao presidente do tribunal central administrativo que for territorialmente competente.

4 – Para quaisquer questões ou matérias não abrangidas pelos n.ºs 1, 2 e 3 do presente artigo e relativamente às quais a presente lei confira competência a um tribunal estadual, são competentes o tribunal judicial de 1ª instância ou o tribunal administrativo de círculo em cuja circunscrição se situe o local da arbitragem, consoante se trate, respectivamente, de litígios compreendidos na esfera de jurisdição dos tribunais judiciais ou na dos tribunais administrativos.

5 – Relativamente a litígios compreendidos na esfera da jurisdição dos tribunais judiciais, é competente para prestar assistência a arbitragens localizadas no estrangeiro, ao abrigo do artigo 29.º e do n.º 2 do artigo 38.º da presente lei, o tribunal judicial de 1ª instância em cuja circunscrição deva ser decretada a providência cautelar, segundo as regras de competência territorial contidas no artigo 83.º do Código de Processo Civil, ou em que deva ter lugar a produção de prova solicitada ao abrigo do n.º 2 do artigo 38.º da presente lei.

6 – Tratando-se de litígios compreendidos na esfera da jurisdição dos tribunais administrativos, a assistência a arbitragens localizadas no estrangeiro é prestada pelo tribunal administrativo de círculo territorialmente compe-

tente de acordo com o disposto no n.º 5 do presente artigo, aplicado com as adaptações necessárias ao regime dos tribunais administrativos.

7 – Nos processos conducentes às decisões referidas no n.º 1 do presente artigo, o tribunal competente deve observar o disposto nos artigos 46.º, 56.º, 57.º, 58.º e 60.º da presente lei.

8 – Salvo quando na presente lei se preceitue que a decisão do tribunal estadual competente é insusceptível de recurso, das decisões proferidas pelos tribunais referidos nos números anteriores deste artigo, de acordo com o que neles se dispõe, cabe recurso para o tribunal ou tribunais hierarquicamente superiores, sempre que tal recurso seja admissível segundo as normas aplicáveis à recorribilidade das decisões em causa.

9 – A execução da sentença arbitral proferida em Portugal corre no tribunal estadual de 1ª instância competente, nos termos da lei de processo aplicável.

10 – Para a acção tendente a efectivar a responsabilidade civil de um árbitro, são competentes os tribunais judiciais de 1ª instância em cuja circunscrição se situe o domicílio do réu ou do lugar da arbitragem, à escolha do autor.

11 – Se num processo arbitral o litígio for reconhecido por um tribunal judicial ou administrativo, ou pelo respectivo presidente, como da respectiva competência material, para efeitos de aplicação do presente artigo, tal decisão não é, nessa parte, recorrível e deve ser acatada pelos demais tribunais que vierem a ser chamados a exercer no mesmo processo qualquer das competências aqui previstas.

ARTIGO 60º
Processo aplicável

1 – Nos casos em que se pretenda que o tribunal estadual competente profira uma decisão ao abrigo de qualquer das alíneas *a)* a *d)* do n.º 1 do artigo 59.º, deve o interessado indicar no seu requerimento os factos que justificam o seu pedido, nele incluindo a informação que considere relevante para o efeito.

2 – Recebido o requerimento previsto no número anterior, são notificadas as demais partes na arbitragem e, se for caso disso, o tribunal arbitral para, no prazo de 10 dias, dizerem o que se lhes ofereça sobre o conteúdo do mesmo.

3 – Antes de proferir decisão, o tribunal pode, se entender necessário, colher ou solicitar as informações convenientes para a prolação da sua decisão.

4 – Os processos previstos nos números anteriores do presente artigo revestem sempre carácter urgente, precedendo os respectivos actos qualquer outro serviço judicial não urgente.

CAPÍTULO XII
Disposições finais

ARTIGO 61º
Âmbito de aplicação no espaço

A presente lei é aplicável a todas as arbitragens que tenham lugar em território português, bem como ao reconhecimento e à execução em Portugal de sentenças proferidas em arbitragens localizadas no estrangeiro.

ARTIGO 62º
Centros de arbitragem institucionalizada

1 – A criação em Portugal de centros de arbitragem institucionalizada está sujeita a autorização do Ministro da Justiça, nos termos do disposto em legislação especial.

2 – Considera-se feita para o presente artigo a remissão constante do Decreto-Lei nº 425/86, de 27 de Dezembro, para o artigo 38º da Lei nº 31//86, de 29 de Agosto.

Direito de Participação Procedimental e Acção Popular

Lei nº 83/95, de 31 de Agosto

A Assembleia da República decreta, nos termos dos artigos 52º, nº 3, 164º, alínea *d*), e 169º, nº 3, da Constituição, o seguinte:

CAPÍTULO I
Disposições gerais

ARTIGO 1º
Âmbito da presente lei

1 – A presente lei define os casos e termos em que são conferidos e podem ser exercidos o direito de participação popular em procedimentos administrativos e o direito de acção popular para a prevenção, a cessação ou a perseguição judicial das infracções previstas no nº 3 do artigo 52º da Constituição.

2 – Sem prejuízo do disposto no número anterior, são designadamente interesses protegidos pela presente lei a saúde pública, o ambiente, a qualidade de vida, a protecção do consumo de bens e serviços, o património cultural e o domínio público.

ARTIGO 2º
Titularidade dos direitos de participação procedimental e do direito de acção popular

1 – São titulares do direito procedimental de participação popular e do direito de acção popular quaisquer cidadãos no gozo dos seus direitos civis

e políticos e as associações e fundações defensoras dos interesses previstos no artigo anterior, independentemente de terem ou não interesse directo na demanda.

2 – São igualmente titulares dos direitos referidos no número anterior as autarquias locais em relação aos interesses de que sejam titulares residentes na área da respectiva circunscrição.

ARTIGO 3º
Legitimidade activa das associações e fundações

Constituem requisitos da legitimidade activa das associações e fundações:

a) A personalidade jurídica;
b) O incluírem expressamente nas suas atribuições ou nos seus objectivos estatutários a defesa dos interesses em causa no tipo de acção de que se trate;
c) Não exercerem qualquer tipo de actividade profissional concorrente com empresas ou profissionais liberais.

CAPÍTULO II
Direito de participação popular

ARTIGO 4º
Dever de prévia audiência na preparação de planos ou na localização e realização de obras e investimentos públicos

1 – A adopção de planos de desenvolvimento das actividades da Administração Pública, de planos de urbanismo, de planos directores e de ordenamento do território e a decisão sobre a localização e a realização de obras públicas ou de outros investimentos públicos com impacte relevante no ambiente ou nas condições económicas e sociais e da vida em geral das populações ou agregados populacionais de certa área do território nacional devem ser precedidos, na fase de instrução dos respectivos procedimentos, da audição dos cidadãos interessados e das entidades defensoras dos interesses que possam vir a ser afectados por aqueles planos ou decisões.

2 – Para efeitos desta lei, considera-se equivalente aos planos a preparação de actividades coordenadas da Administração a desenvolver com vista à obtenção de resultados com impacte relevante.

3 – São consideradas como obras públicas ou investimentos públicos com impacte relevante para efeitos deste artigo os que se traduzam em custos

superiores a um milhão de contos ou que, sendo de valor inferior, influenciem significativamente as condições de vida das populações de determinada área, quer sejam executados directamente por pessoas colectivas públicas quer por concessionários.

ARTIGO 5º
Anúncio público do início do procedimento para elaboração dos planos ou decisões de realizar as obras ou investimentos

1 – Para a realização da audição dos interessados serão afixados editais nos lugares de estilo, quando os houver, e publicados anúncios em dois jornais diários de grande circulação, bem como num jornal regional, quando existir.

2 – Os editais e anúncios identificarão as principais características do plano, obra ou investimento e seus prováveis efeitos e indicarão a data a partir da qual será realizada a audição dos interessados.

3 – Entre a data do anúncio e a realização da audição deverão mediar, pelo menos, 20 dias, salvo casos de urgência devidamente justificados.

ARTIGO 6º
Consulta dos documentos e demais actos do procedimento

1 – Durante o período referido no nº 3 do artigo anterior, os estudos e outros elementos preparatórios dos projectos dos planos ou das obras deverão ser facultados à consulta dos interessados.

2 – Dos elementos preparatórios referidos no número anterior constarão obrigatoriamente indicações sobre eventuais consequências que a adopção dos planos ou decisões possa ter sobre os bens, ambiente e condições de vida das pessoas abrangidas.

3 – Poderão também durante o período de consulta ser pedidos, oralmente ou por escrito, esclarecimentos sobre os elementos facultados.

ARTIGO 7º
Pedido de audiência ou de apresentação de observações escritas

1 – No prazo de cinco dias a contar do termo do período da consulta, os interessados deverão comunicar à autoridade instrutora a sua pretensão de serem ouvidos oralmente ou de apresentarem observações escritas.

2 – No caso de pretenderem ser ouvidos, os interessados devem indicar os assuntos sobre que pretendem intervir e qual o sentido geral da sua intervenção.

ARTIGO 8º
Audição dos interessados

1 – Os interessados serão ouvidos em audiência pública.

2 – A autoridade encarregada da instrução prestará os esclarecimentos que entender úteis durante a audiência, sem prejuízo do disposto nos artigos seguintes.

3 – Das audiências serão lavradas actas assinadas pela autoridade encarregada da instrução.

ARTIGO 9º
Dever de ponderação e de resposta

1 – A autoridade instrutora ou, por seu intermédio, a autoridade promotora do projecto, quando aquela não for competente para a decisão, responderá às observações formuladas e justificará as opções tomadas.

2 – A resposta será comunicada por escrito aos interessados, sem prejuízo do disposto no artigo seguinte.

ARTIGO 10º
Procedimento colectivo

1 – Sempre que a autoridade instrutora deva proceder a mais de 20 audições, poderá determinar que os interessados se organizem de modo a escolherem representantes nas audiências a efectuar, os quais serão indicados no prazo de cinco dias a contar do fim do período referido no nº 1 do artigo 7º

2 – No caso de os interessados não se fazerem representar, poderá a entidade instrutora escolher, de entre os interessados, representantes de posições afins, de modo a não exceder o número de 20 audições.

3 – As observações escritas ou os pedidos de intervenção idênticos serão agrupados a fim de que a audição se restrinja apenas ao primeiro interessado que solicitou a audiência ou ao primeiro subscritor das observações feitas.

4 – No caso de se adoptar a forma de audição através de representantes, ou no caso de a apresentação de observações escritas ser em número superior a 20, poderá a autoridade instrutora optar pela publicação das respostas aos interessados em dois jornais diários e num jornal regional, quando exista.

ARTIGO 11º
Aplicação do Código do Procedimento Administrativo

São aplicáveis aos procedimentos e actos previstos no artigo anterior as pertinentes disposições do Código do Procedimento Administrativo.

CAPÍTULO III
Do exercício da acção popular

ARTIGO 12º[1]
Acção procedimental administrativa e acção popular civil

1 – A ação popular administrativa pode revestir qualquer das formas de processo previstas no Código de Processo nos Tribunais Administrativos.

2 – A acção popular civil pode revestir qualquer das formas previstas no Código de Processo Civil.

ARTIGO 13º
Regime especial de indeferimento da petição inicial

A petição deve ser indeferida quando o julgador entenda que é manifestamente improvável a procedência do pedido, ouvido o Ministério Público e feitas preliminarmente as averiguações que o julgador tenha por justificadas ou que o autor ou o Ministério Público requeiram.

ARTIGO 14º
Regime especial de representação processual

Nos processos de acção popular, o autor representa por iniciativa própria, com dispensa de mandato ou autorização expressa, todos os demais titulares dos direitos ou interesses em causa que não tenham exercido o direito de auto-exclusão previsto no artigo seguinte, com as consequências constantes da presente lei.

ARTIGO 15º
Direito de exclusão por parte de titulares
dos interesses em causa

1 – Recebida petição de acção popular, serão citados os titulares dos interesses em causa na acção de que se trate, e não intervenientes nela, para o efeito de, no prazo fixado pelo juiz, passarem a intervir no processo a título principal, querendo, aceitando-o na fase em que se encontrar, e para declararem nos autos se aceitam ou não ser representados pelo autor ou se, pelo contrário, se excluem dessa representação, nomeadamente para o efeito de lhes não serem aplicáveis as decisões proferidas,

---

[1] Redacção do Decreto-Lei nº 214-G/2015, de 2 de Outubro.

sob pena de a sua passividade valer como aceitação, sem prejuízo do disposto no nº 4.

2 – A citação será feita por anúncio ou anúncios tornados públicos através de qualquer meio de comunicação social ou editalmente, consoante estejam em causa interesses gerais ou geograficamente localizados, sem obrigatoriedade de identificação pessoal dos destinatários, que poderão ser referenciados enquanto titulares dos mencionados interesses, e por referência à acção de que se trate, à identificação de pelo menos o primeiro autor, quando seja um entre vários, do réu ou réus e por menção bastante do pedido e da causa de pedir.

3 – Quando não for possível individualizar os respectivos titulares, a citação prevista no número anterior far-se-á por referência ao respectivo universo, determinado a partir de circunstância ou qualidade que lhes seja comum, da área geográfica em que residam ou do grupo ou comunidade que constituam, em qualquer caso sem vinculação à identificação constante da petição inicial, seguindo-se no mais o disposto no número anterior.

4 – A representação referida no nº 1 é ainda susceptível de recusa pelo representado até ao termo da produção de prova ou fase equivalente, por declaração expressa nos autos.

ARTIGO 16º[1]
Ministério Público

1 – No âmbito de ações populares, o Ministério Público é titular da legitimidade ativa e dos poderes de representação e de intervenção processual que lhe são conferidos por lei, podendo substituir-se ao autor em caso de desistência da lide, bem como de transação ou de comportamentos lesivos dos interesses em causa.

2 – *[Revogado]*.

3 – *[Revogado]*.

ARTIGO 17º
Recolha de provas pelo julgador

Na acção popular e no âmbito das questões fundamentais definidas pelas partes, cabe ao juiz iniciativa própria em matéria de recolha de provas, sem vinculação à iniciativa das partes.

---

[1] Redacção do Decreto-Lei nº 214-G/2015, de 2 de Outubro.

ARTIGO 18º
Regime especial de eficácia dos recursos

Mesmo que determinado recurso não tenha efeito suspensivo, nos termos gerais, pode o julgador, em acção popular, conferir-lhe esse efeito, para evitar dano irreparável ou de difícil reparação.

ARTIGO 19º[1]
Decisões transitadas em julgado

1 – Salvo quando julgadas improcedentes por insuficiência de provas ou quando o julgador deva decidir por forma diversa fundado em motivações próprias do caso concreto, os efeitos das sentenças transitadas em julgado proferidas no âmbito de processo que tenham por objeto a defesa de interesses individuais homogéneos abrangem os titulares dos direitos ou interesses que não tiverem exercido o direito de se autoexcluírem da representação, nos termos do artigo 16º.

2 – As decisões transitadas em julgado são publicadas a expensas da parte vencida e sob pena de desobediência, com menção do trânsito em julgado, em dois dos jornais presumivelmente lidos pelo universo dos interessados no seu conhecimento, à escolha do juiz da causa, que poderá determinar que a publicação se faça por extracto dos seus aspectos essenciais, quando a sua extensão desaconselhar a publicação por inteiro.

ARTIGO 20º
Regime especial de preparos e custas

1 – Pelo exercício do direito de acção popular não são exigíveis preparos.

2 – O autor fica isento do pagamento de custas em caso de procedência parcial do pedido.

3 – Em caso de decaimento total, o autor interveniente será condenado em montante a fixar pelo julgador entre um décimo e metade das custas que normalmente seriam devidas, tendo em conta a sua situação económica e a razão formal ou substantiva da improcedência.

4 – A litigância de má-fé rege-se pela lei geral.

5 – A responsabilidade por custas dos autores intervenientes é solidária, nos termos gerais.

---

[1] Redacção do Decreto-Lei nº 214-G/2015, de 2 de Outubro.

ARTIGO 21º
Procuradoria

O juiz da causa arbitrará o montante da procuradoria, de acordo com a complexidade e o valor da causa.

CAPÍTULO IV
Responsabilidade civil e penal

ARTIGO 22º
Responsabilidade civil subjectiva

1 – A responsabilidade por violação dolosa ou culposa dos interesses previstos no artigo 1º constitui o agente causador no dever de indemnizar o lesado ou lesados pelos danos causados.

2 – A indemnização pela violação de interesses de titulares não individualmente identificados é fixada globalmente

3 – Os titulares de interesses identificados têm direito à correspondente indemnização nos termos gerais da responsabilidade civil.

4 – O direito à indemnização prescreve no prazo de três anos a contar do trânsito em julgado da sentença que o tiver reconhecido.

5 – Os montantes correspondentes a direitos prescritos serão entregues ao Ministério da Justiça, que os escriturará em conta especial e os afectará ao pagamento da procuradoria, nos termos do artigo 21º, e ao apoio no acesso ao direito e aos tribunais de titulares de direito de acção popular que justificadamente o requeiram.

ARTIGO 23º
Responsabilidade civil objectiva

Existe ainda a obrigação de indemnização por danos independentemente de culpa sempre que de acções ou omissões do agente tenha resultado ofensa de direitos ou interesses protegidos nos termos da presente lei e no âmbito ou na sequência de actividade objectivamente perigosa.

ARTIGO 24º
Seguro de responsabilidade civil

Sempre que o exercício de uma actividade envolva risco anormal para os interesses protegidos pela presente lei, deverá ser exigido ao respectivo agente seguro da correspondente responsabilidade civil como condição do início ou da continuação daquele exercício, em termos a regulamentar.

ARTIGO 25º
Regime especial de intervenção no exercício da acção penal dos cidadãos e associações

Aos titulares do direito de acção popular é reconhecido o direito de denúncia, queixa ou participação ao Ministério Público por violação dos interesses previstos no artigo 1º que revistam natureza penal, bem como o de se constituírem assistentes no respectivo processo, nos termos previstos nos artigos 68º, 69º e 70º do Código de Processo Penal.

CAPÍTULO V
Disposições finais e transitórias

ARTIGO 26º
Dever de cooperação das entidades públicas

1 – É dever dos agentes da administração central, regional e local, bem como dos institutos, empresas e demais entidades públicas, cooperar com o tribunal e as partes intervenientes em processo de acção popular.

2 – As partes intervenientes em processo de acção popular poderão, nomeadamente, requerer às entidades competentes as certidões e informações que julgarem necessárias ao êxito ou à improcedência do pedido, a fornecer em tempo útil.

3 – A recusa, o retardamento ou a omissão de dados e informações indispensáveis, salvo quando justificados por razões de segredo de Estado ou de justiça, fazem incorrer o agente responsável em responsabilidade civil e disciplinar.

ARTIGO 27º
Ressalva de casos especiais

Os casos de acção popular não abrangidos pelo disposto na presente lei regem-se pelas normas que lhes são aplicáveis.

ARTIGO 28º
Entrada em vigor

A presente lei entra em vigor no 60º dia seguinte ao da sua publicação.

Comunicação por Telecópia e Meios Telemáticos

Decreto-Lei nº 28/92, de 27 de Fevereiro

Visa o presente diploma introduzir alguns ajustamentos à disciplina dos actos processuais, contribuindo para, através do recurso às novas tecnologias – no caso concreto a utilização da telecópia –, desburocratizar e modernizar os serviços judiciais e facilitar o contacto destes com os respectivos utentes.

Desde logo, permite-se o recurso à telecópia na transmissão de quaisquer mensagens entre serviços judiciais ou entre estes e serviços públicos, estendendo-lhes o regime que o Decreto-Lei nº 54/90, de 13 de Fevereiro, já havia instituído para os serviços dos registos e do notariado.

Importava, porém, ir mais além e, nomeadamente, facultar às partes e aos intervenientes em processos judiciais de qualquer natureza o uso da telecópia para a prática de actos processuais, evitando os custos e demoras resultantes de deslocações às secretarias judiciais.

Procurando conciliar estes objectivos com as indispensáveis cautelas que a natureza dos processos judiciais impõe, prevê-se um regime de «autenticação» das comunicações realizadas mediante telecópia particular de advogado, sociedade de advogados ou solicitador, consagrando que aqueles que pretendam servir-se de tal meio de comunicação para a prática de actos em processos comunicá-lo-ão à Ordem dos Advogados ou à Câmara dos Solicitadores, conforme os casos, enviando estas entidades a lista à Direcção-Geral dos Serviços Judiciários, que a circulará por todos os tribunais.

Tal regime permite fundamentar a força probatória que às telecópias é atribuída.

Afigurou-se, por outro lado, indispensável providenciar pela posterior remessa a juízo dos originais dos articulados e documentos autênticos ou autenticados apresentados, dada a especial relevância e força probatória que lhes cabe no processo. Relativamente aos demais actos e documentos optou-se por atribuir às partes o dever de conservação dos respectivos originais, com vista a obviar à sobrecarga burocrática que resultaria da sua remessa sistemática, garantindo, todavia, a possibilidade de realizar a todo o tempo a confrontação prevista no artigo 385º do Código Civil.

Alguma complexidade podem apresentar questões relacionadas com a possível desconformidade entre a telecópia e os originais, a impossibilidade de transmitir a totalidade do documento, a ilegibilidade da telecópia recebida e, em geral, todos os incidentes de fiabilidade do sistema. Crê-se, todavia, que a solução das questões daí decorrentes deverá, por agora, encontrar-se por recurso às normas civis e processuais vigentes, nomeadamente as relativas ao erro, à culpa e ao justo impedimento.

A experiência prática resultante da adopção deste sistema e a análise ponderada das questões e problemas que dela decorram hão-de permitir minorar os riscos e inconvenientes e explorar todas as vantagens, de celeridade, de eficácia e de acrescida acessibilidade aos tribunais, que a telecópia pode oferecer à boa administração da justiça. Para isso, o Governo propõe-se acompanhar de perto a aplicação do diploma.

Foram ouvidos o Conselho Superior da Magistratura, a Procuradoria-Geral da República, a Ordem dos Advogados e a Câmara dos Solicitadores.

Assim:

Nos termos da alínea *a*) do nº 1 do artigo 201º da Constituição, o Governo decreta o seguinte:

ARTIGO 1º
Requisição de informações ou envio de documentos

Pode efectuar-se por telecópia a transmissão de documentos, cartas precatórias e quaisquer solicitações, informações ou mensagens entre os serviços judiciais ou entre estes e outros serviços ou organismos dotados de equipamento de telecópia, aplicando-se, com as necessárias adaptações, o preceituado no artigo 3º do Decreto-Lei nº 54/90, de 13 de Fevereiro.

ARTIGO 2º
Recurso à telecópia na prática de actos das partes ou intervenientes processuais

1 – As partes ou intervenientes no processo e respectivos mandatários podem utilizar, para a prática de quaisquer actos processuais:

a) Serviço público de telecópia;

b) Equipamento de telecópia do advogado ou solicitador, constante da lista a que se refere o número seguinte.

2 – A Ordem dos Advogados e a Câmara dos Solicitadores organização listas oficiais dos advogados e solicitadores que pretendam utilizar, na comunicação e recepção de mensagens com os serviços judiciais, telecópia, donde constarão os respectivos números.

3 – A Ordem dos Advogados e a Câmara dos Solicitadores remeterão as listas referidas no número anterior à Direcção-Geral dos Serviços Judiciários, que as fará circular por todos os tribunais.

4 – A Direcção-Geral dos Serviços Judiciários informará a Ordem dos Advogados e a Câmara dos Solicitadores da remessa aos tribunais das listas a que se referem os números anteriores.

ARTIGO 3º
Utilização da telecópia no âmbito do processo penal

1 – O disposto nos artigos anteriores é também aplicável aos actos praticados em processos de natureza criminal, desde que se mostre compatível com a observância dos princípios do processo penal, designadamente do disposto no artigo 86º do Código de Processo Penal.

2 – A utilização da telecópia para acesso e transmissão de informação criminal ou do certificado do registo criminal, nos termos da Lei nº 12/91, de 21 de Maio, pode ser conjugada com o uso de meios informáticos, observadas as garantias de segurança previstas na lei.

ARTIGO 4º
Força probatória

1 – As telecópias dos articulados, alegações, requerimentos e respostas, assinados pelo advogado ou solicitador, os respectivos duplicados e os demais documentos que os acompanhem, quando provenientes do aparelho com o número constante da lista oficial, presumem-se verdadeiros e exactos, salvo prova em contrário.

2 – Tratando-se de actos praticados através do serviço público de telecópia, aplica-se o disposto no artigo 3º do Decreto-Lei nº 54/90, de 13 de Fevereiro.

3 – Os originais dos articulados, bem como quaisquer documentos autênticos ou autenticados apresentados pela parte, devem ser remetidos ou entregues na secretaria judicial no prazo de sete dias contado do envio por telecópia, incorporando-se nos próprios autos.

4 – Incumbe às partes conservarem até ao trânsito em julgado da decisão os originais de quaisquer outras peças processuais ou documentos remetidos por telecópia, podendo o juiz, a todo o tempo, determinar a respectiva apresentação.

5 – Não aproveita à parte o acto praticado através de telecópia quando aquela, apesar de notificada para exibir os originais, o não fizer, inviabilizando culposamente a incorporação nos autos ou o confronto a que alude o artigo 385º do Código Civil.

6 – A data que figura na telecópia recebida no tribunal fixa, até prova em contrário, o dia e hora em que a mensagem foi efectivamente recebida na secretaria judicial.

ARTIGO 5º
Entrada em vigor

O presente diploma, com excepção do artigo 1º, entra em vigor 90 dias após a data da sua publicação, devendo, neste prazo, a Ordem dos Advogados, a Câmara dos Solicitadores e a Direcção-Geral dos Serviços Judiciários providenciar pelo cumprimento do disposto nos nºs 2, 3 e 4 do artigo 2º

Decreto-Lei nº 202/2003, de 10 de Setembro

O Decreto-Lei nº 38/2003, de 8 de Março, procedeu a uma alteração profunda do regime da acção executiva, que se traduziu, entre outras inovações, na criação da figura processual do agente de execução.

Tal função será exercida, primacialmente, por solicitadores de execução, profissionais que exercerão competências até hoje atribuídas às secretarias judiciais, sendo assim investidos de competência para a prática de actos próprios de um oficial público.

A efectiva melhoria do funcionamento dos tribunais e a maior celeridade da tramitação desta espécie de acções depende não só da alteração legislativa já efectuada mas também do recurso a meios expeditos para a comunicação entre o solicitador de execução e as secretarias judiciais, devendo estas duas entidades funcionar em estreita colaboração.

Assim, introduz-se com o presente diploma, pela primeira vez, uma regulamentação do disposto no nº 5 do artigo 176º do Código de Processo Civil relativamente às comunicações por meios telemáticos a efectuar pelas secretarias judiciais. Na verdade, até hoje, tal matéria das comunicações só havia sido regulamentada no que respeita à telecópia, por meio do Decreto-Lei nº 28/92, de 27 de Fevereiro.

As comunicações assim efectuadas permitirão uma mais célere transmissão dos actos praticados, ficando as reproduções em papel de tais comunicações por meios telemáticos a ter o valor probatório de certidões dos documentos transmitidos por tal via.

Por razões de prudência, impõe-se ainda que, no que respeita aos documentos relativos ao acto de citação, o solicitador de execução deve proceder à junção dos respectivos originais, independentemente da sua comunicação por meios telemáticos.

Por último, e como forma de assegurar a conformidade das reproduções transmitidas com os respectivos originais, confere-se ao juiz a faculdade de exigir a apresentação dos mesmos.

Considerando o disposto no nº 5 do artigo 176º do Código de Processo Civil.

Foi ouvida a Câmara dos Solicitadores.

Assim:

Nos termos da alínea *a*) do nº 1 do artigo 198º da Constituição, o Governo decreta o seguinte:

ARTIGO 1º
Objecto

O presente decreto-lei estabelece o regime das comunicações por meios telemáticos entre a secretaria judicial e o solicitador de execução, no âmbito das competências a exercer por este último como agente de execução em sede de processo executivo.

ARTIGO 2º
Utilização dos meios telemáticos

1 – Sempre que os meios técnicos assim o permitam, na transmissão de quaisquer documentos, informações, notificações ou outras mensagens dirigidas ao solicitador de execução, deve a secretaria judicial utilizar meios telemáticos que garantam a segurança das comunicações, designadamente as respectivas confidencialidade e fiabilidade, bem como a identificação inequívoca do transmissor e do destinatário.

2 – Na transmissão de quaisquer documentos, informações ou outras mensagens dirigidas à secretaria judicial, deve o solicitador de execução utilizar os mesmos meios telemáticos referidos no número anterior, sempre que os meios técnicos assim o permitam.

3 – Os meios telemáticos utilizados devem ainda garantir a manutenção de um registo das comunicações efectuadas, com identificação do respectivo emissor e destinatário, data de transmissão e número de processo a que a transmissão se refere.

4 – Os meios telemáticos a utilizar devem ser previamente aprovados por despacho do director-geral da Administração da Justiça, depois de ouvida a Câmara dos Solicitadores.

ARTIGO 3º
Requisitos da transmissão

1 – Os meios telemáticos a utilizar devem assegurar que o conteúdo das comunicações seja susceptível de representação como declaração escrita.

2 – Podem ser transmitidas:

a) Reproduções dos originais dos documentos que se pretende dar a conhecer;

b) Meras reproduções narrativas do teor dos documentos que se pretende dar a conhecer.

3 – A secretaria judicial deve juntar aos autos uma reprodução em papel do conteúdo da comunicação efectuada por meios telemáticos, que deve ser assinada pelo oficial de justiça.

4 – O solicitador de execução deve conservar no seu domicílio profissional, pelo prazo de 10 anos, os originais dos documentos cuja comunicação seja efectuada por meios telemáticos.

5 – No que respeita a quaisquer documentos respeitantes à efectivação do acto de citação, a comunicação por meios telemáticos não dispensa a junção aos autos pelo solicitador de execução dos respectivos originais.

ARTIGO 4º
Força probatória

A reprodução em papel da comunicação efectuada por meios telemáticos nos termos do artigo anterior tem o valor de certidão do documento reproduzido, podendo tal força probatória ser invalidada ou modificada nos termos do artigo 385º do Código Civil.

ARTIGO 5º
Dever de apresentação

O juiz pode determinar, a todo o tempo, oficiosamente ou a requerimento de qualquer das partes, a apresentação, pelo solicitador de execução, do original do documento transmitido por meios telemáticos.

ARTIGO 6º
Entrada em vigor

O presente diploma entra em vigor no dia 15 de Setembro de 2003, aplicando-se aos processos instaurados a partir desta data.

ÍNDICE-SUMÁRIO

CONSTITUIÇÃO DA REPÚBLICA PORTUGUESA	5

PROCEDIMENTO ADMINISTRATIVO

Decreto-Lei nº 4/2015, de 7 de janeiro	13

CÓDIGO DO PROCEDIMENTO ADMINISTRATIVO

PARTE I Disposições Gerais	29
CAPÍTULO I Disposições preliminares	29
CAPÍTULO II Princípios gerais da atividade administrativa	30
PARTE II Dos Órgãos da Administração Pública	35
CAPÍTULO I Natureza e regime dos órgãos	35
CAPÍTULO II Dos órgãos colegiais	35
CAPÍTULO III Da competência	40
CAPÍTULO IV Da delegação de poderes	43
CAPÍTULO V Dos conflitos de atribuições e de competência	45
PARTE III Do Procedimento Administrativo	47
TÍTULO I Regime comum	47
CAPÍTULO I Disposições gerais	47
CAPÍTULO II Da relação jurídica procedimental	52
SECÇÃO I Dos sujeitos do procedimento	52
SECÇÃO II Dos interessados no procedimento	53
SECÇÃO III Das garantias de imparcialidade	54
CAPÍTULO III Da conferência procedimental	59
CAPÍTULO IV Do direito à informação	62
CAPÍTULO V Dos prazos	64
CAPÍTULO VI Das medidas provisórias	66
CAPÍTULO VII Dos pareceres	66
CAPÍTULO VIII Da extinção do procedimento	67

ÍNDICE-SUMÁRIO

TÍTULO II Procedimento do regulamento e do ato administrativo	68
CAPÍTULO I Procedimento do regulamento administrativo	68
CAPÍTULO II Procedimento do ato administrativo	70
SECÇÃO I Da iniciativa particular	70
SECÇÃO II Das notificações	74
SECÇÃO III Da instrução	77
SECÇÃO IV Da audiência dos interessados	80
SECÇÃO V Da decisão e outras causas de extinção do procedimento	82
SECÇÃO VI Comunicações prévias	84
PARTE IV Da Actividade Administrativa	85
CAPÍTULO I Do regulamento administrativo	85
SECÇÃO I Disposições gerais	85
SECÇÃO II Da eficácia do regulamento administrativo	86
SECÇÃO III Da invalidade do regulamento administrativo	87
SECÇÃO IV Da caducidade e da revogação	88
SECÇÃO V Da impugnação de regulamentos administrativos	89
CAPÍTULO II Do ato administrativo	89
SECÇÃO I Disposições gerais	89
SECÇÃO II Da eficácia do ato administrativo	92
SECÇÃO III Da invalidade do ato administrativo	93
SECÇÃO IV Da revogação e da anulação administrativas	95
SECÇÃO V Da execução do ato administrativo	101
SECÇÃO VI Da reclamação e dos recursos administrativos	104
SUBSECÇÃO I Regime geral	104
SUBSECÇÃO II Da reclamação	106
SUBSECÇÃO III Do recurso hierárquico	107
SUBSECÇÃO IV Dos recursos administrativos especiais	109
CAPÍTULO III Dos contratos da Administração Pública	110

PROCESSO ADMINISTRATIVO

Decreto-Lei nº 214-G/2015, de 2 de Outubro	115
Lei nº 13/2002, de 19 de Fevereiro	127
Lei nº 4-A/2003, de 19 de Fevereiro	133
Lei nº 107-D/2003, de 31 de Dezembro	135
Decreto-Lei nº 325/2003, de 29 de Dezembro	137
Áreas de jurisdição dos Tribunais Administrativos de Círculo e Tributários	148
Decreto-Lei nº 166/2009, de 31 de Julho	151

ESTATUTO DOS TRIBUNAIS ADMINISTRATIVOS E FISCAIS

TÍTULO I Tribunais administrativos e fiscais	155
CAPÍTULO I Disposições gerais	155

CAPÍTULO II Organização e funcionamento dos tribunais administrativos e fiscais	158
CAPÍTULO III Supremo Tribunal Administrativo	160
SECÇÃO I Disposições gerais	160
SECÇÃO II Secção de Contencioso Administrativo	165
SECÇÃO III Secção de Contencioso Tributário	166
SECÇÃO IV Plenário	167
CAPÍTULO IV Tribunais centrais administrativos	168
SECÇÃO I Disposições gerais	168
SECÇÃO II Secção de Contencioso Administrativo	170
SECÇÃO III Secção de Contencioso Tributário	171
CAPÍTULO V Tribunais administrativos de círculo	171
CAPÍTULO VI Tribunais tributários	176
CAPÍTULO VII Ministério Público	181
CAPÍTULO VIII Fazenda Pública	182
CAPÍTULO IX Serviços administrativos	183
TÍTULO II Estatuto dos juízes	184
CAPÍTULO I Disposições gerais	184
CAPÍTULO II Recrutamento e provimento	185
SECÇÃO I Disposições comuns	185
SECÇÃO II Supremo Tribunal Administrativo	187
SECÇÃO III Tribunais centrais administrativos	190
SECÇÃO IV Tribunais administrativos de círculo e tribunais tributários	191
TÍTULO III Conselho Superior dos Tribunais Administrativos e Fiscais	192
TÍTULO IV Disposições finais e transitórias	197
Lei nº 15/2002, de 22 de Fevereiro	199
Portaria nº 1417/2003, de 30 de Dezembro	203
CÓDIGO DE PROCESSO NOS TRIBUNAIS ADMINISTRATIVOS	
TÍTULO I Parte geral	207
CAPÍTULO I Disposições fundamentais	207
CAPÍTULO II Das partes	212
CAPÍTULO III Da competência	215
SECÇÃO I Disposições gerais	215
SECÇÃO II Da competência territorial	216
CAPÍTULO IV Dos atos processuais	219
CAPÍTULO V Do valor das causas e das formas do processo	223
SECÇÃO I Do valor das causas	223
SECÇÃO II Das formas de processo	225
TÍTULO II Da ação administrativa	226
CAPÍTULO I Disposições gerais	226
CAPÍTULO II Disposições particulares	231

SECÇÃO I Impugnação de atos administrativos	231
SUBSECÇÃO I Da impugnabilidade dos atos administrativos	232
SUBSECÇÃO II Da legitimidade	234
SUBSECÇÃO III Dos prazos de impugnação	235
SUBSECÇÃO IV Da instância	237
SECÇÃO II Condenação à prática do ato devido	240
SECÇÃO III Impugnação de normas e condenação à emissão de normas	243
SECÇÃO IV Ações relativas à validade e execução de contratos	245
CAPÍTULO III Marcha do processo	247
SECÇÃO I Dos articulados	247
SECÇÃO II Trâmites subsequentes	252
SECÇÃO III Saneamento, instrução e alegações	254
SECÇÃO IV Julgamento	260
TÍTULO III Dos processos urgentes	263
CAPÍTULO I Ação administrativa urgente	263
SECÇÃO I Contencioso eleitoral	264
SECÇÃO II Contencioso dos procedimentos de massa	265
SECÇÃO III Contencioso pré-contratual	266
CAPÍTULO II Das intimações	268
SECÇÃO I Intimação para a prestação de informações, consulta de processos ou passagem de certidões	268
SECÇÃO II Intimação para proteção de direitos, liberdades e garantias	270
TÍTULO IV Dos processos cautelares	272
CAPÍTULO I Disposições comuns	272
CAPÍTULO II Disposições particulares	280
TÍTULO V Dos conflitos de competência jurisdicional e de atribuições	284
TÍTULO VI Dos recursos jurisdicionais	285
CAPÍTULO I Disposições gerais	285
CAPÍTULO II Recursos ordinários	290
CAPÍTULO III Recursos extraordinários	292
TÍTULO VII Do processo executivo	293
CAPÍTULO I Disposições gerais	293
CAPÍTULO II Execução para prestação de factos ou de coisas	296
CAPÍTULO III Execução para pagamento de quantia certa	301
CAPÍTULO IV Execução de sentenças de anulação de atos administrativos	303
TÍTULO VIII Tribunais arbitrais e centros de arbitragem	307
TÍTULO IX Disposições finais e transitórias	310
Lei nº 34/2007, de 13 de Agosto	313
Lei nº 79/2009, de 13 de Agosto	317

RESPONSABILIDADE CIVIL DO ESTADO E DEMAIS ENTIDADES PÚBLICAS
Lei nº 67/2007, de 31 de Dezembro — 319
REGIME DA RESPONSABILIDADE CIVIL EXTRACONTRATUAL DO ESTADO E DEMAIS ENTIDADES PÚBLICAS
- CAPÍTULO I Disposições gerais — 323
- CAPÍTULO II Responsabilidade civil por danos decorrentes do exercício da função administrativa — 325
  - SECÇÃO I Responsabilidade por facto ilícito — 325
  - SECÇÃO II Responsabilidade pelo risco — 327
- CAPÍTULO III Responsabilidade civil por danos decorrentes do exercício da função jurisdicional — 328
- CAPÍTULO IV Responsabilidade civil por danos decorrentes do exercício da função político-legislativa — 329
- CAPÍTULO V Indemnização pelo sacrifício — 330

ARBITRAGEM VOLUNTÁRIA
Lei nº 63/2011, de 14 de Dezembro — 331
LEI DA ARBITRAGEM VOLUNTÁRIA — 335
- CAPÍTULO I Da convenção de arbitragem — 335
- CAPÍTULO II Dos árbitros e do tribunal arbitral — 338
- CAPÍTULO III Da competência do tribunal arbitral — 342
- CAPÍTULO IV Das providências cautelares e ordens preliminares — 344
  - SECÇÃO I Providências cautelares — 344
  - SECÇÃO II Ordens preliminares — 345
  - SECÇÃO III Regras comuns às providências cautelares e às ordens preliminares — 346
  - SECÇÃO IV Reconhecimento ou execução coerciva de providências cautelares — 347
- CAPÍTULO V Da condução do processo arbitral — 348
- CAPÍTULO VI Da sentença arbitral e encerramento do processo — 353
- CAPÍTULO VII Da impugnação da sentença arbitral — 357
- CAPÍTULO VIII Da execução da sentença arbitral — 359
- CAPÍTULO IX Da arbitragem internacional — 360
- CAPÍTULO X Do reconhecimento e execução de sentenças arbitrais estrangeiras — 362
- CAPÍTULO XI Dos tribunais estaduais competentes — 364
- CAPÍTULO XII Disposições finais — 367

DIREITO DE PARTICIPAÇÃO PROCEDIMENTAL E ACÇÃO POPULAR
Lei nº 83/95, de 31 de Agosto — 369
- CAPÍTULO I Disposições gerais — 369
- CAPÍTULO II Direito de participação popular — 370

CAPÍTULO III Do exercício da acção popular — 373
CAPÍTULO IV Responsabilidade civil e penal — 376
CAPÍTULO V Disposições finais e transitórias — 377

COMUNICAÇÃO POR TELECÓPIA E MEIOS TELEMÁTICOS
Decreto-Lei nº 28/92, de 27 de Fevereiro — 379
Decreto-Lei nº 202/2003, de 10 de Setembro — 383

SUMÁRIO

CONSTITUIÇÃO DA REPÚBLICA PORTUGUESA	5

PROCEDIMENTO ADMINISTRATIVO
Decreto-Lei nº 4/2015, de 7 de janeiro	13
CÓDIGO DO PROCEDIMENTO ADMINISTRATIVO	29

PROCESSO ADMINISTRATIVO
Decreto-Lei nº 214-G/2015, de 2 de Outubro	115
Lei nº 13/2002, de 19 de Fevereiro	127
Lei nº 4-A/2003, de 19 de Fevereiro	133
Lei nº 107-D/2003, de 31 de Dezembro	135
Decreto-Lei nº 325/2003, de 29 de Dezembro	137
Decreto-Lei nº 166/2009, de 31 de Julho	151
ESTATUTO DOS TRIBUNAIS ADMINISTRATIVOS E FISCAIS	155
Lei nº 15/2002, de 22 de Fevereiro	199
Portaria nº 1417/2003, de 30 de Dezembro	203
CÓDIGO DE PROCESSO NOS TRIBUNAIS ADMINISTRATIVOS	207
Lei nº 34/2007, de 13 de Agosto	313
Lei nº 79/2009, de 13 de Agosto	317

RESPONSABILIDADE CIVIL DO ESTADO E DEMAIS ENTIDADES PÚBLICAS
Lei nº 67/2007, de 31 de Dezembro	319

REGIME DA RESPONSABILIDADE CIVIL EXTRACONTRATUAL DO ESTADO E DEMAIS ENTIDADES PÚBLICAS
	323

ARBITRAGEM VOLUNTÁRIA
Lei nº 63/2011, de 14 de Dezembro — 331
LEI DA ARBITRAGEM VOLUNTÁRIA — 335

DIREITO DE PARTICIPAÇÃO PROCEDIMENTAL E ACÇÃO POPULAR
Lei nº 83/95, de 31 de Agosto — 369

COMUNICAÇÃO POR TELECÓPIA E MEIOS TELEMÁTICOS
Decreto-Lei nº 28/92, de 27 de Fevereiro — 379
Decreto-Lei nº 202/2003, de 10 de Setembro — 383

ÍNDICE-SUMÁRIO — 387
SUMÁRIO — 393